Was lebt in Feld, Wald und Wasser?

Pat Morris

Was lebt in Feld, Wald und Wasser?

**Über 1250 mitteleuropäische
Pflanzen und Tiere in Farbe**

**Kosmos · Gesellschaft der Naturfreunde
Franckh'sche Verlagshandlung · Stuttgart**

Aus dem Englischen übersetzt und bearbeitet von Dr. Hilde Nittinger
Titel der Originalausgabe „The Hamlyn Guide to the Countryside of Britain and Northern Europe", erschienen bei The Hamlyn Publishing Group Ltd., Feltham 1982, unter
ISBN 0 600 35606 X und ISBN 0 600 35607 8
© 1982, The Hamlyn Publishing Group Ltd., Feltham
Mit 35 Farbfotos von Heather Angel, Stephen Dalton und Oxford Scientific Films,
1345 Farbzeichnungen von Graham Allen (Säugetiere), Noel Cusa (Vögel), Jan Gar-
rad (Pflanzen), Richard Lewington (Insekten, Spinnen), Keith Linsell (Fische), James
Nicholls (Wirbellose Meerestiere) und Gordon Riley (Schmetterlinge, Schnecken)
und 3 Schwarzweißzeichnungen

Umschlag von Edgar Dambacher unter Verwendung einer Farbzeichnung von Mari-
anne Golte-Bechtle

CIP-Kurztitelaufnahme der Deutschen Bibliothek

Morris, Pat:
Was lebt in Feld, Wald und Wasser? : Über 1250
mitteleurop. Pflanzen u. Tiere in Farbe / Pat
Morris. [Aus d. Engl. übers. u. bearb. von Hilde
Nittinger]. – Stuttgart : Franckh, 1983.
(Kosmos-Naturführer)
Einheitssacht.: The Hamlyn guide to the country-
side of Britain and Northern Europe ⟨dt.⟩
ISBN 3-440-05197-8
NE: Nittinger, Hilde [Bearb.]

Franckh'sche Verlagshandlung, W. Keller & Co., Stuttgart/1983
Alle Rechte an der deutschsprachigen Ausgabe, insbesondere das Recht der Vervielfälti-
gung und Verbreitung, vorbehalten. Kein Teil des Werkes darf in irgendeiner Form (druch
Fotokopie, Mikrofilm oder ein anderes Verfahren) ohne schriftliche Genehmigung des
Verlages reproduziert oder unter Verwendung aelektronischer Systeme verarbeitet, verviel-
fältigt oder verbreitet werden.
Für die deutschsprachige Ausgabe:
© 1983, Franckh'sche Verlagshandlung, W. Keller & Co., Stuttgart
Printed in Spain by Printer Industria Gráfica S.A. - D.L.B. 19581-1983
LH 14 Ste / ISBN 3-440-05197-8
Satz: Konrad Triltsch, Graph. Betrieb, Würzburg

Was lebt in Feld, Wald und Wasser?

Einleitung

Je mehr die Natur aus unserem Leben verschwindet, desto lebhafter wird das Interesse an ihr, und das Bedürfnis, mehr über die Tier- und Pflanzenwelt um uns zu erfahren, wächst.

Das Zurechtfinden in der Vielfalt der tierischen und pflanzlichen Formen erscheint dem Ungeübten zuweilen schwierig und mühsam, die Wahl unter den vielen Bestimmungs- und Naturführern fällt nicht leicht.

Dieser „Feldführer" möchte dem naturkundlichen Laien den Einstieg in das mitteleuropäische Tier- und Pflanzenleben erleichtern. Über 1250 naturgetreue Abbildungen und ein kurzer Text helfen beim Bestimmen der häufigsten mitteleuropäischen Tiere und Pflanzen. Die Angaben über das Vorkommen und den Lebensraum bei den Einzelbeschreibungen sind mit eine wichtige Bestimmungshilfe. In kurzen einleitenden Kapiteln wird die Tier- oder Pflanzengruppe vorgestellt, auf allgemeine Merkmale hingewiesen. In jedem dieser einleitenden Kapitel wird weiterführende, speziellere Literatur angegeben.

Dieses Buch umfaßt sehr viele verschiedene Lebensräume, die ebenfalls alle kurz charakterisiert werden. Es ist ja heute für kaum jemanden ein Problem, eine Fahrt ans Meer, einen Ausflug an einen großen Binnensee oder einen Spaziergang im Wald zu machen. Gewiß kann nicht übersehen werden, daß durch den extrem weit gespannten Bogen nicht auf alle in Mitteleuropa vorkommenden Pflanzen und Tiere eingegangen werden kann.

Dieses Buch will eine Übersicht und Bestimmungshilfe geben – und vielleicht regt es den Naturfreund zur weiteren Beschäftigung und zum Studium weiterführender Literatur an.

Unberührte Natur gibt es bei uns kaum mehr. Bis in die Gegenwart gab es aber eine differenzierte Kulturlandschaft mit einem Mosaik verschiedener Lebensräume für Tiere und Pflanzen. Eine abwechslungsreiche Feldflur mit Feldern, Hecken, Obstbaumwiesen und Wegrainen hat nach der Flurbereinigung eintönigen Maismonokulturen weichen müssen, wobei nicht einmal ein Wegrand zwischen Asphalt und Maisacker übrigblieb. Die Rebflurbereinigung hat nicht nur Hecken und Weinbergmauern beseitigt, sondern das Relief ganzer Berge verändert. Feuchtgebiete werden entwässert, ihre Tier- und Pflanzenwelt wird dadurch vernichtet. Der Bau neuer Autobahnen und der saure Regen setzen unseren Wäldern immer mehr zu.

Aus diesem Grund ist Naturschutz heute Umweltschutz, denn gefährdete Arten können nur erhalten werden, wenn man ihren Lebensraum schützt – und schützen kann man nur, was man kennt!

Nützliche Adressen

In vielen Städten gibt es naturwissenschaftliche Vereinigungen, die in Umweltschutz und Naturforschung tätig sind. Die folgende Auswahl führt einige davon auf:

Senckenbergische Naturforschende Gesellschaft
Senckenberganlage 25
6000 Frankfurt 1

Naturhistorischer Verein der Rheinlande und Westfalens
Adenauerallee 162
5300 Bonn 1

Naturschutzgesellschaft Schutzstation Wattenmeer
Königstraße 11
2370 Rendsburg

Bund Umwelt- und Naturschutz e.V.
Oskar-Walzel-Straße 17
5300 Bonn 1

Deutscher Bund für Lebensschutz
Weiherallee 29
6229 Schlangenbad 5

Deutscher Naturschutzring e.V.
Kalkuhlstraße 24
5300 Bonn 3

Verein Naturschutzpark
Ballindamm 2−3
2000 Hamburg 1

Deutscher Bund für Vogelschutz
Favoritepark 1
7140 Ludwigsburg

Bayerischer Landesbund für Vogelschutz
Gsteigstraße 43
8100 Garmisch-Partenkirchen

Gesellschaft Rheinischer Ornithologen
Schlesische Straße 80
4000 Düsseldorf 1

Hessische Gesellschaft für Ornithologie und Naturschutz
Kantstraße 7
6050 Offenbach

Dachverband Deutscher Avifaunisten
Auf der Horst 14
4400 Münster

Arbeitskreis Heimische Orchideen
Schönbergstraße 1
7400 Tübingen

Bayerische Botanische Gesellschaft e.V.
Menzinger Straße 67
8000 München 19

Verein für Pflanzenkunde, Naturschutz und Landschaftspflege
Op de Elg 19 a
2000 Hamburg 65

Deutsche Botanische Gesellschaft
Untere Karspüle 2
3400 Göttingen

Deutscher Tierschutzbund e.V.
Baumschulallee 15
5300 Bonn 1

Deutsche Gesellschaft für Herpetologie und Terrarienkunde
Senckenberganlage 25
6000 Frankfurt 1

Österreichischer Naturschutzbund
Arenbergstraße 10
A-5020 Salzburg

Österreichische Gesellschaft für Natur- und Umweltschutz
Canovagasse 5
A-1010 Wien

Schweizerische Naturforschende Gesellschaft
Laupenstraße 10
CH-3001 Bern

Schweizerische Gesellschaft für Umweltschutz
Merkurstraße 45
CH-8032 Zürich

Schweizerischer Bund für Naturschutz
Wartenbergstraße 22
CH-4052 Basel

Küstennahe Gewässer

Die europäischen Küsten sind von einer Zone flacher Meere (**Schelfmeere**) umgeben, die bis zum Rand des Kontinentalsockels reichen, wo der Meeresboden in die Tiefe des Ozeans abstürzt. Die gesamte Nordsee liegt über dem Kontinentalschelf.

Im allgemeinen sind Schelfmeere sehr produktiv, und ihre Fischfauna ist außerordentlich arten- und individuenreich. Manche Fischarten bleiben der Küste stets fern, andere ziehen zur Nahrungsaufnahme in Schwärmen mit der Flut küstenwärts ins Wattenmeer. Diese Fische werden von den Küstenfischern gefangen und dienen auch vielen Seevögeln, Robben und anderen Fischfressern als Nahrung.

Die küstennahen Gewässer bieten den Fischen ein reichhaltiges Nahrungsangebot an verschiedenen Planktonorganismen und Larven von Tieren aus der Gezeitenzone.

Die **Gezeitenzone** (Litoral) ist der Bereich zwischen Ebbe- und Flutlinie. Tiere und Pflanzen, die hier leben, müssen den ständigen Wechsel vom Ausgesetztsein an der Luft und der Überflutung mit Seewasser aushalten können.

Unterhalb der Ebbelinie, im Sublitoral,

ist der Meeresboden sandig und senkt sich allmählich ab. Brandungswellen sind beinahe nicht mehr wahrnehmbar, Tiere und Pflanzen sind keinem ständigen Wechsel zwischen Trockenliegen und Überflutetwerden ausgesetzt – dafür sind hier aber die Lichtverhältnisse schlechter. Gewöhnlich sehen wir die Tiere dieser Zone nur, wenn heftige Stürme die See bis in die Tiefe aufgewühlt haben. Der **Meeresboden** ist ein Lebensraum, der den hier lebenden Tieren Schutz und Versteckmöglichkeiten bietet. Tiere, die am Meeresboden leben, nennt man benthisch.

Das **Oberflächenwasser** des Meeres ist leicht bewegt und reich an lichtliebenden, planktischen Meeresalgen, die über eine Nahrungskette die Ernährungsgrundlage aller Meerestiere bilden. Die Fische der Hochsee leben in großen Schwärmen, denn die offene See bietet kein Versteck, so daß man sich nur durch Bildung großer Schwärme vor Feinden schützen kann. Tiere, die im offenen Meer leben, nennt man pelagisch.

Die Nordsee war einst so fischreich, daß die Küsten- und Inselbevölkerung vom Fischfang leben konnte. Die Überfischung hat jedoch viele Fischpopulationen so stark dezimiert, daß der weitere Fang nicht allein ein wirtschaftliches Problem darstellt.

Das Watt

Das Watt ist ein mehr oder weniger breites, sandiges Gebiet an einer den Gezeiten ausgesetzten Küste. Es wird während der Flut mit Wasser bedeckt und fällt in der Ebbezeit trocken. Das Gezeitenwasser fließt bei Ebbe weit hinaus und überläßt die Wattflächen stundenlang der Einwirkung von Sonne und Wind.

Das Wattenmeer ist seicht und ohne Brandung. In Deutschland findet man Wattgebiete nur entlang der Nordseeküste. Die größten Watten liegen auf der Rückseite der Ost- und Nordfriesischen Inseln. Man unterscheidet zwei Formen: das meerwärts gerichtete Sandwatt, dessen Boden aus feinem Sand besteht, und das landwärts gelegene Schlickwatt, das aus feinkörnigem Ton aufgebaut ist. Zwischen diesen beiden Formen vermittelt das Mischwatt.

Das Leben im Watt wird geprägt durch den dauernden Wechsel zwischen Überflutung und Trockenliegen. Die Lebewelt im Watt muß sich diesen Extrembedingungen anpassen. Pflanzen gibt es nicht viele im Watt. Die meisten Blütenpflanzen benötigen für ihr Wurzelsystem einen festen Halt – dieser ist aber im Wattgebiet nicht gegeben. Es gibt auch nur wenige Arten, die im salzigen Meerwasser leben können. Dennoch gibt es Arten, die auch im Watt wachsen und sich vermehren können. Die Charakterpflanze des Schlickwatts ist der Queller, die des Sandwatts das Seegras.

Die Zahl der Tiere im Watt ist gering; sie alle müssen sich vor Austrocknung und räuberischen Freßfeinden schützen. So ist es nicht verwunderlich, daß sich die meisten Wattbewohner eingraben oder sogar ständig im Boden leben. Man bekommt sie daher nur zu Gesicht, wenn sie tot angespült werden oder wenn man mit einem Spaten nach ihnen gräbt.

Am Spülsaum des Sandstrandes findet man die Überreste vieler Meerestiere, sowohl aus dem Watt als auch aus dem Meer jenseits der Ebbelinie. Angespülte Tange und Strandgut bilden ein feuchtes Refugium für Strandflöhe und andere Strandbewohner, die bei Ebbe nicht auf der nackten Sandoberfläche weiterleben könnten.

Wenn bei Ebbe der oberflächliche Sand austrocknet, wird er vom Wind weggetragen. An Strandpflanzen und anderen „Hindernissen" lagern sich Sandkörner ab und bilden so den Ausgangspunkt für die Bildung von **Dünen.** Als Sandfänger wirken Strandweizen, Strandmiere und Meersenf, Strandhafer und Strandquecke.

Die Dünen bieten Brutplätze für viele Seevögel (z. B. Sandregenpfeifer, Austernfischer, Säbelschnäbler, Steinwälzer, Rotschenkel). In vielen Gebieten wird die Dünenbildung durch Anpflanzen von Strandhafer, dessen Wurzeln die Dünen verfestigen, und anschließende Aufforstung mit Kiefern von den Küstenbewohnern gefördert. Durch Niederschläge wird der Sand allmählich vom Salz befreit und geht in fruchtbares Weideland über.

Felsküsten

Wo an der Küste hartes Gestein ansteht, führt die Erosion des Meerwassers zur Bildung von Felsküsten und Klippen. Je härter das Gestein, desto steiler ist der Absturz.

Steilküsten gibt es auf Helgoland und in großer Formenvielfalt an den Küsten der Britischen Inseln.

Weiche Gesteine (Kalk, Mergel) verwittern kontinuierlich zu kleinen Brocken, so daß die Felsküste glatt und nicht dauerhaft ist. Sie bietet kaum sichere Brutplätze für Vögel noch Ansiedlungsmöglichkeiten für Pflanzen.

Hartes Gestein zerbirst in große Blöcke und hinterläßt in der Felswand Risse und Simse, die ideale Nistmöglichkeiten bieten. Dort, wo Wasser aus den Ritzen im Fels sickert, gedeiht bald auch ein reichhaltiger Pflanzenwuchs.

Felsblöcke, die aus der Felswand fallen, sammeln sich am Fuße an und bilden einen charakteristischen Strand. An einigen Küsten der Britischen Inseln, wo das Wasser sehr tief ist, sind die Felsblöcke ständig von Wasser bedeckt. Normalerweise jedoch sind sie nur bei Flut vom Wasser bedeckt und fallen bei Ebbe trocken; während die höher liegenden Blöcke nur von den Springtiden völlig überflutet werden. Als Folge davon tritt an der Felsküste eine Zonierung der Tier- und Pflanzenwelt auf. Der mechanische Einfluß der hereinkommenden Wellen bestimmt außerdem über den Ansiedlungsort dieser Organismen. Viele Tiere besitzen Haftorgane, andere verbergen sich in Spalten und Ritzen, wieder andere sitzen unter Steinen und Tangen, um so dieser Wellenbewegung zu entgehen oder besser standhalten zu können.

In **Gezeitentümpeln** führt die Sonneneinstrahlung bei Ebbe zum Ansteigen der Wassertemperatur, einer Verringerung des Sauerstoffgehaltes und infolge Verdunstung zu höherer Salinität. Bei Regen sinkt diese Salzkonzentration wieder ab. Aber auch unter derart extremen Bedingungen leben Tiere.

Ästuarien

Die großen in die Nordsee mündenden Flüsse und Ströme führen eine Menge Sinkstoffe mit sich, die sich in den weiten, trichterförmigen Mündungsbereichen (Ästuarien) als Schlick und Schlamm absetzen. Im Gezeitenbereich entstehen die typischen Schlickböden des Wattes, denen sich landwärts die Salzmarschen anschließen. Der Wasserbereich dieses Gebietes gehört der Brackwasserregion an.

Die Salzschlickböden sind weich und werden von vielen wirbellosen Tieren bewohnt. Sehr viele von ihnen leben im Schlick oder bauen sich Röhren. In den Salzmarschen gedeihen viele Salz tolerierende Pflanzen wie Salzschwaden, Queller, Schlickgras, Salzmelde und Strandsode. Diese Pflanzen verfestigen den Boden, und wenn dieser langsam vom Regen entsalzt wird, siedeln sich auch andere Pflanzen hier an.
In den Ästuarien mischt sich das Süßwasser der einmündenden Flüsse mit dem Salzwasser des Meeres – es wird

brackig. Für die im Süßwasser lebenden Organismen ist der Salzgehalt hier zu hoch, für die Meerestiere jedoch zu niedrig, so daß die Brackwasserregion ziemlich artenarm ist. Dafür aber treten die wenigen Brackwasserformen in großer Individuenzahl auf. Einige Süßwasserfische wie Stint, Finte, Maifisch und einige Meeresfische wie Seebarsch, Flunder können aber auch im Brackwasser leben.

Von den im Schlickboden vergrabenen Wirbellosen wie Würmern, Muscheln, Schnecken und kleinen Krebstieren ernähren sich viele Wattvögel, die mit ihren langen Schnäbeln spielend diese eingegrabenen Tiere herausziehen können. Da die Schlick- und Sandbänke im Mündungsgebiet reich an Algen und Pflanzen sind, siedeln sich gerne Gänse und Enten hier an. Im Winter finden hier die an der Nordseeküste überwinternden Vögel aus dem Norden ihre Nahrung, denn das Schlickwasser bietet das ganze Jahr über Nahrung und friert auch im Winter nicht zu, da es salzhaltig ist und zweimal am Tage überflutet wird.

Fließgewässer

Wasserläufe von 4—5 m Breite bezeichnet man noch als Bach, was darüber hinausgeht, nennt man Fluß.

Bergbäche sind durch ein starkes Gefälle charakterisiert. Das Wasser fließt schnell, ist kalt und sauerstoffreich. Es eignet sich als Lebensraum für Kaltwassertiere, die entweder gegen die Strömung anschwimmen können (wie Forellen) oder die Vorrichtungen entwickelt haben, mit denen sie sich an den Steinen des Bachbettes festheften können. Für Wasserpflanzen gibt es in der Forellenregion keine Lebensmöglichkeit.

Im **Unterlauf eines Baches** nimmt die Strömungsgeschwindigkeit ab, der Sauerstoffgehalt sinkt, die Wassertemperatur steigt. Im Sand und Kies des Bachbettes wachsen Laichkraut und Tausendblatt. Der Leitfisch dieser Region ist die Äsche. Wird das Wasser ruhiger und das Bachbett sandiger, gelangen wir in die Barbenregion.

Der **Oberlauf eines Flusses** führt normalerweise klares, sauerstoffreiches,

schnellfließendes Wasser und gehört der Äschenregion an.

Im Unterlauf des Flusses ist das Wasser durch Sinkstoffe trüb, die Temperatur steigt an, der Sauerstoffgehalt ist nur noch an der Wasseroberfläche hoch. Der Leitfisch dieser Region ist die Brachse.

In Tälern können unter bestimmten Bedingungen Flußschlingen (**Flußmäander**) entstehen, wobei die Ufer unterschiedlich ausgebildet werden. Der Prallhang an der Außenseite der Biegung ist steil und felsig und trägt je nach Lage Weinberge oder Wald. Der Gleithang an der Innenseite ist flach und trägt Obstbaumwiesen oder Felder.

Flüsse im Tiefland führen oft durch Geröll- und Kiesablagerungen, die aus einer Zeit stammen, als der Fluß noch breiter war und mehr Material beförderte. Die Ufer sind flach, und bei Hochwasser tritt der Fluß gerne über seine Ufer. Die angrenzenden Flußauen sind fruchtbar und besitzen eine üppige Vegetation.

Stehende Gewässer

Zu den stehenden Gewässern zählen Seen, Weiher, Tümpel und Teiche.

Ein **See** ist meist mehr als 10 Meter tief. Seen gibt es in Norddeutschland und im Alpenvorland. Sie sind während der Eiszeit durch die Tätigkeit der Gletscher entstanden. Man unterscheidet zwischen nährstoffreichen (eutrophen) und nährstoffarmen (oligotrophen) Klarwasserseen. Oligotrophe Seen findet man vor allem am Alpenrand. Sie sind tief und besitzen ein schmales Ufer; das Wasser ist klar, sauerstoffreich und arm an pflanzlichem Plankton. Eutrophe Seen sind flach und haben eine breite Uferbank. Das Wasser ist reich an Pflanzenplankton, die Sichttiefe ist daher auch sehr gering.

Die Uferregion eines eutrophen Klarwassersees besteht aus mehreren aufeinanderfolgenden Pflanzengürteln. Die Tierwelt dieses Uferbereiches ist sehr vielfältig: Zwischen den Seggen nisten Enten und Flußseeschwalben; im Schilf leben viele Entenarten, Haubentaucher, Teichhuhn, Rohrdommel, Rohrsänger, Bläßhuhn und Ralle, im Wasser Libellenlarven, Wasserwanzen, Käfer, Köcherfliegenlarven, Schnecken, Muscheln, Kaulquappen, Molchlarven und verschiedene Fischarten.

Ein **Weiher** ist etwa 1—2 Meter tief, liegt in einer Bodensenke und wird vom Grundwasser gespeist oder ist der Rest eines verlandenden Sees. Die Uferzone eines Weihers beginnt mit

einem Gehölzgürtel aus Erlen, Weiden und Pappeln; darauf folgen Seggen und ein Röhrichtgürtel. Die Wasserpflanzenzone ist breit, auf der freien Wasserfläche schwimmen Wasserlinsen. Im Wasser leben eine Menge Kleinlebewesen, Algen, Wasserflöhe, Hüpferlinge, Insektenlarven, Schnecken und im Frühjahr der Laich von Amphibien. Im Schilf halten sich zahlreiche Vogelarten auf.

Ein **Teich** ist im Gegensatz zum See und Weiher kein natürliches Gewässer, sondern ist von Menschenhand geschaffen. Meist wird hierfür ein Bach aufgestaut. Seine Tier- und Pflanzenwelt entspricht der eines Weihers, ist meist aber viel artenärmer. Die meisten Teiche dienen der Fischzucht.

Ein **Tümpel** ist ein nur etwa 30 cm tiefes Kleingewässer, das nicht ständig Wasser führt. Tümpel entstehen im Frühjahr aus Schmelzwasser, werden dann noch eine Zeitlang von Regenwasser gespeist und trocknen im Hochsommer aus – zurück bleibt eine rissige Schlammfläche. Die Tierwelt des Tümpels ist den wechselhaften Umweltbedingungen meisterhaft angepaßt. Typische Tümpelbewohner sind Wasserflöhe. Mit Hilfe von Dauereiern können diese Tiere 14 Monate lang ohne Wasser überleben. Rädertierchen und Muschelkrebse verfallen in Trockenstarre; die Amphibienlarven beenden ihre Metamorphose und werden landlebend.

Laubwälder

Laubwälder sind für Naturfreunde stets anziehend, sind sie doch Lebensraum vieler Tier- und Pflanzengemeinschaften. Sie bieten mit ihrem Artenreichtum an Laubbäumen, Sträuchern und Kräutern vielen Säugern, Vögeln und Insekten Lebensmöglichkeiten. In alten, hohlen Bäumen nisten verschiedene Vogel- und auch Säugetierarten. Unter und in der Rinde von Eichen und Buchen leben die verschiedensten Insekten, eine willkommene Nahrung für viele Vögel. Im Unterholz und im Gestrüpp bieten sich viele Versteck- und Nistmöglichkeiten an. Gräben und mit Wasser gefüllte Wagenspuren von Holzfällerfahrzeugen sind Entwicklungsstätten vieler wasserlebender Insektenlarven und Lebensraum von Unken und Molchen.

Der Buchenwald ist ein häufiger Waldtyp des mitteleuropäischen Hügellandes. Der Charakterbaum ist die Rotbuche. Buchen bilden ein zusammenhängendes Laubdach, am Waldboden ist es daher ziemlich schattig – entsprechend spärlich ist die Krautschicht entwickelt. Sie beherbergt jedoch viele Frühjahrsblüher, wie Buschwindröschen, Märzenbecher, Leberblümchen. Am Waldrand und auf Lichtungen gedeihen höhere Kräuter und auch Sträucher.

Der Eichenwald war früher in Nordwestdeutschland der verbreitetste Waldtyp, ist aber durch Raubbau schon im Mittelalter fast völlig zugrunde gegangen. Eichenwälder sind lichte Wälder. Im Mittelgebirge ist die

Hainbuche ein Begleitbaum, im Flachland die Birke. Die Baumkronen der Eichen schließen nicht dicht aneinander, und die Sonne kann ungehindert zum Boden vordringen. Aus diesem Grund findet man in Eichenwäldern auch eine wohl ausgebildete Strauch- und Krautschicht und sogar auch größere Grasbestände. Eichenwälder beherbergen auch eine große Vielfalt verschiedener Tierarten.

Auwälder zogen sich früher in breiten Gürteln entlang der Flüsse hin, sind heute jedoch leider nur noch in Resten vorhanden. Der Boden der Auwälder ist schwer und nährstoffreich. Überschwemmungen und leicht erreichbares Grundwasser in Flußnähe bringen eine große Üppigkeit an Pflanzen hervor. Charakteristische Bäume sind Pappeln, Weiden, Erlen, Ulmen und Ahornbäume. Das Unterholz aus Traubenkirschen, Faulbaum, Holunder und Hartriegel ist dicht und bietet besonders für viele Singvogelarten gute Nistgelegenheiten.

Niederwald. Einige Baumarten bilden nach dem Fällen aus dem Stumpf sogenannte „Stockausschläge", die zu kleinen, dicht stehenden Stämmchen heranwachsen. Diese Eigenschaft von Hasel, Esche und Hainbuche machte man sich in der Niederwaldwirtschaft zunutze und erntete regelmäßig die kleinen Stämmchen, um sie als Material zur Einzäunung von Weideland oder Gärten oder aber als Brennholz zu verwenden.

Nadelwälder

Mehr als die Hälfte der Waldflächen Mitteleuropas bestehen heute aus reinen Fichtenwäldern. Im vorigen Jahrhundert wurde überall in den Mittelgebirgen und auch im Tiefland Nordwestdeutschlands die Fichte zur Aufforstung verwendet, da sie schnellwüchsig und forstwirtschaftlich wertvoll ist. Ursprünglich ist die Fichte ein Gebirgsbaum, und die natürliche Verbreitung erstreckt sich auf höhere Lagen mit reichlich Niederschlägen.

Fichtenwälder sind lange nicht so interessant wie Laubwälder. Die Baumkronen schließen sehr dicht und lassen nur sehr wenig Licht bis auf den Waldboden vordringen. Da Nadelhölzer ihre Nadeln nicht einmal im Jahr vollständig abwerfen, wie dies die Laubbäume mit ihren Blättern tun, ist es im Nadelwald das ganze Jahr über gleichmäßig dunkel. Aus diesem Grund fehlt hier der

Unterwuchs und die Krautschicht, dafür ist in natürlichen Fichtenwäldern die Moosschicht sehr reich entwickelt. Dort, wo die Bäume etwas lichter stehen, wachsen Farne und Heidelbeeren.

Kiefernwälder kommen in Mitteleuropa im Flachland auf lichten, sandigen Böden vor, weitverbreitet sind sie beispielsweise in Nordwestdeutschland. Die Waldkiefer ist ein anspruchsloser Baum, der auch auf trockenen und nährstoffarmen Böden gedeiht. Sie braucht jedoch viel Licht. Unter natürlichen Bedingungen bilden Kiefern einen lichten Bestand, der auf nicht allzu mageren Böden einen reichen Unterwuchs aus Gräsern und Sträuchern hat, die wiederum die Grundlage für ein reichhaltiges tierisches Leben bilden.

Auch die Kiefer wird wegen ihrer Anspruchslosigkeit gerne bei Aufforstungen verwendet. Sie kann sich sogar noch an steilen, felsigen Stellen festsetzen und wachsen.

Heiden

Die Heide ist keine natürlich entstandene Pflanzengesellschaft, sondern wurde vom Menschen hervorgebracht. Nach der letzten Vereisung bildete sich überall lichter Laubwald, der allerdings schon seit vorgeschichtlicher Zeit abgeholzt wurde. Die Beweidung verhinderte dann eine Wiederbewaldung. Das sich nun ausbreitende Heidekraut bildete mit seinen Wurzeln ein dichtes Flechtwerk, das die darunter liegenden Bodenschichten vom Luftsauerstoff abtrennte und dadurch die Humusbildung verhinderte. Die abgestorbenen Pflanzenteile können sich nur unvollständig zu Rohhumus bzw. Trockentorf umsetzen. Die hohen Niederschläge laugen den sandigen Boden aus und hinterlassen unter der Rohhumusdecke nur nährstoffarmen Bleichsand. In 10–20 Meter Tiefe kommt es zur Bildung von Ortstein, einer von Eisenver-

bindungen dunkel braunrot gefärbten, verfestigten Bodenschicht, die wasserundurchlässig ist. Das Grundwasser, das aus der Heide als Quellwasser abfließt, ist sauer und voller Torfpartikel, die ihm das Aussehen von Schwarzem Tee geben.

In Senken und in feuchteren Stellen der Heide wachsen Moorpflanzen, unter denen allmählich Torfmoose dominieren.

Das trockene Heideland ist eine Zwergstrauchheide. Die Charakterpflanze ist das Heidekraut, hinzu kommen Glockenheide, Krähenbeere, Heidelbeere und Moosbeere. Dazwischen wachsen Kräuter wie Thymian, Arnika, Habichtskraut und Augentrost und Gräser wie Schafschwingel und Ruchgras. An ganz trockenen Stellen wächst Besenginster.

An tiefgründigen Stellen wachsen Birke und Kiefer. Sie sind flachwurzelnd und tolerieren den sauren Boden.

Wiesen und Felder

Auf den meisten unserer landwirtschaftlich genutzten Flächen würden, sobald man sie brachliegen lassen würde, Hecken, Büsche, Laub- und Mischwälder wachsen.

Felder. Die hier lebenden Tiere und Pflanzen bilden keine einheitliche Lebensgemeinschaft, da die wechselnde Fruchtfolge jährlich eine neue Umgebung schafft. Eine entscheidende Rolle für das Auftreten oder Fehlen bestimmter Arten spielt die Bodenbeschaffenheit. Insekten, die Sandböden besiedeln, bevorzugen sandige Felder und meiden lehmige Äcker. Getreidefelder werden von Rebhühnern, Lerchen und Ammern bewohnt, in Rübenfeldern halten sich Hasen und Kaninchen auf.

Wiesen. Je nach Art des Untergrundes und Ausmaß der Düngung haben Wiesen ein unterschiedliches Pflanzenkleid mit unterschiedlichem Ertrag. Fettwiesen sind weitverbreitet und gelten als die eigentlichen Wiesen. Sie kommen im Flachland auf guten, nährstoffreichen Böden vor und werden regelmäßig gedüngt und mindestens zweimal jährlich gemäht. Fettwiesen sind üppig und grün und hauptsächlich

mit Futtergräsern bestanden – neben Löwenzahn und verschiedenen Doldenblütlern.

Trockenwiesen zeichnen sich durch große Blütenpracht aus. Die wichtigsten Gräser sind hier Trespen, Zwenke und Schafschwingel. Man findet Trockenwiesen auf mageren, trockenen Böden, oft in Hanglagen auf Kalkböden im Bergland. Sie werden nicht gedüngt und nur einmal im Jahr gemäht.

Naßwiesen sind feuchte, nährstoffarme Wiesen mit hohem Grundwasserspiegel. Die beherrschenden Gräser sind Riedgräser und Pfeifengras. Naß- und Trockenwiesen beherbergen oft seltene Orchideen. Durch Drainage und Düngung werden viele Naßwiesen in ertragreiche Fettwiesen umgewandelt.

Hecken wurden früher oft zum Einzäunen von Weideland und zur Abgrenzung der Äcker gesetzt. Sie setzen sich aus verschiedenen Sträuchern zusammen: Holunder, Schlehdorn, Liguster, Brombeere, Vogelbeere, Heckenkirsche, Heckenrose und viele andere mehr. Auf dem Boden wachsen allerhand Kräuter und Gräser. Hecken bieten vielen Vögeln Schutz, Nahrung und Nistplätze. Leider sind der Flurbereinigung viele dieser artenreichen Kleinbiotope zum Opfer gefallen!

Gebirge

Mittelgebirge besitzen im allgemeinen rundliche Bergformen und sind bewaldet. Zur Mittelgebirgszone gehören in der Bundesrepublik Deutschland die Rumpfgebirge der Mitteldeutschen Gebirgsschwelle und die Höhenzüge des Süddeutschen Schichtstufenlandes. Vulkanische Massive, Aufschüttungszonen und Grabenbrüche sorgen für landschaftliche Vielfalt. Die einzelnen Waldgebirge sind durch klimabegünstigte Beckenlandschaften getrennt.

Letztere sind die Kornkammern und Weinbaugebiete der Mittelgebirgslandschaft. Die Pflanzengesellschaften und der Anbau an den Berghängen ist je nach Höhenstufe, Exposition und Gesteinsaufbau sehr verschieden und wechselvoll. Die Hochflächen und Bergrücken tragen Wald, Magerwiesen oder Getreidefelder. Die höchsten Mittelgebirge bei uns sind der Schwarzwald und der Bayerische Wald.

Das höchste und größte **Hochgebirge** in Europa sind die Alpen. Die Vielfalt der Gesteine, der morphologische Aufbau, Tier- und Pflanzenwelt machen

den Alpenraum zu einem Erlebnis für jeden Naturfreund. Das Pflanzenkleid ist in Höhenstufen zoniert: Die montane Stufe trägt einen Buchen-Tannenwald; die subalpine Stufe ist die Region des Nadelwaldes, dominierend ist die Fichte, gefolgt von Tanne, Lärche und Arve. An der Baumgrenze beginnt die alpine Stufe. Sie gliedert sich in einen Gürtel aus Zwergsträuchern mit Alpenrose und Latschenkiefern und die darauffolgende Region der alpinen Matten mit typischen Alpenblumen wie Primeln, Enziane, Anemonen, Kohlröschen und Arnika. Die nivale Zone führt

Geröll- und Felspflanzen (z.B. Steinbrech- und Mannsschildarten); danach folgen Schnee und Eis. An schneefreien Felsen kommen Flechten bis in die höchsten Gipfel vor.

Die ,,**Hochländer**" Britanniens bestehen aus alten Urgesteinen; die Böden sind nährstoffarm. Das Klima ist infolge der Höhenlage kalt und niederschlagsreich. Für den Ackerbau ist dieses Gebiet unbrauchbar. Das Landschaftsbild wird von Heiden beherrscht; sehr zahlreich sind Hochmoore.

Städte und Gärten

Das Wachstum der Großstädte und die Ausdehnung aller Siedlungen verdrängt und vernichtet Wildtiere und ihren Lebensraum. Nicht immer entstehen in den Städten sekundäre Lebensräume für Tiere und Pflanzen; in Hausgärten, Parkanlagen, alten Friedhöfen, verwilderten Grundstücken und an Bahndämmen gedeihen jedoch vielerlei Pflanzen und Tiere, die sich diesem neuen Lebensraum angepaßt haben.

Einige Tiere sind regelrechte Kulturfolger geworden. Hierzu gehören der Haussperling und die Türkentaube. Amseln und Meisen bevölkern jeden Vorgarten, und die Stare bleiben auch im Winter auf den Grünflächen der Stadtparks. Auf den Parkteichen finden sich Stockenten und Möwen ein. Der Turmfalke nistet auf Türmen und in Mauerritzen. Auf Müllplätzen und im Kanalsystem leben Wander- und Hausratte, und an Kläranlagen finden viele Vögel ihre Nahrung.

Dachböden mit freiem Zugang und offenem Gebälk sind dunkel, warm und ungestört und bieten ideale Nistbedingungen für Vögel, Wespen, Spinnen und Fledermäuse. Besonders zur Erhaltung der Fledermäuse sind diese Dachgebälke wichtig, da einige Fledermäuse im Sommer hier ihre Wochenstuben haben. In Stadthäusern sind heute die Dachgeschosse jedoch meist völlig ausgebaut oder dicht verschlossen.

Kellerräume bieten ein kühles, dunkles und feuchtes Milieu für eine ganze Reihe von Wirbellosen, die das Son-

nenlicht meiden. Auch Ratten und Mäuse halten sich gerne hier auf.

Gartenschuppen sind windgeschützte, trockene Orte und ideal für die Überwinterung von Schmetterlingen. Die Höhlungen unter den Schuppen sind ideal für die Kinderstube des Igels. Komposthaufen bieten Unterschlupf für vielerlei Tiere und Nistmaterial für Kleinsäuger und Vögel.

Parkanlagen sind das Refugium von Vögeln und Eichhörnchen. Sogar Fledermäuse halten sich in alten Parkbäumen auf.

Alte Mauern bieten Flechten und Moosen Ansiedlungsmöglichkeiten. In den Mauerspalten wohnen Weberknechte, Spinnen und Mauerasseln, Schnecken, Käfer und Ameisen.

Alte Friedhöfe haben je nach gärtnerischen Maßnahmen einen erheblichen Anteil an wildwachsenden Pflanzen. Sträucher und Hecken sind von Kleinvögeln bevölkert. Die Grabsteine aus hartem Naturstein sind eine gute Unterlage für Flechten, die hier ungestört wachsen können und beträchtliche Ausmaße erreichen.

Luftverschmutzung durch Industrie- und Heizungsanlagen, Autoabgase und Staub machen die Stadt für viele Pflanzen und Tiere jedoch unbewohnbar. Besonders empfindlich gegenüber Luftverschmutzung reagieren Flechten. Sie werden aus diesem Grund von der Wissenschaft auch als Indikatoren für die Luftverschmutzung verwendet.

Blütenlose Pflanzen

Rechts: Der giftige Fliegenpilz (*Amanita muscaria*) ist in Laub- und Nadelwäldern häufig.

Wenn wir von Pflanzen sprechen, denken wir fast ausschließlich an die Pflanzen, die Blüten hervorbringen. Der Zweck dieser oft sehr auffälligen und schönen Blüten ist es, die Bestäubung und damit die Fortpflanzung zu sichern. Neben den Blütenpflanzen gibt es jedoch eine ganze Reihe von Pflanzengruppen, die keine Blüten besitzen, sich also auf andere Art und Weise fortpflanzen. Zu diesen Pflanzen gehören die Algen, Moose, Farne, Flechten, Schachtelhalme und Pilze.

Pilze

Die Pilze unterscheiden sich von anderen Pflanzen durch das Fehlen des Blattgrüns (Chlorophyll). Sie können deshalb auch ihre zum Leben benötigte Nahrung nicht selbst herstellen (Photosynthese), sondern sind auf organische Nährstoffe angewiesen, d. h. sie ernähren sich heterotroph. Im allgemeinen leben sie als Moderpflanzen (Saprophyten) auf und von verwesendem Pflanzen- oder Tiermaterial. Da sie nicht zur Photosynthese befähigt sind, können sie im Schatten oder im Dunkeln wachsen.

Der eigentliche Pilz besteht aus einem verästelten Geflecht haardünner Fäden (Hyphen), die das Substrat durchziehen, von dem der Pilz lebt. Was wir im normalen Sprachgebrauch als Pilz bezeichnen, ist in Wirklichkeit nur der Fruchtkörper, der sich über dem Substrat erhebt, um die Sporen (ungeschlechtliche Fortpflanzungszellen) zu verbreiten.

Die wohl bekanntesten Pilze sind die Hutpilze, die aus einem Stiel und dem daraufsitzenden Hut bestehen. Auf der Hutunterseite befinden sich entweder Röhren (Röhrenpilze) oder radial verlaufende Blätter oder Lamellen (Blätter- oder Lamellenpilze), in denen die Pilzsporen gebildet werden.

Weniger bekannt sind die flaschenförmigen Bauchpilze, die vielästigen Korallenpilze, die konsolenartigen Baumschwämme und die watte- bis mehlartigen Schimmelpilze. Es gibt Hunderte von Pilzarten, von denen aus Platzgründen in diesem Buch leider nur einige wenige beschrieben werden können.

Einige Pilzarten bilden mit den Wurzeln

Stäublinge werden bei der Reife trocken. Bei einigen Arten – wie hier beim Flaschenstäubling (*Lycoperdon perlatum*) reißt am Scheitel ein Loch ein, durch das der gelbbraune Sporenstaub entweicht.

Holzbewohnende Pilze (Baumschwämme) haben ein mehr oder weniger begrenztes Wirtsspektrum. Die Bunte Tramete (*Trametes versicolor*) wächst auf fast allen Laubbaumstümpfen, seltener auf totem Nadelholz.

Blütenlose Pflanzen

von Bäumen und anderen Blütenpflanzen eine charakteristische Symbiose (Mykorrhiza), so daß bestimmte Pilzarten nur in ganz bestimmten Waldtypen oder unter bestimmten Pflanzen wachsen. So kommt z.B. der Fliegenpilz (*Amanita muscaria*) meist unter Birken vor, der Goldröhrling (*Boletus grevillei*) meist unter Lärchen. Obgleich die Pilze recht unauffällig in der Vegetation des Waldes sind, spielen sie eine wichtige Rolle im Ökosystem des Waldes. Ihre Ernährungsweise führt zum Abbau von totem Holz, Fallaub, Tierdung und aller Art von abgestorbenem tierischem und pflanzlichem Material, das sich andernfalls ansammeln würde. Schließlich sind Pilze die Nahrung (wenn auch mit geringem Nährwert) von Insekten und Schnecken, und einige von ihnen sind eine begehrte Delikatesse unserer eigenen Ernährung. Da es jedoch eine nicht unbeträchtliche Anzahl ungenießbarer und sogar tödlich giftiger Arten gibt, sollte man nie Pilze essen, die man nicht ganz genau kennt, bzw. die ein zuverlässiger Fachmann nicht zweifelsfrei identifiziert hat!

Algen

Algen sind fast ausschließlich wasserbewohnende, Chlorophyll und andere Farbstoffe enthaltende, ein- bis vielzellige niedere Pflanzen. Sie kommen sowohl im Süß- als auch im Salzwasser vor. Man kann sie grob in zwei Gruppen einteilen: Winzige, einzellige Organismen (Algenplankton), die eine bedeutende Nahrungsquelle für Fische und andere wasserbewohnende Tiere sind und größere, derbe Meeresalgen (Tange), die mehrere Meter Länge erreichen können. Wir wollen in diesem Buch nur auf die großen Tange eingehen, da man zur Identifizierung der winzigen, einzelligen Organismen ein Mikroskop benötigt (siehe hierzu „STREBLE / KRAUTER, Das Leben im Wassertropfen", Kosmos-Verlag, Stuttgart).

Die großen auffälligen Meeresalgen bezeichnet man als Tange. Trotz ihrer Größe haben sie den einfachen anatomischen Bau mit den anderen Algen gemeinsam. Sie besitzen weder Blätter noch Wurzeln. Der wurzelähnliche Haftapparat verankert die Pflanzen lediglich im Substrat, nimmt jedoch weder Wasser noch Nährsalze auf, wie es echte Wurzeln tun. Außerhalb des Wassers können die Algen nicht existieren, und sie können auch nur kurzfristig (Ebbe) trockenliegen.

Die Tange, in der Hauptsache Braun-, weniger Grün- oder Rotalgen, bilden in der Gezeitenzone große Bestände. Sie können als Viehfutter, Streu und Dünger verwendet werden.

Obwohl von massiger Gestalt, sind Tange in Wirklichkeit Algen. Wesentliche Eigenschaften der Tange sind ihre Fähigkeit, das Trockenliegen bei Ebbe auszuhalten, und die Ausstattung mit einem Haftorgan, das sie an den Felsen verankert.

Flechten

Flechten sind Doppelwesen aus Algen und Pilzen, die in enger Symbiose zusammenleben und eine Einheit darstellen. Es gibt sie in den verschiedensten Farben und Formen, und ihre Bestimmung ist nicht immer leicht. Oft hilft die Unterlage, auf der sie wachsen, bei der Bestimmung weiter. So gibt es Flechten, die kommen nur auf Felsen, Steinen oder Dächern vor, andere dagegen leben nur auf Baumrinden. Sie können blattförmig, krustenartig oder in haarförmigen Büscheln wachsen oder einen puderig-staubigen Überzug bilden. (Siehe dazu „FEIGE / KREMER, Flechten – Doppelwesen aus Pilz und Alge", Kosmos-Verlag, Stuttgart.)

Der Pilz liefert dem Doppelwesen Wasser mit Nährsalzen und bietet den Algen Schutz. Die Algen, die sich aufgrund des Chlorophylls autotroph ernähren können, liefern dem Pilz organische Nährstoffe. Die Symbiose ermöglicht es den Flechten, an Orten vorzukommen, an denen ein Partner allein nicht leben könnte. Flechten sind sehr gute Anzeiger für Luftverschmutzung, da sie außerordentlich empfindlich auf Schwefeldioxid (aus Kohle- und Ölverbrennung) reagieren. Die Nähe der Großstädte wird deshalb von den Flechten gemieden, während sie in den Gebirgen artenreich und üppig vertreten sind.

Viele Flechten wachsen auf Kalkfelsen und in Steinbrüchen, dieselben Bedingungen erfüllt auch ein alter Grabstein auf einem Friedhof.

Moose

Die Moose sind die einfachsten grünen Landpflanzen, ohne Gefäße und echte Wurzeln, jedoch schon in Stengel und Blättchen gegliedert. Sie kommen in Mooren, auf feuchten Waldböden, im

Verschiedene Baumflechten auf dem Ast einer alten Eiche. Ein solch üppiges Flechtenwachstum findet man nur in Gegenden mit sauberer Luft.

Blütenlose Pflanzen

Süßwasser (nie im Meer) und einige Arten auch an trockenen Stellen vor. Aufgrund ihrer Fortpflanzungsweise (Generationswechsel) sind sie darauf angewiesen, an feuchten Orten zu leben oder zumindest zeitweise völlig durchnäßt zu werden.

Man kann die Moose in zwei große Gruppen teilen: die Laubmoose und die Lebermoose.

Zu den **Laubmoosen** gehören die Torf-, Sumpf- oder Bleichmoose, die Klaff- oder Steinmoose und die Echten Laubmoose (siehe dazu „AICHELE / SCHWEGLER, Unsere Moospflanzen", Kosmos-Verlag, Stuttgart). In den Hochmooren der Mittelgebirgslagen dominieren die Torfmoose (*Sphagnum*-Arten). Torfmoose können in einer Hüllschicht aus toten Zellen wie ein Schwamm Wasser speichern. Bei trockener Witterung sind diese Zellen mit Luft gefüllt, das Moos erscheint dann weiß. Sobald das Moos jedoch mit Wasser benetzt wird, nimmt es Wasser auf. Die chlorophyllhaltigen Zellen schimmern durch und verleihen der Pflanze ein frisches, grünes Aussehen. Nur der obere Teil der Torfmoose lebt und wächst, die unteren Teile sterben ab und gehen durch einen chemischen Prozeß (Inkohlung) in Torf über, der wirtschaftlich genutzt werden kann (Brennmaterial, Gartenbau).

Lebermoose kommen überwiegend an feuchten Stellen vor, z. B. an Quellen und beschatteten Mauern von Brunnen oder Gräben. Sie sind klein und bilden entweder weiche, grüne, thallusartige Gebilde, die dem Untergrund dicht anliegen, oder laubmoosähnliche „Bäumchen". Aufgrund ihrer Fruchtformen kann man sie in 3 Gruppen einteilen: Schließfrucht-Lebermoose, Schotenfrucht-Lebermoose und Klappenfrucht-Lebermoose.

Farne

Farne sind krautige, manchmal auch baumförmige Gefäß-Sporenpflanzen mit großen, meist gestielten und gegliederten, in der Jugend spiralig eingerollten Blättern, die auf der Unterseite die Sporenbehälter (Sporangien) tragen. Bei uns kommen etwa 50 Arten vor, die mit Ausnahme des Adlerfarns (*Pteridium aquilinum*) weniger als 1 Meter hoch werden. Auch die Farne machen in ihrer Fortpflanzung einen Generationswechsel durch, d. h. einen Wechsel zwischen einer geschlechtlichen Generation und einer ungeschlechtlichen Generation. Die ungeschlechtlichen Sporen werden durch Platzen des Sporenbehälters frei und vom Wind verbreitet. Sie keimen an feuchten Stellen und bringen ein unscheinbares Pflänzchen, das Prothallium, hervor. Auf der Unterseite dieses Prothalliums bilden sich männliche (Antheridien) und weibliche (Archegonien) Geschlechtsorgane mit den entsprechenden Geschlechtszellen, die einen Befruchtungsvorgang vollziehen

Lebermoose gedeihen an kühlen, feuchten Orten, sie meiden aber saures Substrat. Die Fortpflanzungsorgane (abgebildet sind die weiblichen) erheben sich an einem Stiel von der läppchenförmigen Pflanze.

Junge Farnpflanze mit zerfallendem Prothallium.

gehört zu den Tüpfelfarnen, die so genannt werden, weil die Sporenhäufchen ihnen ein getüpfeltes Aussehen geben.

Die Mehrzahl der Farne wächst auf dem Waldboden. Freistehende Mauern und Felsen werden nur von Arten besiedelt, die Trockenheit vertragen können, wie z.B. der Streifenfarn (*Asplenium trichomanes*) und die Mauerraute (*Asplenium ruta-muraria*). Geradezu wärmeliebend ist der Schriftfarn (*Ceterach officinarum*), der an alten Weinbergmauern und sonnigen Felsen wächst.

und eine neue Farnpflanze hervorbringen, die wiederum ungeschlechtliche Sporen erzeugt.

Farne können sich aber auch sehr rasch auf vegetativem Wege durch Bildung neuer Pflanzen aus dem unterirdisch wachsenden Wurzelstock vermehren.

Man unterteilt die Farne nach Gestalt der Wedel und Ausbildung und Anordnung der Sporenbehälter. Die Mehrzahl der bei uns vorkommenden Farne

Schachtelhalme

Schachtelhalme sind meist krautige Gefäßsporenpflanzen mit deutlich gegliedertem Stamm und kleinen, quirlständigen Blättern. Sie sind Verwandte der Farne und wie diese erdgeschichtlich viel älter als die höheren Pflanzen. Die Schachtelhalme der Karbonzeit waren baumförmig und bildeten riesige Sumpfwälder, deren fossile Reste wir als Steinkohle abbauen. Die Schachtelhalme sind licht- und feuchtigkeitsliebende Pflanzen. Sie können sich zum einen über einen Generationswechsel vermehren, zum andern vegetativ durch unterirdisch wachsende, verzweigte Wurzelstöcke.

(Näheres zu den Blütenlosen Pflanzen finden Sie in „PHILLIPS, Das Kosmosbuch der Gräser, Farne, Moose, Flechten", Kosmos-Verlag, Stuttgart.)

Farne wachsen vorwiegend im Wald, wo sie auf dem kühlen, schattigen und feuchten Boden ideale Lebensbedingungen finden.

Blütenlose Pflanzen

Hirschzunge *Phyllitis scolopendrium* (Aspleniaceae)
Vorkommen: In feuchten Schluchtwäldern, auf Kalkgestein, selten.

Schwarzer Streifenfarn
Asplenium adiantum nigrum (Aspleniaceae)
Vorkommen: Exponiert an Felsen und Mauern und auf Geröll. Kalkmeidend.

Rippenfarn *Blechnum spicant* (Blechnaceae)
Vorkommen: In schattigen, feuchten Bergwäldern auf sauren Böden. Mit 2 verschiedenen Wedeln; die sporentragenden sind aufrecht und haben schmale Fiedern.

Ackerschachtelhalm *Equisetum arvense* (Equisetaceae)
Vorkommen: An Wegrändern, bevorzugt lehmigen Sandboden, auch auf Eisenbahnschotter, weitverbreitet, in ganz Europa.
Blattgrünfreie, sporentragende Frühjahrsstengel, grüne Sommerstengel.

Mauerraute *Asplenium rutamuraria* (Aspleniaceae)
Vorkommen: Auf Mauern und in Felsspalten. Kalkmeidend, häufig, vom Tiefland bis etwa 2500 m.

Adlerfarn *Pteridium aquilinum* (Hypolepidaceae)
Vorkommen: Auf Bergweiden und Kahlschlägen. Kalkmeidend, in ganz Europa verbreitet.
Wedel 2- bis 4-fach gefiedert, bis 2 m hoch (das Bild zeigt nur ein Teilstück eines Wedels).

Schriftfarn *Ceterach officinarum* (Aspleniaceae)
Vorkommen: An trockenen Kalkfelsen und Mauern, in wärmeren Lagen, selten.

Gewöhnlicher Wurmfarn
Dryopteris filix-mas (Aspidiaceae)
Vorkommen: In verschiedenen Waldgesellschaften verbreitet, mit breiter ökologischer Toleranz.

Frauenfarn *Athyrium filix-femina* (Athyriaceae)
Vorkommen: In feuchten Wäldern und auf Bergweiden. Verbreitet.

Blütenlose Pflanzen

Borstiger Schildfarn *Polystichum aculeatum* (Aspidiaceae)
Vorkommen: In schattigen Wäldern, besonders entlang von Bächen; bevorzugt nährstoffreiche Böden.

Breiter Wurmfarn *Dryopteris dilata* (Aspidiaceae)
Vorkommen: In Wäldern, feuchten Gebüschen und Gräben.
Sehr variabel, wird leicht mit *D. carthusianorum* verwechselt.

Sumpf-Lappenfarn
Thelypteris palustris (Thelypteridaceae)
Vorkommen: In Feuchtgebieten, Erlensümpfen.
Der Rand der sporentragenden Fiederchen ist meist eingerollt.

Weicher Schildfarn *Polystichum setiferum* (Aspidiaceae)
Vorkommen: In schattigen Wäldern, nur im Küstenbereich des Atlantik und Ärmelkanals. Atlantische Form, liebt warme, nasse Winter.

Natternzunge *Ophioglossum vulgatum* (Ophioglossaceae)
Vorkommen: In feuchten Wiesen und Flachmooren. Die Farnpflanze besteht aus einem ungeteilten sterilen Blatt und einer sporentragenden Ähre.

Mondraute *Botrychium lunaria* (Ophioglossaceae)
Vorkommen: Auf trockenen Wiesen und alpinen Matten.

Tüpfelfarn *Polypodium vulgare* (Polypodiaceae)
Vorkommen: In lichten Wäldern, auf Baumstümpfen und Felsen, gelegentlich epiphytisch auf alten Bäumen.

Blütenlose Pflanzen

Satansröhrling *Boletus satanus* (Boletaceae)
Vorkommen: In Laubwäldern, auf Kalkböden, meist unter Eichen oder Hainbuchen. Wärmeliebend, selten. Hut 6–30 cm breit. Röhren blutrot.
Giftig!

Spitzhütiger Knollenblätterpilz *Amanita virosa* (Amanitaceae)
Vorkommen: In Nadelwäldern auf sauren Böden, Gebirgs- und Vorgebirgslagen.
Hut 5–10 cm breit.
Tödlich giftig!

Pantherpilz *Amanita pantherina* (Amanitaceae)
Vorkommen: In Laub- und Nadelwäldern, Flachland und Gebirge. Hut 5–12 cm breit.
Stark giftig!

Grüner Knollenblätterpilz *Amanita phalloides* (Amanitaceae)
Vorkommen: In verschiedenen Laubwaldgesellschaften, manchmal häufig.
Hut 4–12 cm breit.
Tödlich giftig!

Herbsttrompete *Craterellus cornucopioides* (Cantharellaceae)
Vorkommen: Im Sommer und Herbst in Laubwäldern büschelweise zwischen Fallaub, vor allem unter Buchen.
Hut 3–10 cm breit.
Eßbar.

Violetter Rötelritterling *Lepista personata* (Tricholomataceae)
Vorkommen: Im Herbst auf Wiesen und Weiden, an Waldrändern, in Fichtengehölzen.
Hut 6–12 cm breit.
Eßbar.

Nelkenschwindling *Marasmius oreades* (Tricholomataceae)
Vorkommen: Vom Frühjahr bis Herbst im offenen Grasland, auf Viehweiden, gesellig wachsend, oft Hexenringe bildend. Hut 2–6 cm breit.
Eßbar.

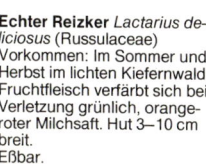

Echter Reizker *Lactarius deliciosus* (Russulaceae)
Vorkommen: Im Sommer und Herbst im lichten Kiefernwald. Fruchtfleisch verfärbt sich bei Verletzung grünlich, orangeroter Milchsaft. Hut 3–10 cm breit.
Eßbar.

Blütenlose Pflanzen

Fleischroter Speisetäubling
Russula vesca (Russulaceae)
Vorkommen: Im Sommer und
Herbst in trockenen Wäldern
unter Eichen und Buchen.
Hut 5—10 cm breit.
Eßbar.

Wiesen-Ellerling *Camaro-
phyllus pratensis* (Hygropho-
raceae)
Vorkommen: Vom Sommer
bis Spätherbst im Gras von
Waldwiesen, auf Weiden und
an grasigen Hängen. Hut
2—8 cm breit.
Eßbar.

Grüner Anistrichterling *Cli-
tocybe odora* (Tricholomataceae)
Vorkommen: Vom Sommer
bis Herbst in Laub- und Nadelwäldern, gesellig in der
Laubstreu, häufig am Weg.
Hut 3—9 cm breit.
Eßbar.

Speisemorchel *Morchella
esculenta* (Morchellaceae)
Vorkommen: Im Frühjahr in
lichten Laubwäldern auf kalkhaltigen Böden, Flußauen,
auch in Gärten und Parks.
Hut 16—20 cm.
Eßbar.

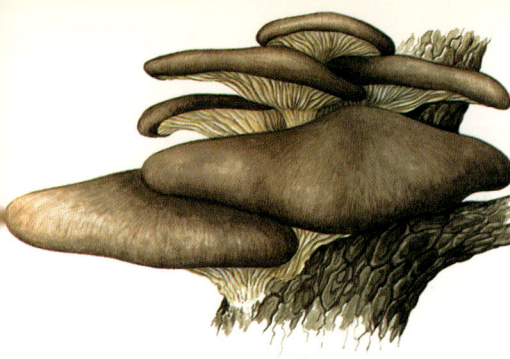

Austernseitling *Pleurotus ostreatus* (Pleurotaceae)
Vorkommen: Von Oktober bis Januar an älteren Laubbäumen, besonders an Buchen, auch in Parkanlagen. Büschelig wachsend.
Hut 7–13 cm breit.
Eßbar.

Flaschenstäubling *Lycoperdon perlatum* (Lycoperdaceae)
Vorkommen: Im Sommer und Herbst in Wäldern aller Art, häufig und gesellig.
Anfangs weiß, dann gelbbraun, trocknet schließlich aus und stäubt.
Durchmesser 4–7 cm.
Junge Exemplare eßbar.

Heiderotkappe *Boletus versipellis* (Boletaceae)
Vorkommen: Vom Sommer bis Herbst in Heidewäldern auf Sandboden, auch in anderen Waldgesellschaften, meist unter Birken; in Gruppen wachsend.
Hut 7–15 cm breit.
Eßbar.

Flockenstieliger Hexenröhrling *Boletus erythropus* (Boletaceae)
Vorkommen: Vom Sommer bis Spätherbst in Buchen- und Fichtenwäldern auf sauren Böden.
Röhren grünlich-gelb, Mündungen blutrot.
Hut 5–16 cm breit.
Eßbar.

Blütenlose Pflanzen

Maronenröhrling *Boletus badius* (Boletaceae)
Vorkommen: Im Sommer und Herbst in Nadelwäldern auf sauren Böden.
Der Hut (3—15 cm breit) wird bei der Reife schmierig, das Fleisch bei Druck blauend. Eßbar.

Steinpilz *Boletus edulis* (Boletaceae)
Vorkommen: Vom Sommer bis Herbst in Nadel- und Laubwäldern.
Röhren anfangs weiß, dann gelblich.
Hut 5—20 cm breit.
Eßbar.

Schopftintling *Coprinus comatus* (Coprinaceae)
Vorkommen: Vom Frühjahr bis Spätherbst in Vorgärten, auf Schutt- und Kompostplätzen, an Straßenrändern; in Gruppen. Durchmesser 3—5 cm.
Kurzlebig, Lamellen anfangs rosa, dann braun, zuletzt schwarz und zerfließend. Eßbar.

Wiesenchampignon *Agaricus campestris* (Agariceae)
Vorkommen: Im Sommer und Herbst im offenen Grasland, vor allem auf Viehweiden, erscheint gewöhnlich massenhaft nach warmem Regen.
Lamellen zuerst rosa, dann braun.
Hut 4—12 cm breit.
Eßbar.

Anischampignon *Agaricus arvensis* (Agariceae)
Vorkommen: Im Sommer und Herbst auf Viehweiden, in humusreichen Wäldern.
Lamellen anfangs hellrosa, zuletzt schokoladebraun. Hut 5–17 cm breit.
Eßbar.

Riesenschirmpilz, Parasol
Macrolepiota procera (Agariceae)
Vorkommen: Von August bis Oktober an Waldrändern und auf Waldlichtungen an grasigen Stellen, in Parkanlagen.
Bildet Hexenringe.
Hut 8–25 cm breit.
Eßbar.

Semmelstoppelpilz *Hydnum repandum* (Hydnaceae)
Vorkommen: Im Sommer und Herbst in verschiedenen Laubwäldern, meist auf saurem Boden.
Hut 3–12 cm breit. Hutunterseite mit weichen Stoppeln.
Eßbar.

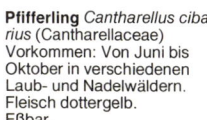

Pfifferling *Cantharellus cibarius* (Cantharellaceae)
Vorkommen: Von Juni bis Oktober in verschiedenen Laub- und Nadelwäldern.
Fleisch dottergelb.
Eßbar.

Grüne Gabelalge *Codium tomentosum* (Chlorophyceae)
Vorkommen: Auf Steinen zwischen Sand und Schlamm, vom seichten Wasser bis in 20 m Tiefe, an den Felsküsten des Ärmelkanals und des Atlantiks.
Gabelig verzweigte Büsche bildend, mit filziger Oberfläche.

Fingertang *Laminaria digitata* (Phaeophyceae)
Vorkommen: Von der untersten Gezeitenzone bis in 6 m Tiefe, große Bestände bildend, Nordatlantik, Nordsee und Ärmelkanal.

Zuckertang *Laminaria saccharina* (Phaeophyceae)
Vorkommen: Unterhalb der Niedrigwasserlinie, große Bestände bildend, Nordatlantik, Nordsee und Ärmelkanal.
Bandförmiger, stark gewellter Tang (bis 2,5 m lang).

Meersalat *Ulva lactuca* (Chlorophyceae)
Vorkommen: Obere Gezeitenzone, bis 10 m tief; weltweit verbreitet, in der Nordsee häufig.
Leuchtend grüner Tang, jung angewachsen, später lose auf dem Meeresboden.

Darmtang *Enteromorpha intestinalis* (Chlorophyceae)
Vorkommen: In der obersten Gezeitenzone, in Ästuarien, toleriert fast reines Süßwasser, im Nordatlantik, in der Nordsee regelmäßig.

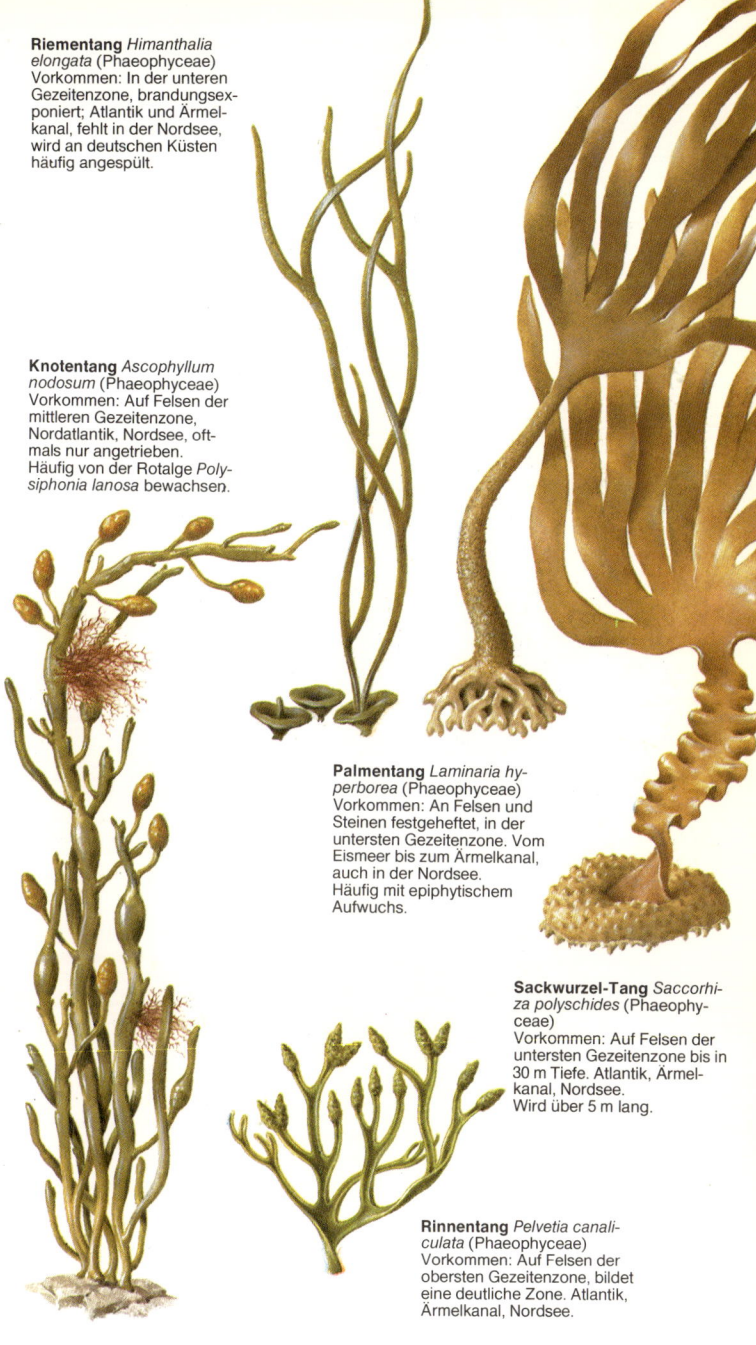

Riementang *Himanthalia elongata* (Phaeophyceae)
Vorkommen: In der unteren Gezeitenzone, brandungsexponiert; Atlantik und Ärmelkanal, fehlt in der Nordsee, wird an deutschen Küsten häufig angespült.

Knotentang *Ascophyllum nodosum* (Phaeophyceae)
Vorkommen: Auf Felsen der mittleren Gezeitenzone, Nordatlantik, Nordsee, oftmals nur angetrieben. Häufig von der Rotalge *Polysiphonia lanosa* bewachsen.

Palmentang *Laminaria hyperborea* (Phaeophyceae)
Vorkommen: An Felsen und Steinen festgeheftet, in der untersten Gezeitenzone. Vom Eismeer bis zum Ärmelkanal, auch in der Nordsee. Häufig mit epiphytischem Aufwuchs.

Sackwurzel-Tang *Saccorhiza polyschides* (Phaeophyceae)
Vorkommen: Auf Felsen der untersten Gezeitenzone bis in 30 m Tiefe. Atlantik, Ärmelkanal, Nordsee. Wird über 5 m lang.

Rinnentang *Pelvetia canaliculata* (Phaeophyceae)
Vorkommen: Auf Felsen der obersten Gezeitenzone, bildet eine deutliche Zone. Atlantik, Ärmelkanal, Nordsee.

Spiraltang *Fucus spiralis*
(Phaeophyceae)
Vorkommen: Auf Steinen und
Felsen der oberen Gezeiten-
zone. Nordatlantik und Nord-
see.
Luftblasen fehlen, erträgt län-
geres Trockenliegen.

Sägetang *Fucus serratus*
(Phaeophyceae)
Vorkommen: Auf Felsen der
unteren Gezeitenzone, oftmals eine ausgeprägte Zone
bildend, im Atlantik, Ärmelkanal, Nordsee, Ostsee.

Blasentang *Fucus vesicu-
losus* (Phaeophyceae)
Vorkommen: Auf Felsen der
mittleren Gezeitenzone, eine
deutliche Zone bildend, Atlantik, Ärmelkanal, Nord- und
Ostsee.
Im Aussehen sehr variabel,
Luftblasen zu 2—3 angeordnet.

Sterntang *Gigartina stellata*
(Rhodophyceae)
Vorkommen: Auf Felsen in
der unteren Gezeitenzone,
häufig, Atlantik, Ärmelkanal,
Nordsee.

Knorpeltang *Chondrus crispus* (Rhodophyceae)
Vorkommen: Auf Steinen und
in tieferen Gezeitentümpeln
weit verbreitet, in der Gezeitenzone und im Seichtwas-
ser. Atlantik, Nordsee.
Kommt getrocknet als „Iri-
sches Moos" in den Handel.

Krustenförmiges Steinblatt
Lithophyllum incrustans
(Rhodophyceae)
Vorkommen: Auf Felsen und
in Gezeitentümpeln, bevorzugt exponierte Lagen. Atlantik, Nordsee.
Die Krusten sind unregelmäßig gestaltet und haften fest
an der Unterlage.

Büscheliger Röhrentang
Polysiphonia lanosa (Rhodophyceae)
Vorkommen: Epiphytisch auf
Tangen, besonders auf *Ascophyllum nodosum*. Atlantik-
und Nordseeküsten.

Offizinelles Korallenmoos
Corallina officinalis (Rhodophyceae)
Vorkommen: Auf Felsen und
in Fluttümpeln in der Gezeitenzone; an allen Atlantikküsten, in der Nordsee bei Helgoland.
Steinharte Rasen bildend,
Farbe sehr variabel.

Roter Horntang *Ceramium
rubrum* (Rhodophyceae)
Vorkommen: Auf Felsen und
anderen Algen in der gesam-
ten Gezeitenzone bis in 10 m
Tiefe, sehr häufig und weit
verbreitet. Sehr variabel.

Fleischige Dilsea *Dilsea car-
nosa* (Rhodophyceae)
Vorkommen: Auf Felsen und
Steinen der unteren Gezei-
tenzone; Atlantik, Ärmelkanal,
Nordsee.

Purpurtang *Porphyra umbilicalis* (Rhodophyceae)
Vorkommen: Auf Steinen und
Felsen und im Sand am Ufer;
atlantische Küsten und Nordsee.
Bildet schlaffe Lappen von
veränderlicher Form.

Blütenpflanzen

Die Blüten- oder Samenpflanzen (Spermatophyta) sind von großer Artenvielfalt und ökologischer Mannigfaltigkeit. In Europa gibt es über 15 000 Arten, die alle Standorte – vom Innern der Großstadt bis zu den Alpengipfeln – besiedeln. Einige Pflanzen sind mehrjährig oder ausdauernd (perennierend), andere einjährig (annuell). Letztere keimen, wachsen, blühen, fruchten und sterben innerhalb eines Sommers, überwintern als Samen und wachsen im folgenden Jahr wieder heran.

Das kennzeichnende Merkmal dieser Pflanzengruppe ist der Besitz von Blüten. Diese haben alle denselben Grundbauplan und bestehen aus 4 Komponenten: den Kelchblättern (Sepalen), die normalerweise grün sind und die Aufgabe haben, die übrigen Blütenteile zu schützen, den Kronblättern (Petalen), die in einem oder mehreren Kreisen angeordnet sind und die meist leuchtend gefärbte Blütenkrone (Corolle) bilden. Dann folgen die Staubblätter (Stamina), in denen die Pollenkörner erzeugt werden, und die zum Fruchtknoten verwachsenen Fruchtblätter (Karpelle), die die Samenanlagen enthalten. Die Pollenkörner werden vom Wind oder von Insekten zu anderen Blüten getragen. Hier

Die Pyramidenorchis (*Anacamptis pyramidalis*) ist eine seltene Pflanze der Kalk-Trockenrasen. Wie die meisten Orchideen ist sie von der Erhaltung ihres Biotops abhängig, in diesem Fall von der Bewirtschaftung durch Beweiden.

keimen sie auf der Narbe des Fruchtknotens und bilden männliche Geschlechtskerne, die den weiblichen Eiapparat befruchten. Aus der befruchteten Eizelle geht der Embryo hervor, der mit reichlich Nährstoffen versorgt im Samenkorn liegt, das nach seiner Reife der Ausbreitung der Pflanze dient.

Um den Besuch von bestäubenden Insekten zu gewährleisten, haben die Pflanzen verschiedene Anlockungsmechanismen ausgebildet, z. B. leuchtende Blütenfarben, verschiedene Duftstoffe, Pollenmengen, süßen Nektar, Nachahmung der bestäubenden Insekten in Blütenform und -farbe.

Ihre Vielgestaltigkeit und Farbenpracht machen die Blütenpflanzen auffällig und interessant. Der vielfach abgewandelte Bau der Blüten ist die Grundlage für die Klassifizierung der Blütenpflanzen, aber auch der Standort einer Pflanze hilft mit bei der Bestimmung der Art. Manche Pflanzen (z. B. viele Orchideen) wachsen nur auf kalk-

Die Honigbiene sucht Blüten auf, um den süßen Nektar zu saugen. Bei diesem Tun trägt sie „nebenbei" Pollen von einer Blüte zur nächsten, d. h. sie dient der Bestäubung. Diese Blüte lockt durch ihre leuchtend gelbe Farbe die bestäubenden Bienen an.

Blütenpflanzen

reichen Böden, andere dagegen nur auf kalkarmen oder saueren (z.B. Heidekraut). Die meisten Pflanzen wachsen an Standorten mit einer spezifischen Kombination von Boden, Feuchtigkeit, Besonnung, Höhenlage etc., so daß bestimmte Standorte (z.B. Wald, Moor, Heide, Sanddünen) jeweils ihre eigene charakteristische Pflanzengesellschaft besitzen, deren Vertreter selten woanders zu finden sind. (Bei der Bestimmung von Blütenpflanzen ist der Kosmos-Naturführer „AICHELE, Was blüht denn da?" mit dem praktischen Kosmos-Farbcode eine wertvolle Hilfe.)

Viele Wildpflanzen haben so wunderschöne Blüten, daß viele Spaziergänger versucht sind, die Pflanzen auszugraben und mit nach Hause in den eigenen Garten mitzunehmen – meist mit negativem Ergebnis, da die Standortunterschiede oft so groß sind, daß sich die Pflanze in ihrer neuen Umgebung nicht einleben kann. Sehr viele Pflanzenarten stehen heute schon unter Naturschutz, und durch solch gedankenloses, egoistisches Verhalten wird die Zahl der seltenen und vom Aussterben bedrohten Pflanzen immer größer. Man sollte daher auch nicht geschützte Pflanzen nie ausgraben oder sinnlos abreißen!

Gräser

Auch die Gräser (Gramineae) gehören zu den Blütenpflanzen, obwohl ihre kleinen, unscheinbaren Blüten kaum auffallen.

Gräser sind krautige Pflanzen mit knotigen, meist stielrunden, oftmals hohlen Halmen, an denen die schmalen Blätter zweizeilig stehen. Die komplex gebauten Blüten sind fast immer zwittrig und zu ähren- oder rispenförmigen Blütenständen vereinigt. Die Einzelblüte (Ährchen) besteht aus 3 Staubblättern und einem Fruchtknoten, die von zwei kahnförmigen Deckblättchen (Spelzen) umgeben sind. Die kleinen, unscheinbaren Grasblüten produzieren sehr viel Pollen, der vom Wind verbreitet wird – und der nebenbei für den Heuschnupfen verantwortlich ist. Die fast über die ganze Erde verbreitete Familie besitzt ca. 4000 Ar-

Der Sonnentau verschafft sich zusätzliche Nährstoffe durch das Verdauen von Insekten, die von seinen klebrigen Blättern angelockt und gefangen werden. Diese Ernährungsweise ermöglicht es der Pflanze, stickstoffarme Hochmoorböden zu besiedeln.

ten, von denen viele als Nähr- und Futterpflanzen von großer Bedeutung sind. Als Futter für unsere landwirtschaftlichen Nutztiere gehören die Gräser zu den wirtschaftlich wichtigsten Pflanzen überhaupt. Auch unsere Getreidearten, die weite Teile der landwirtschaftlichen Nutzflächen bedekken, zählen zu den Gräsern, so daß die wirtschaftliche und ökologische Bedeutung dieser Pflanzengruppe nicht genug betont werden kann.

Während die Mehrzahl der Blütenpflanzen zu den Zweikeimblättrigen (Dikotyledonen) gehört, die neben anderen Merkmalen auch durch den Besitz von breiten, fiedernervigen Blättern ausgezeichnet sind, zählen die Gräser zu den Einkeimblättrigen (Monokotyledonen). Diese Pflanzengruppe ist durch schmale, parallelnervige Blätter charakterisiert.

Das Wachstum der Gräser erfolgt an den Stengelknoten und an der Blattbasis, nicht an den Enden der Pflanzen, so daß die Gräser auch durch Niedertreten, Abweiden oder Mähen keinen Schaden nehmen und wieder zu ihrer ursprünglichen Höhe heranwachsen können.

Graspflanzen verzweigen sich nur an ihrer Basis und bilden dann Rasen oder Horste. Ihr ausgedehntes Wurzelwerk ist reich verzweigt und bildet direkt unter der Oberfläche faserige Teppiche, die Erdpartikel zusammenhalten und die Erosion verhindern. Wurzeln und unterirdische Ausläufer wachsen rasch und sorgen für schnelle Verbreitung.

Die Familie der Gräser läßt sich einteilen in Süßgräser (Poaceae), Saueroder Riedgräser (Cyperaceae) und Binsen (Juncaceae).

Das Bestimmen der einzelnen Grasarten ist nicht leicht und beruht auf dem sorgfältigen Beobachten des Blattbaus und der Blattscheiden, Form und Aufbau des Blütenstandes, Bau der Einzelblüte. (Wer sich näher mit Gräsern befassen will, dem empfehlen wir u.a.: „AICHELE / SCHWEGLER, Unsere Gräser", Kosmos-Verlag, Stuttgart, oder „PHILLIPS, Das Kosmosbuch der Gräser, Farne, Moose, Flechten", Kosmos-Verlag, Stuttgart.)

Die Gräser werden mit dem Sammelbegriff „Gras" bezeichnet, obwohl es eine Fülle verschiedener Grasarten mit weitgespannten Differenzierungen gibt. Gräser bilden oftmals die Grundlage eines komplexen Ökosystems.

Sumpfdotterblume *Caltha palustris* (Ranunculaceae)
Vorkommen: Sumpfige Wiesen, feuchte Wälder, Gräben, Moore. Verbreitet, in ganz Europa.
Sehr variabel; wächst aufrecht oder kriechend.

Trollblume *Trollius europaeus* (Ranunculaceae)
Vorkommen: Im Gebirge auf feuchten, moorigen Wiesen oder feuchten Wäldern, in fast ganz Europa.

Grüne Nieswurz *Helleborus viridis* (Ranunculaceae)
Vorkommen: In Wäldern und Gebüschen, mehrjährige Pflanze.

Buschwindröschen *Anemone nemorosa* (Ranunculaceae)
Vorkommen: In verschiedenen Laubwaldgesellschaften in ganz Europa.
Frühjahrsblüher, bildet vor dem Laubaustrieb der Bäume weiße Teppiche auf dem Waldboden.

Blauer Eisenhut *Aconitum napellus* (Ranunculaceae)
Vorkommen: Auf feuchten Bergwiesen und in Bergwäldern. Fast in ganz Europa. Giftig!

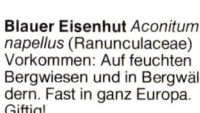

Echte Kuhschelle *Pulsatilla vulgaris* (Ranunculaceae)
Vorkommen: Auf besonnten Hängen, Lichtungen, Trockenrasen, bevorzugt Kalkböden.
Sehr variable Art, Blütenfarbe variiert von Purpur bis Zartlila.

Blütenpflanzen

Weiße Waldrebe *Clematis vitalba* (Ranunculaceae)
Vorkommen: Wälder, Hek-
ken, Gebüsche, in fast ganz
Europa.
Klettert bis zu 30 m hoch.

Scharfer Hahnenfuß *Ranunculus acris* (Ranunculaceae)
Vorkommen: Wiesen, Weg-
ränder, Gebüsch, sehr verbreitete Wiesenpflanze, in
ganz Europa.

Kriechender Hahnenfuß
Ranunculus repens (Ranunculaceae)
Vorkommen: Feuchte Wiesen, schattige Orte, Waldwege, in ganz Europa. Bevorzugt schwere Böden.

Knolliger Hahnenfuß *Ranunculus bulbosus* (Ranunculaceae)
Vorkommen: Wegränder, Wiesen, Felder, ganz Europa. Wichtiges Erkennungsmerkmal: die zurückgeschlagenen Kelchblätter.

Blütenpflanzen

Herbst-Blutströpfchen *Adonis annua* (Ranunculaceae) Vorkommen: Getreidefelder, stammt aus dem Mittelmeergebiet, in vielen europäischen Ländern eingebürgert.

Flammender Hahnenfuß *Ranunculus flammula* (Ranunculaceae) Vorkommen: Nasse Wiesen, Sümpfe und andere nasse Standorte, in ganz Europa.

Scharbockskraut *Ranunculus ficaria* (Ranunculaceae) Vorkommen: Wälder, Wiesen, Hecken, Bachränder, in ganz Europa.

Wald-Akelei *Aquilegia vulgaris* (Ranunculaceae)
Vorkommen: Feuchte Wälder, Gebirgswiesen, schattige Felshänge, fast in ganz Europa.
Bevorzugt kalkreiche Böden.

Gelbe Wiesenraute *Thalictrum flavum* (Ranunculaceae)
Vorkommen: Feuchte Wiesen und Ufer, in ganz Europa.

Blütenpflanzen

Klatschmohn *Papaver rhoeas* (Papaveraceae)
Vorkommen: Ödland, Äcker, ganz Europa.
Pflanze sehr variabel.

Gelber Hornmohn *Glaucium flavum* (Papaveraceae)
Vorkommen: Meeresstrand, in fast ganz Europa, vielfach eingebürgert.

Schöllkraut *Chelidonium majus* (Papaveraceae)
Vorkommen: Hecken, Schuttplätze, altes Gemäuer, in ganz Europa.
Die Pflanze hat einen orangefarbenen, giftigen Milchsaft.

Echter Erdrauch *Fumaria officinalis* (Papaveraceae)
Vorkommen: Hecken, Schuttplätze, Kulturland, häufig, ganz Europa.
Die Pflanze bevorzugt sandige, kalkhaltige Böden.

Schwarzer Senf *Brassica nigra* (Cruciferae)
Vorkommen: Öd- und Kulturland, Gräben, Flußufer; wird häufig feldmäßig angebaut; in ganz Europa.
Aus den Samen wird der Speisesenf und das Senföl gewonnen.

Ackersenf *Sinapis arvensis* (Cruciferae)
Vorkommen: Wegränder, Ödland, Ackerland; in ganz Europa.
Häufiges Ackerunkraut.

Schmalblättriger Doppelsame *Diplotaxis tenuifolia* (Cruciferae)
Vorkommen: Mauern, Schutt, Wegränder, Äcker, nicht in Nordeuropa.

Echtes Barbarakraut *Barbarea vulgaris* (Cruciferae)
Vorkommen: An Flußufern, Böschungen und feuchtem Ödland; Europa.

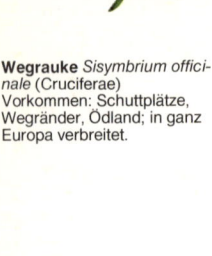

Wegrauke *Sisymbrium officinale* (Cruciferae)
Vorkommen: Schuttplätze, Wegränder, Ödland; in ganz Europa verbreitet.

Wilde Sumpfkresse *Rorippa sylvestris* (Cruciferae)
Vorkommen: Auf feuchtem Untergrund in Wassernähe, Wegränder; in ganz Europa.

Blütenpflanzen

Wiesenschaumkraut *Cardamine pratensis* (Cruciferae)
Vorkommen: Verbreitet in feuchten Wiesen, Ufer; in ganz Europa.
Sehr variable Art.

Meersenf *Cakile maritima* (Cruciferae)
Vorkommen: Meeresstrand, Sanddünen; europäische Küsten.
Sehr variable Art.

Blütenpflanzen

Weißer Meerkohl *Crambe maritima* (Cruciferae)
Vorkommen: Meeresstrand, Dünen und Strandfelsen, Atlantik- und Nordseeküsten. Die Pflanze treibt sofort, wenn sie abgedeckt wird, so daß Meerkohl als spargelähnliches Gemüse kultiviert wird.

Feldtäschelkraut *Thlaspi arvense* (Cruciferae)
Vorkommen: Ackerland und brachliegendes Land; in ganz Europa verbreitet.

Hirtentäschchen *Capsella bursa-pastoris* (Cruciferae)
Vorkommen: Äcker, Wegränder, Ödland, Gärten; in ganz Europa verbreitet.

Echtes Löffelkraut *Cochlearia officinalis* (Cruciferae)
Vorkommen: Küsten, Strandfelsen, im Bergland an Quellen; in Westeuropa.

Vielstengliges Schaumkraut *Cardamine hirsuta* (Cruciferae)
Vorkommen: Kulturland, Brachland, Mauern; in ganz Europa verbreitet.

Hungerblümchen *Erophila verna* (Cruciferae)
Vorkommen: Mauern, Wege, offener Boden; in ganz Europa verbreitet.

Blütenpflanzen

Echte Brunnenkresse *Rorippa nasturtium-aquaticum* (Cruciferae)
Vorkommen: Weit verbreitet im langsam fließendem, klarem Wasser oder am Ufer sauberer Quellbäche; ganz Europa.
Die Pflanze wird als Salat kultiviert.

Gelbe Resede *Reseda lutea* (Resedaceae)
Vorkommen: Ödland, steinige Plätze, Wegränder; stammt aus Südeuropa, in Mitteleuropa eingebürgert.
Bevorzugt sonnige Plätze.

Gemeine Kreuzblume *Polygala vulgaris* (Polygalaceae)
Vorkommen: Trockene Wiesen, sonnige Hügel, Dünen; ganz Europa.
Bevorzugt saure Böden.

Kalk-Kreuzblume *Polygala calcarea* (Polygalaceae)
Vorkommen: Sonnige Kalkhügel; in Deutschland nur im äußersten Südwesten, Westeuropa.

Gemeines Sonnenröschen
Helianthemum nummularium (Cistaceae)
Vorkommen: Sonnige, trockene Hänge, Felsen, Bergmatten; ganz Europa.
Formenreiche Sammelart.

Echtes Springkraut *Impatiens noli-tangere* (Balsaminaceae)
Vorkommen: Auwälder, humöse, feuchte Laubwälder; in ganz Europa.
Die reife Frucht springt bei Berührung auf, so daß die Samen ausgeschleudert werden.

Purgier-Lein *Linum catharticum* (Linaceae)
Vorkommen: Wiesen, Heiden, Dünen; ganz Europa.

Tüpfel-Johanniskraut *Hypericum perforatum* (Hypericaceae)
Vorkommen: Trockenhänge, Grasplätze, lichte Wälder; ganz Europa. Formenreich, alte Heilpflanze.

Geflecktes Johanniskraut
Hypericum maculatum (Hypericaceae)
Vorkommen: An feuchten Stellen, Waldrändern; in ganz Europa weit verbreitet.

Hain-Veilchen *Viola riviniana* (Violaceae)
Vorkommen: Wälder; ganz Europa.
Mehrjährige, aufsteigende Pflanze.

Behaartes Johanniskraut
Hypericum hirsutum (Hypericaceae)
Vorkommen: Wälder und Gebüsch; fast ganz Europa. Bevorzugt saure Böden.

Wald-Veilchen *Viola reichenbachiana* (Violaceae)
Vorkommen: Wälder; weit verbreitet in Europa.
Die Blütenfarbe variiert von lila über rosa bis weißlich.

Rauhes Veilchen *Viola hirta* (Violaceae)
Vorkommen: Grasplätze, trockene Wiesen, Böschungen; in fast ganz Europa.

Acker-Stiefmütterchen *Viola arvensis* (Violaceae)
Vorkommen: Äcker, Wegränder, Kulturland; fast ganz Europa.
Formenreich.

Gewöhnliches Stiefmütterchen *Viola tricolor* (Violaceae)
Vorkommen: Äcker, Dünen, Wiesen; ganz Europa, bis in die subalpine Region.
Ein- bis mehrjährige Pflanze.

Heide-Nelke *Dianthus deltoides* (Caryophyllaceae)
Vorkommen: Trockene Wiesen, Kiefernwälder, Sandflächen; ganz Europa.

Blütenpflanzen

Kuckucks-Lichtnelke *Lychnis flos-cuculi* (Caryophyllaceae)
Vorkommen: Feuchte Wiesen, Moorwiesen, feuchte Gebüsche; in ganz Europa.

Weiße Nachtnelke *Silene alba* (Caryophyllaceae)
Vorkommen: Kulturland, Wegränder, Hecken; in ganz Europa.

Rote Lichtnelke *Silene dioica* (Caryophyllaceae)
Vorkommen: Wiesen, Hecken, Waldränder; fast ganz Europa.

Meer-Leimkraut *Silene maritima* (Caryophyllaceae)
Vorkommen: An felsigen und steinigen Küsten; nur in Westeuropa.
Das **Taubenkropf-Leimkraut** *S. vulgaris* ist ähnlich, aber größer mit weniger fleischigen Blättern. Es ist im Binnenland verbreitet an sandigen Plätzen und Kulturland und kommt in ganz Europa vor.

Ohrlöffel-Leimkraut *Silene otites* (Caryophyllaceae)
Vorkommen: Trockenrasen, Sandböden, Kiefernwälder, zerstreut; fehlt in Nordeuropa.

Vogel-Sternmiere *Stellaria media* (Caryophyllaceae)
Vorkommen: Äcker, Gärten, Wegränder, Schutt, weit verbreitet; in ganz Europa.

Blütenpflanzen

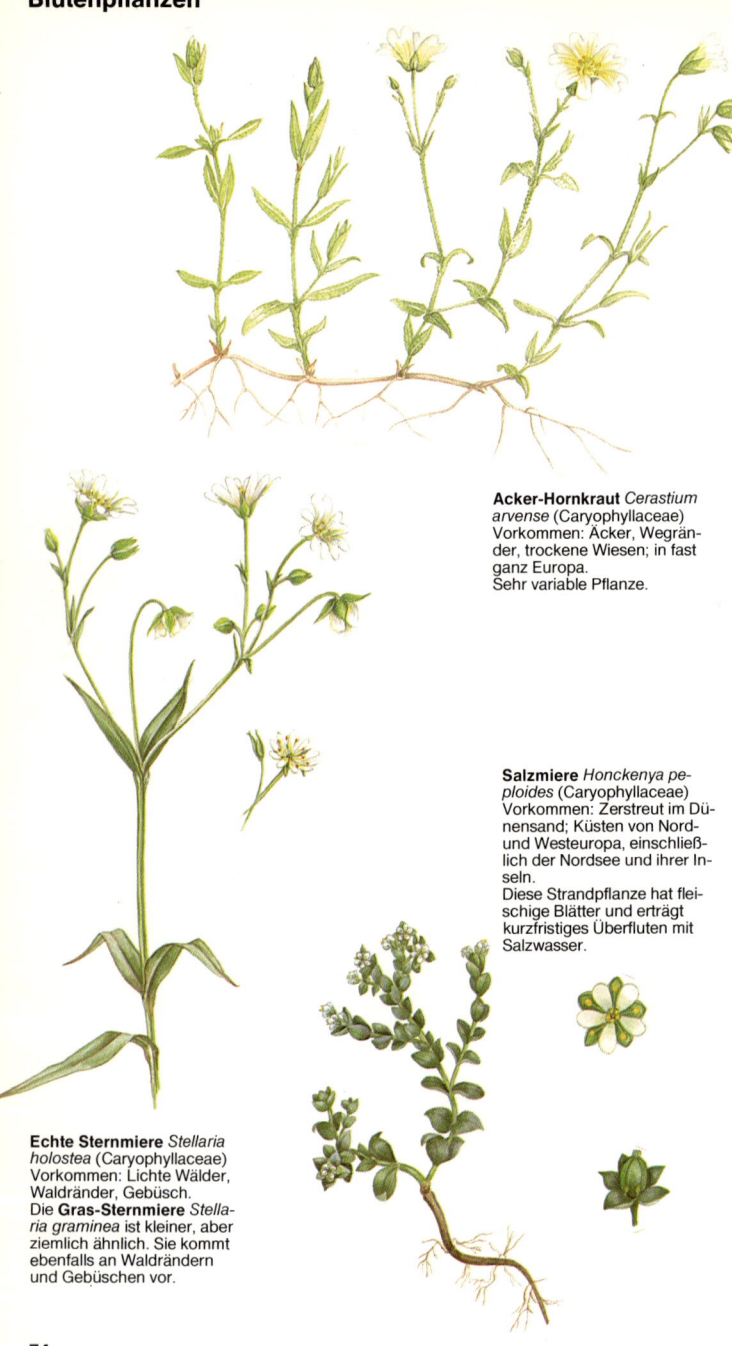

Acker-Hornkraut *Cerastium arvense* (Caryophyllaceae)
Vorkommen: Äcker, Wegränder, trockene Wiesen; in fast ganz Europa.
Sehr variable Pflanze.

Salzmiere *Honckenya peploides* (Caryophyllaceae)
Vorkommen: Zerstreut im Dünensand; Küsten von Nord- und Westeuropa, einschließlich der Nordsee und ihrer Inseln.
Diese Strandpflanze hat fleischige Blätter und erträgt kurzfristiges Überfluten mit Salzwasser.

Echte Sternmiere *Stellaria holostea* (Caryophyllaceae)
Vorkommen: Lichte Wälder, Waldränder, Gebüsch.
Die **Gras-Sternmiere** *Stellaria graminea* ist kleiner, aber ziemlich ähnlich. Sie kommt ebenfalls an Waldrändern und Gebüschen vor.

Flügel-Schuppenmiere
Spergularia media (Caryo-
phyllaceae)
Vorkommen: Salzböden,
Meeresstrand; in ganz Euro-
pa.
Salzliebende Pflanze mit flei-
schigen Blättern.

Ausdauernder Knäuel
Scleranthus perennis (Caryo-
phyllaceae)
Vorkommen: Auf Feldern und
Triften; in fast ganz Europa.
Mehrjährige Pflanze mit Blät-
tern in dichten Knäueln.

Einjähriger Knäuel *Scleranthus annuus* (Caryophyllaceae)
Vorkommen: Sandige Böden
in ganz Europa.
Der nebenstehenden Art sehr
ähnlich, jedoch mit spitzen
Kelchblättern.

Acker-Spark *Spergula ar-
vensis* (Caryophyllaceae)
Vorkommen: Sandige Äcker,
Wege; in ganz Europa.
Kalkmeidende, formenreiche
Pflanze.

Blütenpflanzen

Kahles Bruchkraut *Herniaria glabra* (Caryophyllaceae)
Vorkommen: Sandplätze; in fast ganz Europa.
Früchtchen zuerst rot, dann schwarz.

Weißer Gänsefuß *Chenopodium album* (Chenopodiaceae)
Vorkommen: Äcker, Schuttplätze, Ödland, weit verbreitet; ganz Europa.
Formenreiche Pflanze.

Gemeiner Queller *Salicornia europaea* (Chenopodiaceae)
Vorkommen: Meeresstrand, Küste; ganz Europa.
Erstbesiedler auf stark salzhaltigen Böden.

Kali-Salzkraut *Salsola kali*
(Chenopodiaceae)
Vorkommen: Meeresstrand,
Dünen, salzige Sandstellen
im Binnenland; ganz Europa.
Fleischige Blätter mit dorni-
gen Spitzen.

Runkelrübe *Beta vulgaris*
(Chenopodiaceae)
Die subsp. *maritima* hat keine
verdickte Wurzel und ist eine
Strandpflanze der europäi-
schen Küsten. Die subsp. *vul-
garis* ist eine weit verbreitete
Kulturpflanze mit verschiede-
nen Varietäten: Zuckerrübe,
Rote Rübe, Mangold.

Spreizende Melde *Atriplex
patula* (Chenopodiaceae)
Vorkommen: Wegränder,
Schuttplätze, Salzböden;
ganz Europa.

77

Blütenpflanzen

Wilde Malve *Malva sylvestris*
(Malvaceae)
Vorkommen: Wegränder,
Schuttplätze, Zäune; in ganz
Europa.
Die Pflanze kommt sowohl
aufrecht als auch kriechend
vor.

Portulak-Salzmelde *Halimione portulacoides* (Chenopodiaceae)
Vorkommen: Meeresküsten
und Salzmarschen der Nordseeküsten.
Die Pflanze erscheint grauweiß wie viele andere Salzpflanzen auch.

Strauchpappel *Lavatera arborea* (Malvaceae)
Vorkommen: Wegränder,
Schuttplätze, Küstenfelsen;
Südeuropa und Britische Inseln.
Zierpflanze, gelegentlich aus
Gärten verwildert.

Ruprechtskraut *Geranium robertianum* (Geraniaceae) Vorkommen: In Wäldern, an schattigen Felsen und Mauern; in ganz Europa.

Weicher Storchschnabel *Geranium molle* (Geraniaceae) Vorkommen: Trockene Wiesen, Wegränder, häufig; in ganz Europa. Blätter beiderseits weich behaart.

Wald-Storchschnabel *Geranium sylvaticum* (Geraniaceae) Vorkommen: Wälder und Wiesen im Bergland; fast ganz Europa.

Blütenpflanzen

Wald-Sauerklee *Oxalis acetosella* (Papilionaceae)
Vorkommen: Humusreiche, feuchte Wälder; Europa.
Die Blätter wurden früher medizinisch verwendet.

Schierlings-Reiherschnabel *Erodium cicutarium* (Geraniaceae)
Vorkommen: Sanddünen, Felsklippen, im Binnenland auf sandigem Ödland, trockenen Wiesen und Wegrändern; in ganz Europa.

Färber-Ginster *Genista tinctoria* (Papilionaceae)
Vorkommen: Heiden, lichte Eichen- und Kiefernwälder; fast ganz Europa.

Gewöhnlicher Besenginster *Sarothamnus scoparius* (Papilionaceae)
Vorkommen: Heiden, lichte Föhrenwälder; fast ganz Europa, selten.

Europäischer Stechginster *Ulex scoparius* (Papilionaceae)
Vorkommen: Auf Heiden; vorwiegend im westlichen Europa, oftmals angepflanzt und verwildert, bevorzugt kalkarme Böden.
Die Samen werden bei Reife explosionsartig ausgeschleudert.

Kriechende Hauhechel
Ononis repens (Papilionaceae)
Vorkommen: Wiesen, Weg-
ränder, sandige Plätze; Europa.
Kalkliebende Pflanze.

Wiesen-Klee *Trifolium pra-
tense* (Papilionaceae)
Vorkommen: Wiesen, Äcker,
Wegränder; ganz Europa.
Futterpflanze, die überall kul-
tiviert wird.

Weiß-Klee *Trifolium repens*
(Papilionaceae)
Vorkommen: Wiesen, Weg-
ränder; ganz Europa.
Futterpflanze, die Wiesen und
Weiden beigemischt wird.

Blütenpflanzen

Vogel-Wicke *Vicia cracca*
(Papilionaceae)
Vorkommen: Wiesen, Zäune,
Hecken, Äcker; in ganz Europa.
Blüten rotviolett, Ranken verzweigt.

Zaun-Wicke *Vicia sepium*
(Papilionaceae)
Vorkommen: Hecken, Wegränder, Waldränder; ganz Europa, sehr häufig.
Kletterpflanze mit verzweigten Ranken.

Saat-Wicke *Vicia sativa* (Papilionaceae)
Vorkommen: Äcker, Grasland; ganz Europa.
Eine Unterart mit blasseren Blüten wird als Futter- und Gründüngungspflanze angebaut.

Rauhhaarige Wicke *Vicia hirsuta* (Papilionaceae)
Vorkommen: Sandplätze, Äcker, Gebüsche; ganz Europa.

Zarte Wicke *Vicia tenuissima*
(Papilionaceae)
Vorkommen: Grasland; aus dem Mittelmeergebiet eingeschleppt.

Berg-Platterbse *Lathyrus montanus* (Papilionaceae)
Vorkommen: Trockene Wälder, Gebüsche, bevorzugt kalkarme Böden; Europa.

Strand-Platterbse *Lathyrus maritimus* (Papilionaceae)
Vorkommen: Dünensand und Küsten; nur in West- und Nordeuropa.

Hopfen-Schneckenklee *Medicago lupulina* (Papilionaceae)
Vorkommen: Verbreitet auf Wiesen, Grasplätzen und Wegrändern; in ganz Europa.

Gemeiner Hornklee *Lotus corniculatus* (Papilionaceae)
Vorkommen: Verbreitet auf Wiesen und grasigen Orten; in ganz Europa.

Großer Hornklee *Lotus pedunculatus* (Papilionaceae)
Vorkommen: Wiesen; Westeuropa und Britische Inseln.

Gemeiner Wundklee *Anthyllis vulneraria* (Papilionaceae)
Vorkommen: Trockenhänge, Magerwiesen, Matten; ganz Europa.
Bevorzugt trockene Kalkböden.

Blütenpflanzen

Hunds-Rose *Rosa canina* (Rosaceae)
Vorkommen: Wälder, Hecken, Wegränder; ganz Europa.
Sehr variable Pflanze.

Echte Brombeere *Rubus fruticosus* (Rosaceae)
Vorkommen: Wälder, Hecken, Böschungen, Dickichte; ganz Europa.

Himbeere *Rubus idaeus* (Rosaceae)
Vorkommen: Verbreitet in Wäldern und Kahlschlägen; in ganz Europa.
Auch als Kulturpflanze angepflanzt. Früchte eßbar.

Moltebeere *Rubus chamaemorus* (Rosaceae)
Vorkommen: Moore, insbesondere Hochmoore; In Mitteleuropa in Berglagen, häufiger in Nordeuropa.

Aufrechtes Fingerkraut, Blutwurz *Potentilla erecta* (Rosaceae)
Vorkommen: Heiden, Moore, Wiesen, Triften.
Bevorzugt trockene, saure Heideböden.

Kriechendes Fingerkraut *Potentilla reptans* (Rosaceae)
Vorkommen: Böschungen, Wegränder, feuchte Wiesen, Gräben; in ganz Europa.
Die Blüten sitzen einzeln an langen Stielen.

Frühlings-Fingerkraut *Potentilla tabernae montani* (Rosaceae)
Vorkommen: Sonnige Hügel, trockene, magere Böden, Triften; Mitteleuropa, Südeuropa, Britische Inseln.

Gänse-Fingerkraut *Potentilla anserina* (Rosaceae)
Vorkommen: Gräben, Wegränder, Schuttplätze; fast ganz Europa.
Kriechende Pflanze mit unterseits weiß behaarten Blättern.

Odermennig *Agrimonia eupatoria* (Rosaceae)
Vorkommen: Hecken, Wiesen, Wegränder, Gebüsch; in fast ganz Europa.
Bevorzugt kalkhaltige Böden.

Kleiner Wiesenknopf *Poterium sanguisorba* (Rosaceae)
Vorkommen: Trockene Wiesen, Heiden; in fast ganz Europa.
Frische Blätter riechen nach Gurken.

Wald-Erdbeere *Fragaria vesca* (Rosaceae)
Vorkommen: Wälder, Hecken, Kahlschläge; ganz Europa.
Früchte sind eßbar.

Sumpf-Blutauge *Potentilla palustris* (Rosaceae)
Vorkommen: Sümpfe, Moore, feuchte Heiden; in fast ganz Europa.

Echtes Mädesüß *Filipendula ulmaria* (Rosaceae)
Vorkommen: Feuchte Wiesen, Wassergräben, Röhrichte; ganz Europa.

Kleines Mädesüß *Filipendula vulgaris* (Rosaceae)
Vorkommen: Trockene Wiesen, Heiden; fast ganz Europa.
Wurzelknollen eiförmig.

Echte Nelkenwurz *Geum urbanum* (Rosaceae)
Vorkommen: Wälder, Gebüsche, Hecken, Zäune; ganz Europa.
Bevorzugt schattige, nährstoffreiche Standorte.

Rundblättriger Sonnentau *Drosera rotundifolia* (Droseraceae)
Vorkommen: Hochmoore, häufig in Torfmoosteppichen, auch auf feuchten Heideböden; ganz Europa.
Fleischfressende Pflanze mit Drüsenhaaren auf den Blättern.

Bach-Nelkenwurz *Geum rivale* (Rosaceae)
Vorkommen: Feuchte Wiesen, Auwälder, an Bachläufen und nassen Gräben; fast ganz Europa.

Stern-Steinbrech *Saxifraga stellaris* (Saxifragaceae)
Vorkommen: Quellfluren, nasse Felsen, Bachufer; in Gebirgen und im nördlichen Europa.

Gegenblättriges Milzkraut *Chrysosplenium oppositifolium* (Saxifragaceae)
Vorkommen: Feuchte Stellen in Wäldern, Quellfluren; fast ganz Europa.

Knollen-Steinbrech *Saxifraga granulata* (Saxifragaceae)
Vorkommen: Waldränder, Trockenhänge, sandiges Grasland; fast ganz Europa. Sehr variable Art, bevorzugt Kalkböden.

Blütenpflanzen

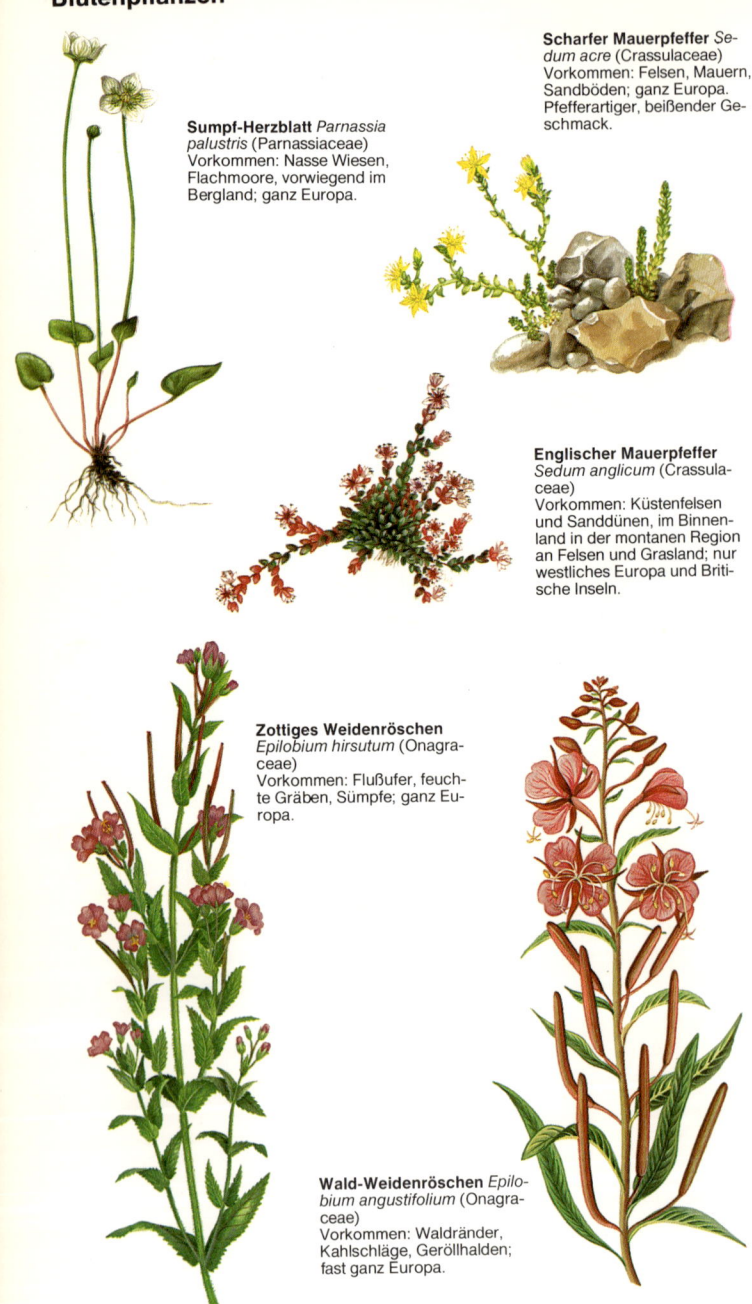

Sumpf-Herzblatt *Parnassia palustris* (Parnassiaceae)
Vorkommen: Nasse Wiesen, Flachmoore, vorwiegend im Bergland; ganz Europa.

Scharfer Mauerpfeffer *Sedum acre* (Crassulaceae)
Vorkommen: Felsen, Mauern, Sandböden; ganz Europa. Pfefferartiger, beißender Geschmack.

Englischer Mauerpfeffer *Sedum anglicum* (Crassulaceae)
Vorkommen: Küstenfelsen und Sanddünen, im Binnenland in der montanen Region an Felsen und Grasland; nur westliches Europa und Britische Inseln.

Zottiges Weidenröschen *Epilobium hirsutum* (Onagraceae)
Vorkommen: Flußufer, feuchte Gräben, Sümpfe; ganz Europa.

Wald-Weidenröschen *Epilobium angustifolium* (Onagraceae)
Vorkommen: Waldränder, Kahlschläge, Geröllhalden; fast ganz Europa.

Großes Hexenkraut *Circaea lutetiana* (Onagraceae) Vorkommen: Schattige, feuchte Wälder; ganz Europa.

Gemeine Nachtkerze *Oenothera biennis* (Onagraceae) Vorkommen: Ödland, Flußufer, Dünen; stammt aus Nordamerika, ist jedoch in fast ganz Europa eingebürgert.

Küsten-Wolfsmilch *Euphorbia paralias* (Euphorbiaceae) Vorkommen: Sanddünen; Westeuropa, Britische Inseln, Südosteuropa.

Blut-Weiderich *Lythrum salicaria* (Lythraceae) Vorkommen: Fluß- und Seeufer, feuchte Wiesen, Sümpfe, Gräben; ganz Europa.

Wald-Bingelkraut *Mercurialis perennis* (Euphorbiaceae) Vorkommen: Wälder, schattige Plätze; ganz Europa. In Kalkbuchenwäldern oft bodendeckend.

Sonnwend-Wolfsmilch *Euphorbia helioscopia* (Euphorbiaceae)
Vorkommen: Ödland und Äkker; ganz Europa.

Große Brennessel *Urtica dioica* (Urticaceae)
Vorkommen: Hecken, Gebüsche, Waldränder; ganz Europa.
Bevorzugt nährstoffreiche Böden.
Kleine Brennessel *Urtica urens* (Urticaceae)
Vorkommen: Schuttplätze, Mauern, Gärten; ganz Europa.

Garten-Wolfsmilch *Euphorbia peplus* (Euphorbiaceae)
Vorkommen: Gärten, Schuttplätze, Äcker; ganz Europa.

Mistel *Viscum album* (Loranthaceae)
Vorkommen: Immergrüner Halbschmarotzer auf Laubbäumen, vorwiegend Pappeln und alten Apfelbäumen; ganz Europa.

Blütenpflanzen

Gemeiner Efeu *Hedera helix*
(Araliaceae)
Vorkommen: Holzige Kletterpflanze an Bäumen, Felsen
und Mauern; ganz Europa.
Die Blätter sind sehr variabel;
die unteren 3–5 eckig, die
oberen eiförmig und ohne
Musterung.

Sanddorn *Hippophaë rham-
noides* (Elaeagnaceae)
Vorkommen: Sandboden, Kü-
sten; fast ganz Europa.
Häufig kultiviert zur Bepflan-
zung von Böschungen; Heilpflanze.

Kraut-Weide *Salix herbacea*
(Saliaceae)
Vorkommen: Hochalpen,
nördliches Schottland und
Skandinavien.

Wassernabel *Hydrocotyle
vulgaris* (Hydrocotylaceae)
Vorkommen: Sümpfe, feuch-
te Wiesen; fast ganz Europa,
vorwiegend jedoch im Nor-
den.

Gewöhnliche Sanikel *Sanicula europaea* (Umbelliferae)
Vorkommen: Schattige Buchenwälder; fast ganz Europa.
Dolden weiß oder rosa.

Gefleckter Schierling *Conium maculatum* (Umbelliferae)
Vorkommen: Hecken, Wegränder, Gräben, Schuttplätze; in ganz Europa.
Giftig!

Wiesenkerbel *Anthriscus sylvestris* (Umbelliferae)
Vorkommen: Weit verbreitet in Wiesen, Hecken und Waldrändern; ganz Europa.
Blüht schon zeitig im Frühjahr.

Stranddistel *Eryngium maritimum* (Umbelliferae)
Vorkommen: Sandstrand und Dünen der Nord- und Ostseeküsten, am Atlantik und Mittelmeer.
Blüten blau bis purpurn, Früchte stachelig.

Knotenblättriger Sellerie
Apium nodiflorum (Umbelliferae)
Vorkommen: Feuchte Gräben; vorwiegend in West- und Südosteuropa.
Blätter werden gelegentlich mit Brunnenkresse verwechselt, sind jedoch nicht eßbar.

Kleine Bibernelle *Pimpinella saxifraga* (Umbelliferae)
Vorkommen: Trockenwiesen; ganz Europa.
Sehr formenreiche Art.

Gewöhnlicher Geißfuß
Aegopodium podagraria (Umbelliferae)
Vorkommen: Gärten, Hecken, feuchtes Ödland, Flußufer; ganz Europa. Häufiges Gartenunkraut.

◄ **Quell-Merk** *Sium erectum* (Umbelliferae)
Vorkommen: Gräben, Quellen, Bäche; weit verbreitet in Europa.
Breitblättriger Merk *Sium latifolium* (Umbelliferae)
Vorkommen: An stehenden Gewässern; fast ganz Europa. Kräftiger, aufrecht, mit gerieftem Stengel und längeren, feingesägten Blättern.

Gewöhnliche Hundspetersilie *Aethusa cynapium* (Umbelliferae)
Vorkommen: Schutt, Kulturland, Auwälder; fast ganz Europa.
Giftig!

Wald-Engelwurz *Angelica sylvestris* (Umbelliferae)
Vorkommen: In feuchten Wiesen, Sümpfen, Auwäldern; in ganz Europa.

Sumpf-Haarstrang *Peucedanum palustre* (Umbelliferae)
Vorkommen: Sumpfwiesen, Moore, auch im Bergland; in Europa weit verbreitet.

Gewöhnlicher Pastinak *Pastinaca sativa* (Umbelliferae)
Vorkommen: Weit verbreitet an Wegrändern, Trockengräben, trockenen Grasplätzen; in ganz Europa.
Kulturform mit fleischigen, eßbaren Wurzeln; Wildform mit dünnen, holzigen, ungenießbaren Wurzeln.

Wilde Möhre *Daucus carota* (Umbelliferae)
Vorkommen: Wiesen, Wegränder, Küstenfelsen, Böschungen; in ganz Europa. Sehr variable Art, Stammform der Gartenmöhre.

Wiesen-Bärenklau *Heracleum sphondylium* (Umbelliferae)
Vorkommen: Waldränder, Wiesen, Wegränder; ganz Europa.
Der **Kaukasus-Bärenklau**, *Heracleum mantegazzianum*, ist ähnlich, wird jedoch bis 5 m hoch. Er wird auch als Zierstrauch in Gärten angepflanzt.

Stumpfblättriger Ampfer *Rumex obtusifolius* (Polygonaceae)
Vorkommen: Ödland, Hekken, Gräben, Wiesen, Wälder; ganz Europa.
Formenreiche Art.

Krauser Ampfer *Rumex crispus* (Polygonaceae)
Vorkommen: Wegränder, Sumpfwiesen, Äcker; ganz Europa.

95

Blütenpflanzen

Fluß-Ampfer *Rumex hydrolapathum* (Polygonaceae)
Vorkommen: Sumpfige Ufer, Gräben; fast ganz Europa.
Wird über 2 m hoch.

Sauer-Ampfer *Rumex acetosa* (Polygonaceae)
Vorkommen: Wiesen, Wald, Grasplätze; ganz Europa.
Der kleinere **Kleine Ampfer** *Rumex acetosella* kommt auf Magerrasen, Brach- und Sandfeldern vor.

Heidelbeere *Vaccinium myrtillus* (Ericaceae)
Vorkommen: Heiden, Moore, lichte Wälder, Gebirge; ganz Europa.
Beeren eßbar.

Spieß-Knöterich *Polygonum cuspidatum* (Polygonaceae)
Vorkommen: Schuttplätze; stammt aus Zentralasien, in Mitteleuropa eingebürgert und verwildert, Zierpflanze in Gärten.

Preiselbeere *Vaccinium vitis-idaea* (Ericaceae)
Vorkommen: Moore, Heiden, alpine Matten, Heidewälder; ganz Europa.
Beeren eßbar.

Moosbeere *Vaccinium oxy-coccus* (Ericaceae)
Vorkommen: Hochmoore;
fast ganz Europa.
Beeren eßbar.

Gemeines Heidekraut *Calluna vulgaris* (Ericaceae)
Vorkommen: Heiden, Moore,
lichte Wälder; ganz Europa.
In Nordeuropa auf Heideflächen bestandsbildend und
früher vielseitig genutzt.

Polei-Rosmarinheide *Andromeda polifolia* (Ericaceae)
Vorkommen: Hochmoore;
fast ganz Europa.
Die immergrüne Pflanze ist
giftig.

Graue Glockenheide *Erica cinerea* (Ericaceae)
Vorkommen: Heiden, Moore,
lichte Wälder; im westlichen
Europa.

Schwarze Krähenbeere *Empetrum nigrum* (Empetraceae)
Vorkommen: Moore, Heiden,
Dünen, feuchte Felsen; fast
ganz Europa.
Beeren giftig!

Kleines Wintergrün *Pyrola minor* (Pyrolaceae)
Vorkommen: Kiefernwälder,
Moore, feuchte Felsen und
Dünen, alpine Matten; ganz
Europa.

Blütenpflanzen

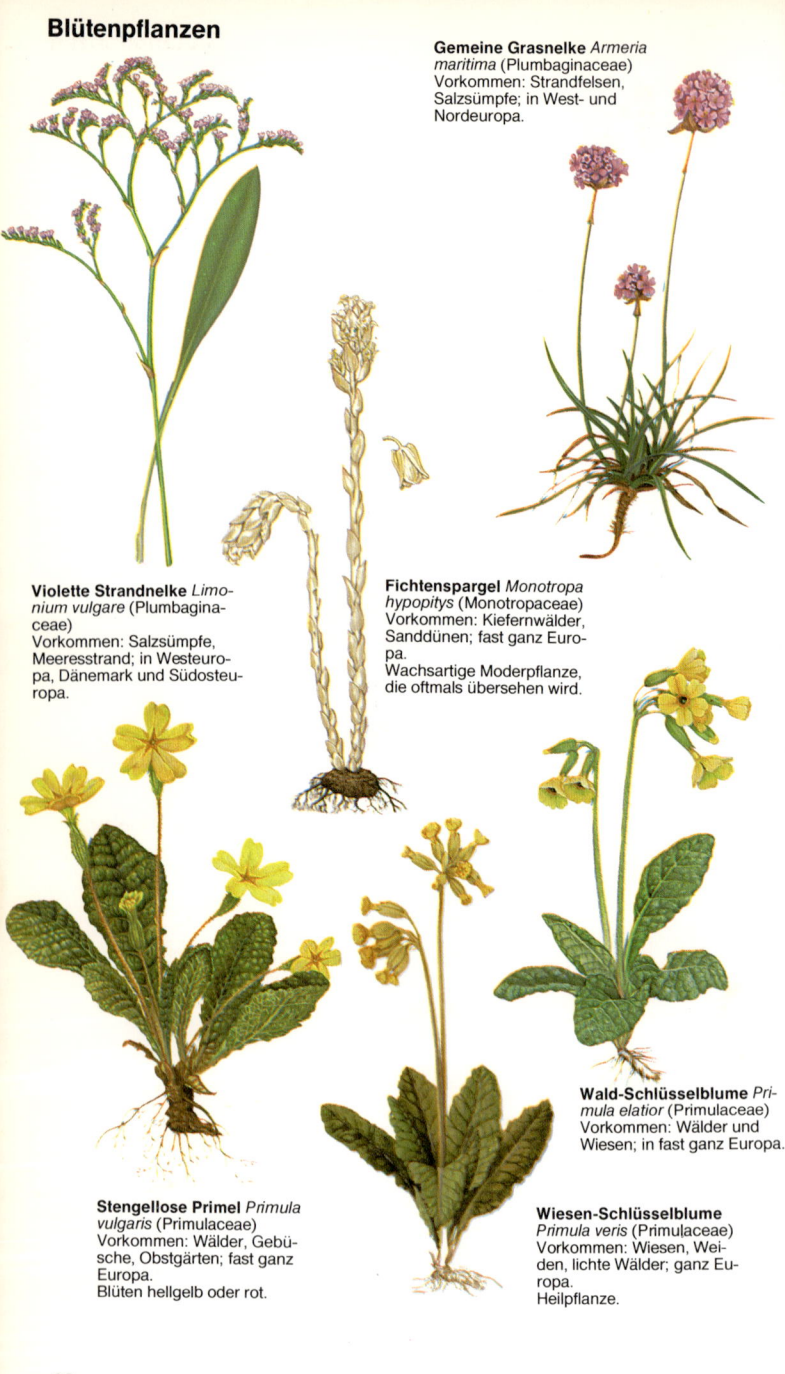

Gemeine Grasnelke *Armeria maritima* (Plumbaginaceae)
Vorkommen: Strandfelsen, Salzsümpfe; in West- und Nordeuropa.

Violette Strandnelke *Limonium vulgare* (Plumbaginaceae)
Vorkommen: Salzsümpfe, Meeresstrand; in Westeuropa, Dänemark und Südosteuropa.

Fichtenspargel *Monotropa hypopitys* (Monotropaceae)
Vorkommen: Kiefernwälder, Sanddünen; fast ganz Europa.
Wachsartige Moderpflanze, die oftmals übersehen wird.

Wald-Schlüsselblume *Primula elatior* (Primulaceae)
Vorkommen: Wälder und Wiesen; in fast ganz Europa.

Stengellose Primel *Primula vulgaris* (Primulaceae)
Vorkommen: Wälder, Gebüsche, Obstgärten; fast ganz Europa.
Blüten hellgelb oder rot.

Wiesen-Schlüsselblume *Primula veris* (Primulaceae)
Vorkommen: Wiesen, Weiden, lichte Wälder; ganz Europa.
Heilpflanze.

Gewöhnlicher Gilbweiderich *Lysimachia vulgaris* (Primulaceae)
Vorkommen: Sümpfe, Teiche, Ufer, Gräben; ganz Europa.
Heilpflanze.

Roter Gauchheil *Anagallis arvensis* (Primulaceae)
Vorkommen: Äcker, Wegränder, Gärten, Sanddünen; ganz Europa.
Heilpflanze.

Feld-Enzian *Gentianella campestris* (Gentianaceae)
Vorkommen: Grasige Hänge, Wiesen, Dünen; fast ganz Europa.

Siebenstern *Trientalis europaea* (Primulaceae)
Vorkommen: Kiefernwälder, Heiden, Moore; fast ganz Europa, vorwiegend im Norden.

Echtes Tausendgüldenkraut *Centaurium erythraea* (Gentianaceae)
Vorkommen: Trockenhänge, Waldlichtungen, Dünen; ganz Europa.
Variable Art.

Blütenpflanzen

Acker-Winde *Convolvulus arvensis* (Convolvulaceae)
Vorkommen: Äcker, Schutt, Wegränder, Ödland, Gärten; ganz Europa.

Bitterling *Blackstonia perfoliata* (Gentianaceae)
Vorkommen: Moorige und lehmige Plätze, feuchte Sandflächen, Dünen; fast ganz Europa, nicht im Norden.
Stengelblätter ganz miteinander verwachsen.

Kleeseide *Cuscuta epithymum* (Convolvulaceae)
Vorkommen: Schmarotzerpflanze auf Ginster, Klee, Heidekraut; fast ganz Europa.
Blüten sitzen in Knäueln an den windenden Stengeln; Blätter schuppenförmig.

Ufer-Zaunwinde *Calystegia sepium* (Convolvulaceae)
Vorkommen: Hecken, Ufer, Gärten; ganz Europa.
Sehr variable Art.

Schwarzer Nachtschatten *Solanum nigrum* (Solanaceae)
Vorkommen: Äcker, Schutt, Weinberge; ganz Europa.
Aufrechte Pflanze mit weißen Blüten und schwarzen Beeren. Beeren giftig!

Bittersüßer Nachtschatten
Solanum dulcamarum
(Solanaceae)
Vorkommen: Wälder, Hekken, Dünen; ganz Europa.
Heilpflanze; gelegentlich
weißblühend.

Kleinblütige Königskerze
Verbascum thapsus (Scrophulariaceae)
Vorkommen: Sandbänke,
Mauern, Heiden, Schuttflächen; fast ganz Europa.
Auf nährstoffreichen Böden.

Knotige Braunwurz *Scrophularia nodosa* (Scrophulariaceae)
Vorkommen: Ufer, feuchte
Waldränder, Hecken; ganz
Europa.
Heilpflanze.

Wasser-Braunwurz *Scrophulariaceae* (Scrophulariaceae)
Vorkommen: Ufer, Gräben,
feuchte Wälder, nasse Wiesen; Westeuropa.

Roter Fingerhut *Digitalis purpurea* (Scrophulariaceae)
Vorkommen: Bergwälder,
Kahlschläge; ursprünglich
nur in West- und Mitteleuropa, vielfach eingebürgert.
Giftig!

Blütenpflanzen

Gemeines Leinkraut *Linaria vulgaris* (Scrophulariaceae) Vorkommen: Grasplätze, Böschungen, Ödland; ganz Europa.

Gamander-Ehrenpreis *Veronica chamaedrys* (Scrophulariaceae) Vorkommen: Wiesen, grasige Orte, Hecken, Wälder, Gärten; ganz Europa.

Schild-Ehrenpreis *Veronica scutellata* (Scrophulariaceae) Vorkommen: Sümpfe, Teichränder, Gräben; ganz Europa.

Bach-Ehrenpreis *Veronica beccabunga* (Scrophulariaceae) Vorkommen: Quellsümpfe, Gräben, nasse Wiesen, Bachläufe; ganz Europa.

Gauchheil-Ehrenpreis *Veronica anagallis aquatica* (Scrophulariaceae) Vorkommen: An Teichen, Bächen, überschwemmten Wiesen; ganz Europa. Blätter kahl, Blütenstand manchmal drüsig.

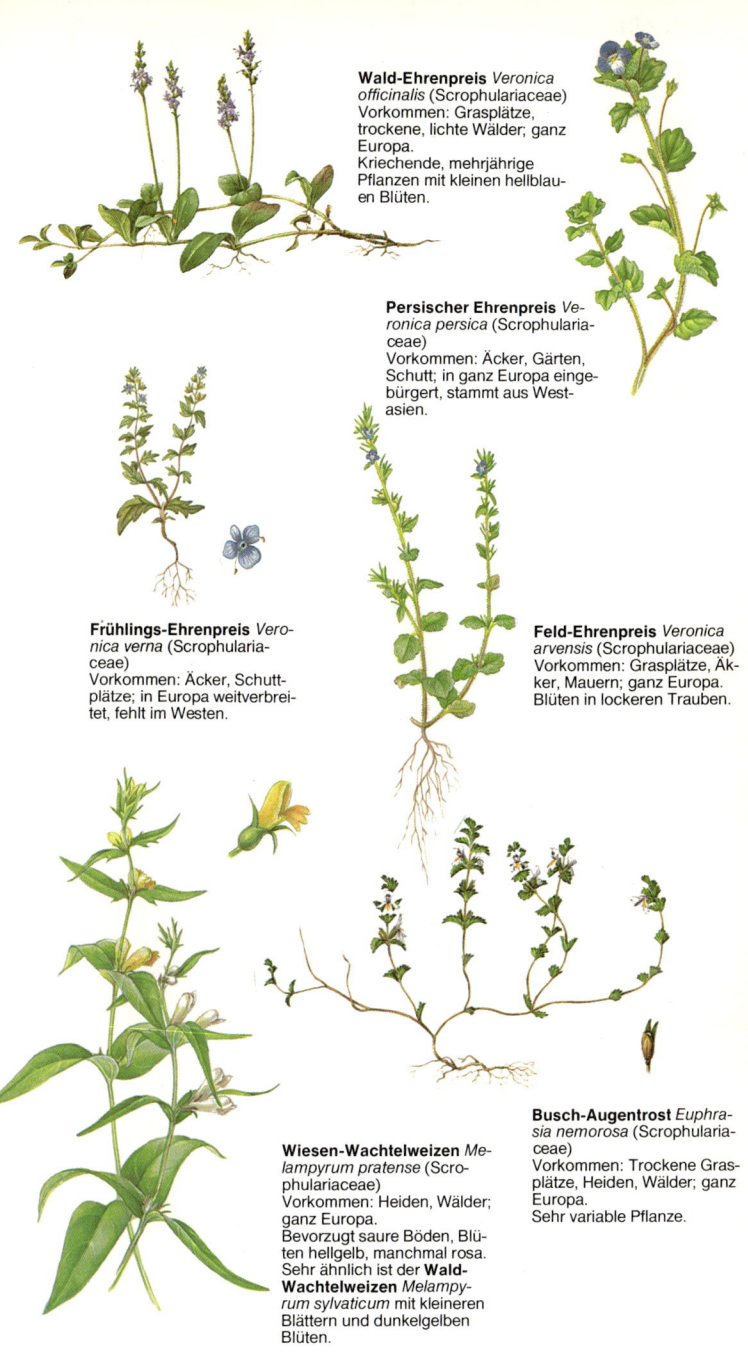

Wald-Ehrenpreis *Veronica officinalis* (Scrophulariaceae)
Vorkommen: Grasplätze, trockene, lichte Wälder; ganz Europa.
Kriechende, mehrjährige Pflanzen mit kleinen hellblauen Blüten.

Persischer Ehrenpreis *Veronica persica* (Scrophulariaceae)
Vorkommen: Äcker, Gärten, Schutt; in ganz Europa eingebürgert, stammt aus Westasien.

Frühlings-Ehrenpreis *Veronica verna* (Scrophulariaceae)
Vorkommen: Äcker, Schuttplätze; in Europa weitverbreitet, fehlt im Westen.

Feld-Ehrenpreis *Veronica arvensis* (Scrophulariaceae)
Vorkommen: Grasplätze, Äcker, Mauern; ganz Europa.
Blüten in lockeren Trauben.

Wiesen-Wachtelweizen *Melampyrum pratense* (Scrophulariaceae)
Vorkommen: Heiden, Wälder; ganz Europa.
Bevorzugt saure Böden, Blüten hellgelb, manchmal rosa.
Sehr ähnlich ist der **Wald-Wachtelweizen** *Melampyrum sylvaticum* mit kleineren Blättern und dunkelgelben Blüten.

Busch-Augentrost *Euphrasia nemorosa* (Scrophulariaceae)
Vorkommen: Trockene Grasplätze, Heiden, Wälder; ganz Europa.
Sehr variable Pflanze.

Blütenpflanzen

Frühlings-Zahntrost *Odontites verna* (Scrophulariaceae) Vorkommen: Äcker, Kulturland, Wegränder; ganz Europa.

Wald-Läusekraut *Pedicularis sylvatica* (Scrophulariaceae) Vorkommen: Nasse Wiesen, Heiden; Europa. Nicht auf Kalkböden.

Kleiner Klappertopf *Rhinanthus minor* (Scrophulariaceae) Vorkommen: Wiesen, Felder; ganz Europa. Nicht auf gedüngtem, intensiv genutztem Kulturland.

Wasser-Minze *Mentha aquatica* (Labiatae) Vorkommen: Flußufer, Sumpfland, Teichränder, Gräben; ganz Europa. Sehr variable Pflanze.

Purpurrote Taubnessel *Lamium purpureum* (Labiatae) Vorkommen: Auf nährstoffreichen Lehmböden; sehr häufig.

Wilder Thymian *Thymus drucei* (Labiatae) Vorkommen: Trockene Grasplätze, Heiden, Dünen; Britische Inseln und Westeuropa. Nahe verwandt ist der **Feld-Thymian** *Thymus serpyllum,* der dichter behaarte Stengel hat und in Mitteleuropa auf Kalktrockenrasen und Felsen wächst.

Stechender Hohlzahn *Galeopsis tetrahit* (Labiatae)
Vorkommen: Kulturland; ganz Europa.
Stengel mit abstehenden Borstenhaaren. Blüten weiß oder rosa.

Weiße Taubnessel *Lamium album* (Labiatae)
Vorkommen: Hecken, Böschungen, Waldränder; ganz Europa.
Sehr ähnlich: **Purpurrote Taubnessel** *Lamium purpureum.* Vorkommen: Auf Kultur- und Ödland.

Goldnessel *Galeobdolon luteum* (Labiatae)
Vorkommen: Wälder, Gebüsche; ganz Europa.
Bevorzugt feuchte Wälder mit schweren Böden.

Wilder Dost *Origanum vulgare* (Labiatae)
Vorkommen: Trockene Böschungen, Geröll, Waldränder; ganz Europa.
Bevorzugt trockene Standorte; aromatische Heilpflanze.

Wirbeldost *Clinopodium vulgare* (Labiatae)
Vorkommen: Wälder, Gebüsche, Wegränder; ganz Europa.
Bevorzugt trockene Kalkböden.

Kappen-Helmkraut *Scutellaria galericulata* (Labiatae)
Vorkommen: Flußufer, Teiche, feuchte Wiesen, nasse Wälder; ganz Europa.

Gundermann *Glechoma hederacea* (Labiatae)
Vorkommen: Wälder, Mauern, Hecken, Wiesen; ganz Europa.
Bevorzugt schwere, nasse Böden.

Wald-Ziest *Stachys sylvatica* (Labiatae)
Vorkommen: Wälder, schattige Stellen, Gebüsche; ganz Europa.
Bevorzugt nährstoffreiche Böden.

Kleine Braunelle *Prunella vulgaris* (Labiatae)
Vorkommen: Grasplätze, Waldwege, Hecken, Ödland, Gärten; ganz Europa.
Vorwiegend auf basischen und neutralen Böden.

Heil-Betonie *Betonia officinalis* (Labiatae)
Vorkommen: Lichte Wälder, Heiden, Grasland; ganz Europa.
Auf kalkhaltigen und sauren Böden; Heilpflanze.

Kriechender Günsel *Ajuga reptans* (Labiatae)
Vorkommen: Feuchte Waldwege, Hecken, nasse Plätze; ganz Europa.
Blüten blau, selten rosa oder weiß.

Sumpf-Vergißmeinnicht
Myosotis scorpioides (Boraginaceae)
Vorkommen: Bäche, feuchte Wiesen; ganz Europa.

Salbei-Gamander *Teucrium scorodonia* (Labiatae)
Vorkommen: Lichte Wälder, Heiden, Dünen; West- und Mitteleuropa.
Auf trockenen, sauren und kalkhaltigen Böden.

Acker-Krummhals *Lycopsis arvensis* (Boraginaceae)
Vorkommen: Kulturland, Sandplätze, Dünen; ganz Europa.
Dicht beblätterte, borstig behaarte Pflanze.

Acker-Vergißmeinnicht
Myosotis arvensis (Labiatae)
Vorkommen: Kulturland, Wegränder, Waldwege, Hecken; ganz Europa.

Blütenpflanzen

Blauer Natternkopf *Echium vulgare* (Boraginaceae)
Vorkommen: Wegränder, Kultur- und Ödland, Schuttplätze; ganz Europa.
Mit steifen Borsten bedeckt; Blüten blau, Blütenknospen rot.

Gemeiner Beinwell *Symphytum officinale* (Boraginaceae)
Vorkommen: Ufer, feuchte Wiesen, Gräben; Europa.
Blüten weiß oder rosa.

Echtes Lungenkraut *Pulmonaria officinalis* (Boraginaceae)
Vorkommen: Feuchte, lichte Wälder, Auwälder, schattige Gebüsche; fast ganz Europa.

Echtes Fettkraut *Pinguicula vulgaris* (Lentibulariaceae)
Vorkommen: Moore, feuchte Heiden und auf feuchten Felsen; fast ganz Europa, fehlt im Südosten.
Fleischfressende Pflanze.

Spitz-Wegerich *Plantago lanceolatum* (Plantaginaceae)
Vorkommen: Wegränder, Wiesen, Grasplätze; weit verbreitet in ganz Europa.

Breit-Wegerich *Plantago major* (Plantaginaceae)
Vorkommen: Wegränder, Kulturland; ganz Europa. Vorwiegend auf vielbegangenen Trampelpfaden.

Krähenfuß-Wegerich *Plantago coronopus* (Plantaginaceae)
Vorkommen: Trockene, sandige Plätze, Küstenfelsen, Meeresstrand; ganz Europa, vielfach eingebürgert.

Nesselblättrige Glockenblume *Campanula trachelium* (Campanulaceae)
Vorkommen: Wälder, Hecken; ganz Europa.

Breitblättrige Glockenblume *Campanula latifolia* (Campanulaceae)
Vorkommen: Feuchte Wälder und Schluchten im Bergland; fast ganz Europa.

Rundblättrige Glockenblume *Campanula rotundifolia* (Campanulaceae)
Vorkommen: Wiesen, Heiden, Dünen, trockene Plätze; ganz Europa.

Blütenpflanzen

Moosglöckchen *Linnaea borealis* (Caprifoliaceae)
Vorkommen: Moosige Nadelwälder, moorige Plätze; vorwiegend im nördlichen Europa.
Zierliche, kriechende Pflanze.

Wald-Geißblatt *Lonicera periclymenum* (Caprifoliaceae)
Vorkommen: Waldränder, Hecken, buschige Abhänge; West- und Mitteleuropa.

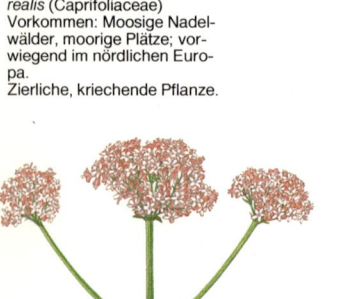

Echter Baldrian *Valeriana officinalis* (Valerianaceae)
Vorkommen: Feuchte Wiesen, Ufer, feuchte Laubwälder; ganz Europa.

Moschuskraut *Adoxa moschatellina* (Adoxaceae)
Vorkommen: Feuchte Gebüsche, Laubwälder; fast ganz Europa.

Kletten-Labkraut *Galium aparine* (Rubiaceae)
Vorkommen: Ödland, Hekken, Äcker, Wegränder; ganz Europa.
Früchte mit Widerhaken.

Wiesen-Labkraut *Galium mollugo* (Rubiaceae)
Vorkommen: Wiesen, Hekken, Wegränder; ganz Europa.
Sehr variable Art.

Echtes Labkraut *Galium verum* (Rubiaceae)
Vorkommen: Wiesen, Böschungen, Wegränder, Hekken; ganz Europa.
Heilpflanze.

Hügel-Meister *Asperula cynanchica* (Rubiaceae)
Vorkommen: Trockene Hänge, sonnige Sandfluren; nicht in Nordeuropa.
Kalk- und wärmeliebende Pflanze.

Waldmeister *Galium odoratum* (Rubiaceae)
Vorkommen: In schattigen Wäldern, insbesondere in Buchenwäldern; ganz Europa.
Pflanze enthält Cumarin.

Blütenpflanzen

Tauben-Skabiose *Scabiosa columbaria* (Dipsacaceae) Vorkommen: Trockene Wiesen, Gebüsch, Dickichte; außer dem nördlichen in ganz Europa.

Gemeiner Teufelsabbiß *Succisa pratensis* (Dipsacaceae) Vorkommen: Wiesenmoore, Wälder; ganz Europa. Farbe variabel.

Jakobs-Greiskraut *Senecio jacobaea* (Compositae) Vorkommen: Häufig an Wegrändern, Ruderalflächen, Dünen; ganz Europa.

Gemeines Greiskraut *Senecio vulgaris* (Compositae) Vorkommen: Weit verbreitet auf Brachland, Schutt, Mauern und Äckern; in ganz Europa.

Blütenpflanzen

Echte Goldrute *Solidago virgaurea* (Compositae)
Vorkommen: Walder, Gebüsch, Heiden, felsige Flußufer, Dünen; fast ganz Europa.

Strand-Aster *Aster tripolium* (Compositae)
Vorkommen: Felsen im Küstenbereich, Salzsümpfe; ganz Europa.

Kanadisches Berufskraut *Conyza canadensis* (Compositae)
Vorkommen: Schuttplätze, Brachland, örtlich recht verbreitet; stammt aus Nordamerika, ist aber in ganz Europa eingebürgert.

Gemeine Wucherblume, Margerite *Chrysanthemum leucanthemum* (Compositae)
Vorkommen: Grasplätze, Wiesen, Wegraine; ganz Europa.
Sehr variable Art.

Rainfarn *Chrysanthemum vulgare* (Compositae)
Vorkommen: Wegränder, Geröll, Flußufer, Hecken; ganz Europa.
Heil- und Gewürzpflanze.

Blütenpflanzen

Gemeiner Huflattich *Tussilago farfara* (Compositae)
Vorkommen: Wegränder, Schuttplätze; ganz Europa. Blüten erscheinen im zeitigen Frühjahr vor den Blättern. Heilpflanze.

Gänseblümchen *Bellis perennis* (Compositae)
Vorkommen: Wiesen, Wegränder, Grasplätze; weitverbreitet in ganz Europa.

Gemeine Schafgarbe *Achillea millefolium* (Compositae)
Vorkommen: Böschungen, Wegränder, Grasplätze; weit verbreitet in ganz Europa. Sehr variabel, Blütenfarbe reicht von weiß über rosa bis hellrot. Heilpflanze.

Gemeiner Wasserdost *Eupatorium cannabinum* (Compositae)
Vorkommen: Feuchte Wälder, Ufer, Gräben; ganz Europa.
Blüten weiß, rosa oder purpurrot.

Sumpf-Schafgarbe *Achillea ptarmica* (Compositae)
Vorkommen: Feuchte Wiesen, Sümpfe, Gräben; fast ganz Europa.

Meer-Strandkamille *Tripleurospermum maritimum* (Compositae)
Vorkommen: Äcker, Ödland, Küstenwiesen; ganz Europa. Sehr variable Pflanzenart.

Strahlenlose Kamille *Matricaria matricaroides* (Compositae)
Vorkommen: Kultur- und Ödland; aus Nordasien, in ganz Europa eingebürgert.
Stark aromatische Heilpflanze.

Gemeiner Beifuß *Artemisia vulgaris* (Compositae)
Vorkommen: Wegränder, Schuttplätze, Hecken; in ganz Europa.
Variable Blatt- und Blütenform. Heilpflanze.

Sumpf-Kratzdistel *Cirsium palustre* (Compositae)
Vorkommen: Feuchte Wiesen, Sümpfe, Waldränder; ganz Europa.

Acker-Kratzdistel *Cirsium arvense* (Compositae)
Vorkommen: Kulturland, Ödland, Grasplätze; ganz Europa.

Blütenpflanzen

Stengellose Kratzdistel *Cirsium acaulon* (Compositae)
Vorkommen: Böschungen, trockene Wiesen, Weiden; fast ganz Europa.
Viel besucht von Schwebfliegen, Bienen und Schmetterlingen.

Schwarze Flockenblume *Centaurea nigra* (Compositae)
Vorkommen: Gebüsch, Waldränder, Grasland; West- und Mitteleuropa.
Sehr variabel.

Skabiosen-Flockenblume *Centaurea scabiosa* (Compositae)
Vorkommen: Trockene Wiesen, Wegränder, Triften, Böschungen; ganz Europa.
Größer als die vorige Art mit fiederteiligen Blättern.

Golddistel *Carlina vulgaris* (Compositae)
Vorkommen: Heiden auf Kalkböden, steinige Abhänge; ganz Europa.
Zweijährige Pflanze, deren Rosettenblätter zur Blütezeit abgestorben sind.

Gemeiner Löwenzahn *Taraxacum officinale* (Compositae)
Vorkommen: Wiesen, Grasplätze, Ödland; weitverbreitet in ganz Europa.
Wuchs- und Blattform sehr variabel. Heilpflanze.

Gemeine Wegwarte *Cichorium intybus* (Compositae)
Vorkommen: Trockene Standorte, Wegränder, Grasplätze, Äcker; ganz Europa.
Heilpflanze mit leuchtend blauen Blüten.

Rauher Löwenzahn *Leontodon hispidus* (Compositae)
Vorkommen: Wiesen, Matten, Wegränder, Felsen; ganz Europa.
Sehr variable Art. Heilpflanze.

Rainkohl *Lapsana communis* (Compositae)
Vorkommen: Wegränder, Kahlschläge, Ödland, Mauern; ganz Europa.

Löwenzahn-Pippau *Leontodon vesicaria* (Compositae)
Vorkommen: Wiesen, Wegränder; in Westeuropa und Mittelmeerländern.
Sehr variable Art.

Mausohr *Pilosella officinarum* (Compositae)
Vorkommen: Heiden, trockene Weiden, Waldlichtungen; in ganz Europa.
Mehrjährige Pflanze, Blattunterseite weißwollig behaart.

117

Blütenpflanzen

Acker-Gänsedistel *Sonchus arvensis* (Compositae)
Vorkommen: Ödland, Sanddünen, Äcker; fast ganz Europa.

Doldige Schwanenblume *Butomus umbellatus* (Butomaceae)
Vorkommen: Wasserpflanze ruhiger, langsam fließender Gewässer; in ganz Europa.

Gemeine Schmerwurz *Tamus communis* (Dioscoreaceae)
Vorkommen: Seltene Kulturpflanze an Hecken und in schattigen Wäldern; fast ganz Europa, fehlt im Norden. Bevorzugt nassen, nährstoffreichen Boden.

Einbeere *Paris quadrifolia* (Liliaceae)
Vorkommen: Auwälder, feuchte Laub- und Mischwälder; in fast ganz Europa. Giftig!

Vielblütige Weißwurz *Polygonatum multiflorum* (Liliaceae)
Vorkommen: In schattigen Laubwäldern; in ganz Europa.
Kalkliebende Pflanze.

Stechender Mäusedorn
Ruscus aculeatus (Liliaceae)
Vorkommen: Gebüsche, Trockenhänge; nur in Westeuropa und in Südosteuropa.

Maiglöckchen *Convallaria majalis* (Liliaceae)
Vorkommen: Lichte Laubwälder, Gebüsch; fast ganz Europa.
Beeren giftig!

Wildhyazinthe *Endymion non-scriptus* (Liliaceae)
Vorkommen: Laubwälder; in Westeuropa eingebürgert, selten in Nordwestdeutschland, Holland und Belgien.

Blütenpflanzen

Dolden-Milchstern *Ornitho-galum umbellatum* (Liliaceae)
Vorkommen: Gärten, Äcker,
trockene Grashänge, Wein-
berge; ursprünglich nur im
Mittelmeergebiet, jetzt in ganz
Europa eingebürgert.

Europäischer Beinbrech
Narthecium ossifragum
(Liliaceae)
Vorkommen: Heidemoore,
Hochmoore, Sümpfe; zer-
streut im westlichen Europa,
häufig in den Bergländern
der Britischen Inseln.

Bären-Lauch *Allium ursinum*
(Liliaceae)
Vorkommen: Feuchte Laub-
wälder, manchmal in Massen-
beständen; ganz Europa,
Pflanze riecht stark nach
Knoblauch.

Schneeglöckchen *Galan-thus rivalis* (Amaryllidaceae)
Vorkommen: Feuchte Wälder
und Wiesen; ganz Europa
häufig angepflanzt und stellenweise verwildert.

Gelbe Narzisse *Narcissus pseudonarcissus* (Amaryllidaceae)
Vorkommen: Wiesen, Wälder, felsige Plätze; in fast ganz Europa.
Sehr variable Art, Stammform der Gartennarzisse.

Wasser-Schwertlilie *Iris pseudacorus* (Amaryllidaceae)
Vorkommen: Sümpfe, Röhrichte, Uferränder; in ganz Europa.

Gefleckter Aronstab *Arum maculatum* (Araceae)
Vorkommen: Laubwälder, Hecken; ganz Europa.
Beeren giftig!

Blütenpflanzen

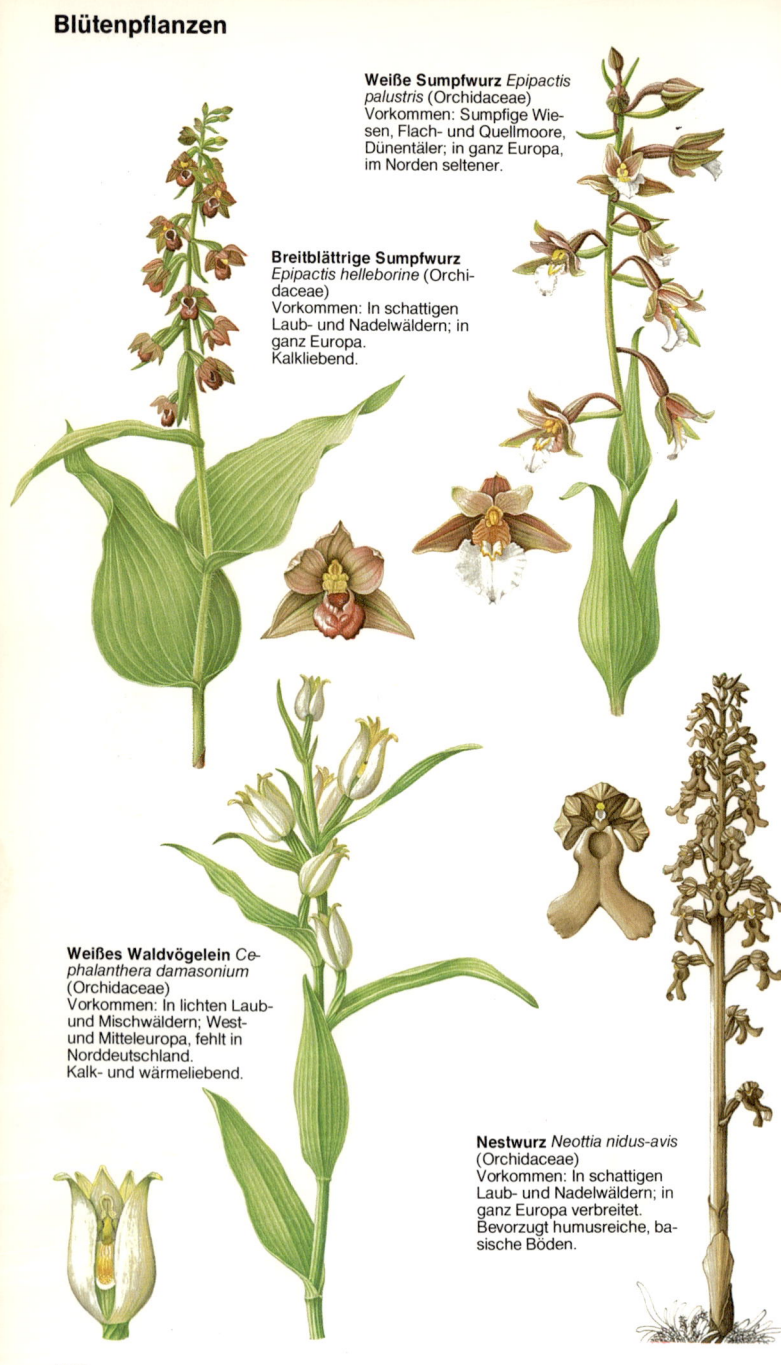

Weiße Sumpfwurz *Epipactis palustris* (Orchidaceae)
Vorkommen: Sumpfige Wiesen, Flach- und Quellmoore, Dünentäler; in ganz Europa, im Norden seltener.

Breitblättrige Sumpfwurz *Epipactis helleborine* (Orchidaceae)
Vorkommen: In schattigen Laub- und Nadelwäldern; in ganz Europa. Kalkliebend.

Weißes Waldvögelein *Cephalanthera damasonium* (Orchidaceae)
Vorkommen: In lichten Laub- und Mischwäldern; West- und Mitteleuropa, fehlt in Norddeutschland.
Kalk- und wärmeliebend.

Nestwurz *Neottia nidus-avis* (Orchidaceae)
Vorkommen: In schattigen Laub- und Nadelwäldern; in ganz Europa verbreitet. Bevorzugt humusreiche, basische Böden.

Großes Zweiblatt *Listera ovata* (Orchidaceae)
Vorkommen: Auf trockenen und feuchten Wiesen, im Gebüsch, Laub- und Nadelwald; in ganz Europa verbreitet. Auf Kalk und Urgestein.

Mannsknabenkraut *Orchis mascula* (Orchidaceae)
Vorkommen: Auf Berghängen, in lichtem Gebüsch und auf Wiesen; ganz Europa, im Süden häufiger. Kalkliebend.

Pyramiden-Orchis *Anacamptis pyramidalis* (Orchidaceae)
Vorkommen: In trockenen Magerrasen, Gebüsch, Heidewiesen, Sanddünen; im südlichen Mitteleuropa häufiger als im Norden.

Brand-Orchis *Orchis ustulata* (Orchidaceae)
Vorkommen: An grasigen, trockenen Hängen, auf ungedüngten Wiesen; in ganz Europa, vorwiegend in der montanen und alpinen Zone. Kalkliebend.

Mücken-Händelwurz *Gymnadenia conopea* (Orchidaceae)
Vorkommen: Auf feuchten, moorigen Wiesen, Magerrasen und Berghängen, bis in 2800 m Höhe; in ganz Europa.

Kleine Einknolle *Herminium monorchis* (Orchidaceae)
Vorkommen: In feuchten und trockenen Magerrasen, in Flachmooren; nicht in Norddeutschland. Selten.

Grüne Hohlzunge *Coeloglossum viride* (Orchidaceae)
Vorkommen: Auf Magerrasen der Mittelgebirge und Bergmatten der Hochgebirge; fehlt in Norddeutschland. Selten.

Geflecktes Knabenkraut
Dactylorhiza maculata (Orchidaceae)
Vorkommen: Auf feuchten und trockenen Wiesen, im Gebüsch und an Waldrändern; in ganz Europa, auch im Norden.

Bienen-Ragwurz *Ophrys apifera* (Orchidaceae)
Vorkommen: Auf Ödland, sowohl auf feuchten wie trockenen Magerrasen, selten; fehlt in den Alpen und in Norddeutschland.

Fleischfarbenes Knabenkraut *Dactylorhiza incarnata* (Orchidaceae)
Vorkommen: In Dünentälern, Flachmooren und feuchten Wiesen; in ganz Europa.

Blütenpflanzen

Hain-Rispengras *Poa nemoralis* (Gramineae)
Vorkommen: Lichte Laubwälder und Gebüsch; ganz Europa.
Formenreiches, zartes Waldgras.

Riesen-Schwingel *Festuca gigantea* (Gramineae)
Vorkommen: Schattige Laub- und Auwälder, Gebüsch; Europa.

Wald-Trespe *Bromus ramosus* (Gramineae)
Vorkommen: Humusreiche

Laubwälder, Gebüsche, Wegränder; in fast ganz Europa.

Wald-Segge *Carex sylvatica* (Cyperaceae)
Vorkommen: Laubwälder; in ganz Europa.

Gemeine Hainsimse *Luzula campestris* (Juncaceae)
Vorkommen: Sumpfige Grasplätze, feuchte Wiesen; in ganz Europa.

Einblütiges Perlgras *Melica uniflora* (Gramineae)
Vorkommen: Laub- und Mischwälder; ganz Europa. Bevorzugt humöse Böden.

Zartes Schillergras *Koeleria cristata* (Gramineae)
Vorkommen: Kalk-Trockenrasen, Heiden, Sandfluren; in ganz Europa.
Formenreiches, kalkliebendes Gras trockener Standorte.

Hain-Rispengras   Wald-Trespe   Gemeine Hainsimse   Zartes Schillergras   Fiederzwenke

Riesenschwingel   Wald-Segge   Einblütiges Perlgras   Blaugrüne Segge   Aufrechte Trespe

Gräser, Seggen, Binsen

Blaugrüne Segge *Carex flacca* (Cyperaceae)
Vorkommen: Feuchte Grasplätze, nasse Waldstellen; in ganz Europa.
Kalkliebend.

Fiederzwenke *Brachypodium pinnatum* (Gramineae)
Vorkommen: Sonnige Magerrasen, lichte, trockene Wälder; ganz Europa.
Kalkliebend.

Aufrechte Trespe *Bromus erectus* (Gramineae)
Vorkommen: Trockenrasen, Böschungen; ganz Europa.
Kalkliebend.

Roter Schwingel *Festuca rubra* (Gramineae)
Vorkommen: Trockene Wälder, Dünen, Wiesen, Ödland; ganz Europa.

Schaf-Schwingel *Festuca ovina* (Gramineae)
Vorkommen: Wiesen, Trokkenrasen; ganz Europa.
Formenreiche Sammelart.

Flaumiger Wiesenhafer *Helictotrichon pubescens* (Gramineae)
Vorkommen: Wiesen, Böschungen, Wälder; in ganz Europa.

Rauher Wiesenhafer *Helictotrichon pratense* (Gramineae)
Vorkommen: Trockene Wiesen, sonnige Hänge, lichte Wälder; in ganz Europa.
Kalkliebend.

Wiesen-Glatthafer *Trisetum flavescens* (Gramineae)
Vorkommen: Wiesen, Wegränder; in ganz Europa.

Gemeines Zittergras *Briza media* (Gramineae)
Vorkommen: Kalkreiche, trockene Wiesen; in Europa weit verbreitet.

Gemeines Straußgras *Agrostis tenuis* (Gramineae)
Vorkommen: Grasplätze, moorige und sandige Stellen; weit verbreitet in Europa.

Weißes Straußgras *Agrostis stolonifera* (Gramineae)
Vorkommen: Grasplätze, Salzsümpfe, Wegränder, feuchte Sandböden, Kulturland; in ganz Europa.
Formenreiche Sammelart.

Gemeines Steifgras *Catapodium rigidum* (Gramineae)
Vorkommen: Trockene Hänge, Mauern, felsige, steinige und sandige Plätze; in West- und Südeuropa, in Mitteleuropa vielfach eingeschleppt.

Weiches Honiggras *Holcus mollis* (Gramineae)
Vorkommen: Wälder, Waldränder; ganz Europa.

Wald-Zwenke *Brachypodium sylvaticum* (Gramineae)
Vorkommen: Schattige Wälder, Gebüsch; ganz Europa.

| Schwingel | Flaumiger Wiesenhafer | Wiesen-Glatthafer | Gemeines Straußgras | Gemeines Steifgras | Wald-Zwenke |
| Schaf-Schwingel | Rauher Wiesenhafer | Gemeines Zittergras | Weißes Straußgras | Weiches Honiggras | |

127

Blütenpflanzen

Gemeines Knäuelgras *Dactylis glomerata* (Gramineae)
Vorkommen: Grasplätze, Wiesen, Wegränder; ganz Europa.
Als Futterpflanze in zahlreichen Kulturformen angebaut.

Rasen-Schmiele *Deschampsia caespitosa* (Gramineae)
Vorkommen: Feuchte Wiesen, nasses Grasland und Moore; in ganz Europa.

Wiesen-Kammgras *Cynosurus cristatus* (Gramineae)
Vorkommen: Trockene Böschungen, Triften; ganz Europa.

Gemeines Ruchgras *Anthoxanthum odoratum* (Gramineae)
Vorkommen: Wiesen, Weiden, Heiden, Moore, lichte Wälder, ganz Europa.
Sehr variable Art. Cumarinhaltig.

Ausdauernder Lolch, Englisches Raygras *Lolium perenne* (Gramineae)
Vorkommen: Wiesen, Weiden, Wegränder; ganz Europa.

Hoher Glatthafer *Arrhenaterum elatius* (Gramineae)
Vorkommen: Weit verbreitet in Wiesen, Wegrändern, Grasplätzen, Hecken; ganz Europa.

Wiesen-Fuchsschwanz *Alopecurus pratensis* (Gramineae)
Vorkommen: Wiesen; ganz Europa.
Wichtiges Futtergras.

Wiesen-Schwingel *Festuca pratensis* (Gramineae)
Vorkommen: Wiesen, Weiden; ganz Europa.
Weitverbreitetes Wiesengras.

Wiesen-Rispengras *Poa pratensis* (Gramineae)
Vorkommen: Wiesen, Weiden; ganz Europa.
Wertvolle Futterpflanze, sehr variabel.

Gemeines Rispengras *Poa trivialis* (Gramineae)
Vorkommen: Grasplätze, Wegränder, Wiesen; ganz Europa.
Variable Art.

Meerstrand-Quecke *Agropyron junceiforme* (Gramineae)
Vorkommen: Dünen, Sandküsten; ganz Europa.
Sehr salztolerant.

Strand-Salzschwaden *Puccinellia maritima* (Gramineae)
Vorkommen: Strandwiesen, Salzmarschen, im Binnenland; ganz Europa.

Gemeines Knäuelgras   Wiesen-Kammgras   Englisches Raygras   Wiesen-Fuchsschwanz   Wiesen-Rispengras

Rasen-Schmiele   Gemeines Ruchgras   Hoher Glatthafer   Wiesen-Schwingel   Gemeines Rispengras

Salz-Binse *Juncus gerardii* (Juncaceae)
Vorkommen: Küsten, Salzmarschen; ganz Europa. Weitverbreitete Küstenpflanze.

Sand-Segge *Carex arenaria* (Cyperaceae)
Vorkommen: Sandplätze, Dünen; Küsten von Europa. Dient zur Dünenbefestigung.

Schlickgras *Spartina anglica* (Gramineae)
Vorkommen: Marschen, Salzwiesen; Küsten der Britischen Inseln.
Zur Landgewinnung und Wattaufhöhung werden an den Nordseeküsten verschiedene *Spartina*-Arten angepflanzt.

Gemeiner Strandhafer *Ammophila arenaria* (Gramineae)
Vorkommen: Dünensand; Küsten Europas.
Weitverbreitet, häufig zur Dünenbefestigung angepflanzt.

Wiesen-Lieschgras *Phleum pratense* (Gramineae)
Vorkommen: Wiesen, Wegränder, Grasplätze; ganz Europa.
Wertvolles Wiesengras.

Rohr-Glanzgras *Phalaris arundinacea* (Gramineae)
Vorkommen: Sumpfland, nasse Wiesen; ganz Europa.

Land-Reitgras *Calamagrostis epigeios* (Gramineae)
Vorkommen: Wälder, Gebüsche, Waldwiesen, Flußufer; fast ganz Europa.

Knäuel-Binse *Juncus conglomeratus* (Juncaceae)
Vorkommen: Nasse Wiesen, Moore, feuchte Wälder; ganz Europa.

Meerstrand-Quecke   Salz-Binse   Schlickgras   Wiesen-Lieschgras   Land-Reitgras

Strand-Salzschwaden   Sand-Segge   Gemeiner Strandhafer   Rohr-Glanzgras   Knäuel-Binse

129

Blütenpflanzen

Binsen-Schneide *Cladium mariscus* (Cyperaceae)
Vorkommen: Teiche, Seeufer, dichte Bestände bildend; fast ganz Europa.
Kalkliebendes Riedgras.

Schmalblättriges Wollgras *Eriophorum angustifolium* (Cyperaceae)
Vorkommen: Moore, Marschen, Sümpfe; fast ganz Europa.
Benötigt nasse, saure Böden.

Teichsimse *Scirpus lacustris* (Cyperaceae)
Vorkommen: Ufer von Flüssen, Teichen und Seen; in ganz Europa.
Gedeiht auch in Schlamm.

Rasen-Binse *Juncus bulbosus* (Juncaceae)
Vorkommen: Sümpfe, feuchte Wälder, feuchte Heiden; fast ganz Europa.
Wächst in und außerhalb des Wassers, nur in sauren Böden.

Flatter-Binse *Juncus effusus* (Juncaceae)
Vorkommen: Nasses Grasland, feuchte Wälder, Sümpfe; ganz Europa.
Diese Art hat weiche, glatte Stengel.

Dreispaltige Binse *Juncus trifidus* (Juncaceae)
Vorkommen: Felsspalten, Grasplätze; fast ganz Europa, in Nordwesteuropa fehlend.

Starre Segge *Carex bigelowii* (Cyperaceae)
Vorkommen: Zwergstrauchheiden der subalpinen Region, höhere Mittelgebirgslagen; schottisches Hochland.

Borstgras *Nardus stricta* (Gramineae)
Vorkommen: Bergwiesen, Heiden, moorige Wiesen; in ganz Europa nicht häufig, aber oft bestandsbildend.

Scheidiges Wollgras *Eriophorum vaginatum* (Cyperaceae)
Vorkommen: Hochmoore, nasse Wiesen; fast ganz Europa.

Rasen-Hainsimse *Trichophorum caespitosum* (Cyperaceae)
Vorkommen: Flachmoore, feuchte Heiden, Hochmoore; fast ganz Europa.

Stumpfblütige Binse *Juncus subnodulosus* (Juncaceae)
Vorkommen: Moore, feuchte Heiden; weit verbreitet in fast ganz Europa, fehlt im Norden.

Binsenschneide   Teichsimse   Flatter-Binse   Starre Segge   Scheidiges Wollgras

Schmalblättriges   Rasen-Binse   Dreispaltige Binse   Borstgras   Rasen-Hainsimse
Wollgras

Schwarzes Kopfried *Schoenus nigricans* (Cyperaceae)
Vorkommen: Sümpfe, Moore, Salzmarschen; weitverbreitet in fast ganz Europa.

Sumpfsegge *Carex acutiformis* (Cyperaceae)
Vorkommen: Weit verbreitet, Ufer von Teichen und Seen, Sümpfe; ganz Europa.

Hirse-Segge *Carex panicea* (Cyperaceae)
Vorkommen: Heiden, Moore, Sümpfe; weitverbreitet in Europa, besonders in niederschlagsreichen Gegenden.

Wasser-Schwaden *Glyceria maxima* (Gramineae)
Vorkommen: Ufer von stehenden oder langsam fließenden Gewässern; fast ganz Europa.
Als Futterpflanze geeignet.

Rispen-Segge *Carex paniculata* (Cyperaceae)
Vorkommen: Sümpfe, Marschen mit jahreszeitlichen Überschwemmungen; ganz Europa.
Bildet 1 m hohe und breite Bulte.

Gemeines Schilf *Phragmites communis* (Gramineae)
Vorkommen: Ufer von Seen und Teichen, seichte Gewässer; ganz Europa.
Früher zur Herstellung von Matten, Zäunen und Hausabdeckungen benutzt.

Weißes Schnabelried *Rhynchospora alba* (Cyperaceae)
Vorkommen: Sümpfe, Moore; fast ganz Europa.

stumpfblütige Binse   Sumpf-Segge   Wasser-Schwaden   Gemeines Schilf

Schwarzes Kopfried   Hirse-Segge   Rispen-Segge   Weißes Schnabelried

Blütenpflanzen

Breitblättriger Rohrkolben
Typha latifolia (Typhaceae)
Vorkommen: Zerstreut, vorwiegend im Flachland, am Rand der Verlandungszone stehender und langsam fließender Gewässer; ganz Europa.

Rohrkolben

Ästiger Igelkolben *Sparganium ramosum* (Sparganiaceae)
Vorkommen: An schlammigen Ufern stehender oder langsam fließender Gewässer; in ganz Europa.

Igelkolben

Wasserlobelie *Lobelia dortmanna* (Campanulaceae)
Vorkommen: In der Randzone klarer Gewässer; nur in Küstennähe des Atlantik und seiner Nebenmeere.

Wasser-Lobelie

Fieberklee

Fieberklee *Menyanthes trifoliata* (Menyanthaceae)
Vorkommen: In der Verlandungszone von Seen und Weihern; in ganz Europa. Im seichten Wasser stellenweise sehr häufig.

Froschlöffel *Alisma plantago-aquatica* (Alismataceae)
Vorkommen: Im seichten Wasser schlammiger Ufer und Gräben; in ganz Europa verbreitet.

Froschbiß *Hydrocharis morsus-ranae* (Hydrocharitaceae)
Vorkommen: Zerstreut, in Ufernähe stiller Weiher und Gräben; in ganz Europa. Schwimmpflanze.

Tannwedel *Hippuris vulgaris* (Hippuridaceae)
Vorkommen: Verbreitet in stehenden Gewässern; in ganz Europa. Bevorzugt kalkreiches Wasser.

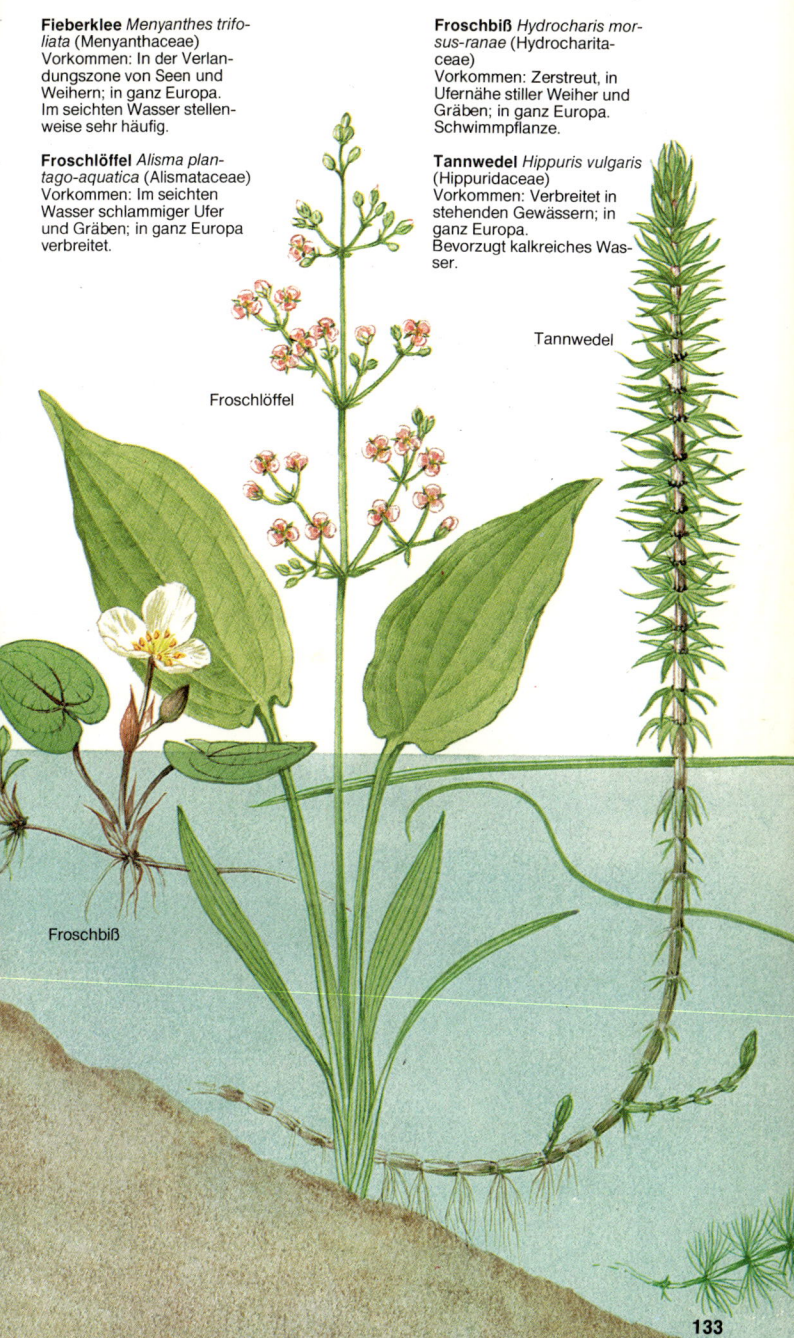

Froschlöffel

Tannwedel

Froschbiß

Blütenpflanzen

Krebsschere *Stratiotes aloides* (Hydrocharitaceae)
Vorkommen: Seltene Rosettenpflanze kalkreicher Weiher, im Sommer freischwimmend, im Winter im Schlamm wurzelnd; in ganz Mitteleuropa.
Vermehrung vegetativ, vielerorts gibt es nur Pflanzen eines Geschlechts.

Schmalblättriger Igelkolben *Sparganium angustifolium* (Sparganiaceae)
Vorkommen: Sehr selten; in Mitteleuropa nur lokal auftretend.

Rauhes Hornblatt *Ceratophyllum submersum* (Ceratophyllaceae)
Vorkommen: Recht häufig in stehenden Gewässern; in Europa weit verbreitet.

Krebsschere

Ähriges
Tausendblatt

Schmalblättriger
Igelkolben

Rauhes Hornblatt

Ähriges Tausendblatt *Myriophyllum spicatum* (Haloragaceae)
Vorkommen: Verbreitet in Seen und Weihern; ganz Europa.
Unterwasserpflanze mit in Quirlen stehenden Blättern.

Pfeilkraut *Sagittaria sagittifolia* (Alismataceae)
Vorkommen: Zerstreut, im Seichtwasser stehender und langsam fließender Gewässer; in ganz Europa.
Bevorzugt schlammigen Untergrund.

Weiße Seerose *Nymphaea alba* (Nymphaeaceae)
Vorkommen: In Seen und Weihern mit schlammigem Boden; in ganz Europa.
Größe variabel.

Pfeilkraut

Weiße Seerose

Blütenpflanzen

Gelbe Teichrose *Nuphar luteum* (Nymphaeaceae)
Vorkommen: Häufig in Seen, Weihern und sehr langsam fließenden Gewässern mit schlammigem Boden; in ganz Europa.

Übersehener Wasserschlauch *Utricularia neglecta* (Lentibulariaceae)
Vorkommen: Selten in nährstoffreichen Weihern und Gräben; in ganz Europa. Fleischfressende Pflanze.

Schwimmendes Laichkraut *Potamogeton natans* (Potamogetonaceae)
Vorkommen: Häufig in Weihern, Wassergräben und flachen, langsam fließenden Gewässern; in ganz Europa.

Übersehener Wasserschlauch

Gelbe Teichrose

Schwimmendes Laichkraut

Kanadische Wasserpest
Elodea canadensis (Hydrocharitaceae)
Vorkommen: In langsam fließenden, klaren Gewässern, häufig; in Europa eingebürgert, stammt aus Nordamerika.
Vermehrt sich nur vegetativ. Blüten selten, in Mitteleuropa treten nur weibliche auf.

Wasser-Knöterich *Polygonum amphibium* (Polygonaceae)
Vorkommen: In stehenden und langsam fließenden Gewässern; in ganz Europa. Langgestielte Schwimmblätter, Blüte rosarot, Landform auf nassen Wiesen mit kurzstieligen, behaarten Blättern.

Kleine Wasserlinse *Lemna minor* (Lemnaceae)
Vorkommen: Häufig in stehenden, nährstoffreichen Gewässern, oft grüne Teppiche bildend; in ganz Europa.

Flutender Hahnenfuß *Ranunculus fluitans* (Ranunculaceae)
Vorkommen: In Flüssen und Bächen Süd- und Mitteleuropas.
Untergetaucht flutende, lange Stengel mit zerteilten Blättern, Blüten auffällig.

Strandling *Litorella uniflora* (Plantaginaceae)
Vorkommen: Am Ufer nährstoffarmer Gewässer, kalkliebend, im seichten Wasser Teppiche bildend; im nördlichen Europa zerstreut, weiter südlich sehr selten.

Kleine Wasserlinse

Strandling

Wasser-Knöterich

Flutender
Hahnenfuß

Kanadische Wasserpest

137

Bäume

Es gibt in Europa über 400 verschiedene Baumarten, von denen 190 einheimisch sind. Die anderen wurden vor Jahrhunderten schon aus fremden Ländern eingeführt und als Forst- oder Parkbäume kultiviert.

Bäume sind sehr wichtig, da sie einen bedeutenden und prägenden Teil der Landschaft ausmachen. Sie geben Vögeln, Säugern und Insekten Nahrung; ihre modernden Überreste sind Zuflucht für zahllose Organismen und Nahrung für Pilze und andere Moderpflanzen; ihre Wurzeln halten die Erdkrume fest, und die Baumkronen brechen den Wind und schützen den Boden.

Nadelbäume

Die Nadelhölzer (Koniferen) gehören zu den Nacktsamern (Gymnospermen), einer erdgeschichtlich sehr alten Pflanzengruppe.

Bei den Nacktsamern ist die Samenanlage nicht in einem Fruchtknoten eingeschlossen, sondern die Samen liegen mehr oder weniger offen auf der Oberfläche der holzigen Schuppen, die den weiblichen Zapfen aufbauen.

Die Blätter der Nadelbäume sind häufig mehrjährig, derb und nadel- oder schuppenförmig. Ihr Holz ist vergleichsweise weich (Weichhölzer). Nadelhölzer wachsen im allgemeinen ra-

Bäume sind die stattlichsten und eindrucksvollsten lebenden Komponenten einer Landschaft. Darüber hinaus sind sie der dreidimensionale Lebensraum für Hunderte von Tieren.

scher als Laubhölzer und gedeihen auch noch auf ärmeren Böden. Somit wurden sie oft zur Aufforstung weiter Landstriche in den Mittelgebirgen und an solchen Stellen verwendet, an denen keine Aussicht auf wirtschaftliche Verwertung durch die herkömmliche Landwirtschaft zu erhoffen war. Nadelhölzer können außerdem Kälte und Trockenheit eher ertragen als Laubhölzer, weshalb sie höher in den Bergen, weiter in nördlichen Breiten und an trockneren Standorten überall in Europa angetroffen werden.

Laubbäume

Die Laubhölzer gehören zu den Bedecktsamern (Angiospermen), bei denen die Samenanlagen stets in einem Fruchtknoten eingeschlossen sind. Die Samen sind fast immer mit Nährmaterial versorgt und werden volkstümlich als Nüsse bezeichnet. Einige Samen besitzen flügelähnliche Anhänge, mit deren Hilfe sie durch den Wind weit verbreitet werden.

Laubbäume besitzen sehr verschieden geformte Blätter, die jeweils artspezifisch sind. Das typische Blatt besteht aus einem Blattstiel und der Blattfläche oder -spreite. Die Blätter der Laubbäume sind im allgemeinen zart und dünn und werden im Winter abgeworfen. Das Holz ist kompakt und sehr fest, weshalb die Laubhölzer auch als Harthölzer bezeichnet werden.

Bäume bestimmt man nach der Wuchsform, den Blättern, der Rinde, den Samen oder Früchten. (Weiterführende Literatur: „AICHELE/SCHWEGLER, Welcher Baum ist das?" – „PHILLIPS, Das Kosmosbuch der Bäume" – „HUMPHRIES/PRESS/SUTTON, Der Kosmos-Baumführer" – alle aus dem Kosmos-Verlag, Stuttgart.)

Ein Eichenbaum beginnt zu wachsen. In einem Jahr produziert ein erwachsener Baum Tausende solcher Eicheln – und das 200–300 Jahre lang. Und in dieser Zeit wird nur ein Nachkomme die volle Größe erreichen.

Gemeiner Wacholder *Juniperus communis* (Cupressaceae)
Vorkommen: Heiden, Trockenhänge auf Kalkböden; in ganz Europa verbreitet. Variabler Strauch. Beeren eßbar.

Gemeine Eibe *Taxus baccata* (Taxaceae)
Vorkommen: Wildwachsende Exemplare sehr selten und geschützt, häufig in Gärten angepflanzt; in ganz Europa. Außer dem roten Samenmantel sind alle Pflanzenteile sehr giftig!

Riesen-Lebensbaum *Thuja plicata* (Cupressaceae)
Vorkommen: In Gärten und Parks; in ganz Europa, heimisch im westlichen Nordamerika.

Riesen-Tanne *Abies grandis* (Pinaceae)
Vorkommen: Zierbaum in europäischen Parks, in England auch forstlich kultiviert, Heimat ist das westliche Nordamerika.

Gemeine Fichte *Picea alba*
(Pinaceae)
Vorkommen: In ganz Europa
weit verbreitet, durch die
Forstwirtschaft stark geför-
dert.
Bekanntester Nadelbaum,
Bedeutung in der Holzwirt-
schaft und als „Christbaum".

Libanon-Zeder *Cedrus libani*
(Pinaceae)
Vorkommen: Häufig ange-
pflanzter Zierbaum; in ganz
Europa, vor allem in Gegen-
den mit milden Wintern. Ur-
sprünglich nur im Libanon,
Syrien und der Türkei.
Toleriert arme und flachgrün-
dige Böden.

Sitka-Fichte *Picea sitchensis*
(Pinaceae)
Vorkommen: In Aufforstun-
gen und in Parks; in ganz Eu-
ropa, Heimat Nordamerika.
Wächst auf ärmsten Böden.

Europäische Lärche *Larix
decidua* (Pinaceae)
Vorkommen: Häufig als Forstbaum angepflanzt, ursprünglich nur in den Alpen, Karpaten und der Tatra.
Laubabwerfender Nadel-
baum, der sich im Herbst gelb
verfärbt.

Gemeine Wald-Kiefer *Pinus sylvestris* (Pinaceae)
Vorkommen: Einheimischer Nadelbaum, in ganz Europa verbreitet; von Schottland bis nach Nordasien und von Spanien bis Finnland.
Bildet auf Sandböden ausgedehnte Kiefernwälder, sehr formenreich mit ca. 150 Varietäten.

Douglasie *Pseudotsuga menziesii* (Pinaceae)
Vorkommen: In Parks; in ganz Europa, stammt aus Nordamerika.
Zapfen mit lang heraushängenden dreizipfligen Deckschuppen.

Strand-Kiefer *Pinus maritima* (*pinaster*) (Pinaceae)
Vorkommen: Auf sauren Sandböden und Dünen; westliche Mittelmeerküsten und portugiesische und französische Atlantikküste, in S-England forstlich angebaut.

Dreh-Kiefer *Pinus contorta* (Pinaceae)
Vorkommen: Auf Torfböden und an exponierten Stellen; nordamerikanische Art, gelegentlich in Mittel- und Westeuropa angepflanzt, auf den Britischen Inseln wichtiger Forstbaum.

Bruchweide *Salix fragilis*
(Salicaceae)
Vorkommen: An Flußufern
weit verbreitet; ganz Europa.
Wächst auch auf armen Böden.

Silber-Pappel *Populus alba*
(Salicaceae)
Vorkommen: Häufig angepflanzt an feuchten, sandigen
Standorten, auch an der Küste; in ganz Europa.
Blattunterseite weißfilzig.

Grau-Weide *Salix cinerea*
(Salicaceae)
Vorkommen: Weidensümpfe,
Marschen, feuchte Wälder; in
ganz Europa, in Süd-Europa
selten.
Variable Art, busch- oder
baumförmig.

Zitter-Pappel, Espe *Populus
tremula* (Salicaceae)
Vorkommen: In verschiedenen Laubwäldern auf armen
Böden weit verbreitet; häufigste europäische Pappelart.

Bäume

Gagelstrauch *Myrica gale*
(Myricaceae)
Vorkommen: Heidemoore,
vor allem in Nordwesteuropa.
Selten, in der Bundesrepublik
unter Naturschutz.

Schwarzpappel *Populus
nigra* (Salicaceae)
Vorkommen: Flußufer, Fluß-
täler in Europa, in verschiedenen Varietäten auftretend
und überall angepflanzt.
Die Var. *betulifera* treibt früher aus und hat kleinere Blätter als die Normalform.

Echte Walnuß *Juglans regia*
(Juglandaceae)
Vorkommen: Gärten, An-
pflanzungen; ganz Europa,
z. T. verwildert, ursprünglich
nur im Balkan.
Liefert Nüsse und Nußbaum-
holz.

Pyramiden-Pappel *Populus
nigra* var. *italica* (Salicaceae)
Vorkommen: Alleebaum; in
ganz Europa angebaut.
Nur männliche Exemplare
sind in Kultur.

Moor-Birke *Betula pubescens* (Betulaceae)
Vorkommen: Feuchte Heidelandschaften, auf armen Böden und in ungünstigen Mittelgebirgslagen.
Formenreiche Art, die Nässe und Kälte toleriert.

Hänge-Birke *Betula pendula* (Betulaceae)
Vorkommen: Heiden, Moore, Gehölze, Waldränder, Gärten; weitverbreitet in Mittel- und Nordeuropa.
Toleriert trockene Standorte, selten auf Kalkböden.

Schwarz-Erle *Alnus glutinosa* (Betulaceae)
Vorkommen: Bruchwälder, Auwälder, Ufer; in ganz Europa.

Gemeine Hasel *Corylus avellana* (Betulaceae)
Vorkommen: Waldränder, Gehölze, oft als Hecke gepflanzt; in ganz Europa häufig.

Bäume

Hainbuche *Carpinus betulus* (Betulaceae)
Vorkommen: Laubwälder, wichtiger Waldbaum, oft als Hecke gepflanzt; ganz Europa.

Rot-Buche *Fagus sylvatica* (Fagaceae)
Vorkommen: Laubwälder, bedeutender europäischer Waldbaum, vielfach angebaut; ganz Europa.

Eß-Kastanie *Castanea sativa* (Fagaceae)
Vorkommen: Laubwälder und Parks; ursprünglich nur in Südeuropa, in Mittel- und Nordeuropa gelegentlich eingeführt.

Trauben-Eiche *Quercus petraea* (Fagaceae)
Vorkommen: Laubwälder, Parks und Gartenanlagen; weit verbreitet in Europa. Wichtiger Waldbaum auf leichten, sandigen, auch sauren Böden.

Trauben-Eiche

Stieleiche

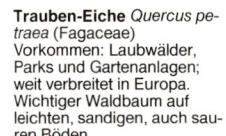

Stieleiche *Quercus robur* (Fagaceae)
Vorkommen: Wälder, bedeutender Waldbaum; überall in Europa.

Stein-Eiche *Quercus ilex* (Fagaceae)
Vorkommen: Im westlichen Mittelmeergebiet, in Südengland häufig angepflanzt. Immergrüne, sehr formvariable Blätter.

Zerr-Eiche *Quercus cerris* (Fagaceae)
Vorkommen: In Südosteuropa beheimatet, in Mitteleuropa in botanischen Gärten angepflanzt, in Südengland häufiger Parkbaum.

Englische Ulme *Ulmus procera* (Ulmaceae)
Vorkommen: Heimisch auf den Britischen Inseln, in anderen Teilen Europas gelegentlich angepflanzt.

Berg-Ulme *Ulmus glabra* (Ulmaceae)
Vorkommen: Laubwälder, Waldbaum auf besseren Böden, häufig angepflanzt, Alleen, Kirchhöfe und Parks; in ganz Europa.

Gemeine Platane *Platanus × hispanica = Platanus hybrida* (Platanaceae)
Vorkommen: Häufiger Park- und Alleenbaum, kommt nicht wild vor, möglicherweise ein Bastard aus der morgenländischen und westlichen Platane.

Holz-Apfel *Malus sylvestris* (Rosaceae)
Vorkommen: Zerstreut an Waldrändern und Trockengehölzen, häufig in den Gebirgen Südeuropas.
Früchte hart und sauer.
Stammform des Kulturapfels.

Eberesche *Sorbus aucuparia* (Rosaceae)
Vorkommen: Lichte Wälder, Heiden, felsige Abhänge, auch in Berglagen; ganz Europa.
Oft als Zier- und Straßenbaum gepflanzt.

Elsbeere *Sorbus torminalis* (Rosaceae)
Vorkommen: Zerstreut in weiten Teilen Europas verbreitet, fehlt im Norden, bevorzugt warme, sandige Standorte.
Die Beeren fanden früher als Heilmittel Verwendung.

Bäume

Mehlbeere *Sorbus aria* (Rosaceae)
Vorkommen: Verbreitet in Wäldern, felsigen Triften, Gehölzen; ganz Europa, im Süden auch im Gebirge. Bevorzugt Kalkböden.
Die **Schwedische Mehlbeere** *Sorbus intermedia* ist ähnlich und wird häufig als Zierbaum gepflanzt.

Vogelkirsche *Prunus avium* (Rosaceae)
Vorkommen: Wälder, Gehölze, Hecken; fast ganz Europa, fehlt im Norden.
Stammart der kultivierten Süßkirschen.

Eingriffeliger Weißdorn *Crataegus monogyna* (Rosaceae)
Vorkommen: Dickichte, Waldränder, als Feld- und Wegbegrenzung angepflanzt; weit verbreitet in ganz Europa.
Bildet mit anderen *Crataegus*-Arten Hybriden.

Schlehe, Schwarzdorn *Prunus spinosa* (Rosaceae)
Vorkommen: Feldgehölze, Waldränder; überall in Europa.
Meidet schattige Standorte.

Gewöhnliche Traubenkir-sche *Prunus padus* (Rosaceae)
Vorkommen: Auwälder, Flußauen, Ufer; in ganz Europa.

Feld-Ahorn *Acer campestre* (Aceraceae)
Vorkommen: Waldbaum, weit verbreitet; Nord- und Mitteleuropa.
Gelegentlich als Parkbaum gepflanzt.

Berg-Ahorn *Acer pseudoplatanus* (Aceraceae)
Vorkommen: Wichtiger europäischer Waldbaum, häufig als Park- und Straßenbaum angepflanzt; überall in Europa.
Der **Spitzahorn** *Acer platanoides* ist ebenfalls in Wäldern und Anpflanzungen weit verbreitet.

Gemeine Roßkastanie *Aesculus hippocastanum* (Hippocastanaceae)
Vorkommen: Ursprünglich nur in den Bergwäldern des Balkan, schon seit langem als Park-, Zier- und Alleenbaum angepflanzt, vielfach auch eingebürgert, nicht in Nordeuropa.

Europäisches Pfaffenhütchen *Euonymus europaea* (Celastraceae)
Vorkommen: Waldränder, Gebüsche, Hecken, Mittel- und Westeuropa.
Früchte giftig!

Immergrüner Buchsbaum *Buxus sempervirens* (Buxaceae)
Vorkommen: Wildwachsend auf trockenen Hügeln nur im südwestlichen Europa, sehr häufig angepflanzt als Hecke in Gärten und Friedhöfen.

Stechpalme *Ilex aquifolium* (Aquifoliaceae)
Vorkommen: Als Unterholz in Rotbuchenwäldern in West- und Südwesteuropa weit verbreitet, als Ziergehölz häufig in Gärten und Parks.

Purgier-Kreuzdorn *Rhamnus catharticus* (Rhamnaceae)
Vorkommen: Waldränder, Gehölze, Hecken; fast ganz Europa außer im Mittelmeerraum.
Strauch oder kleiner Baum bis 10 m Höhe.

Faulbaum *Frangula alnus* (Rhamnaceae)
Vorkommen: Moorwälder, feuchte Heiden, Wälder auf sauren Böden; in fast ganz Europa, fehlt im Norden und im Mittelmeergebiet.

Winterlinde *Tilia cordata* (Tiliaceae)
Vorkommen: Wichtiger Waldbaum in Mitteleuropa, fehlt im hohen Norden, häufig als Straßenbaum angepflanzt.
Die **Sommerlinde** *Tilia platyphyllos* wird etwas höher und hat unterseits behaarte Blätter. Sie ist ein wichtiger Waldbaum Mittel- und Osteuropas.

Bäume

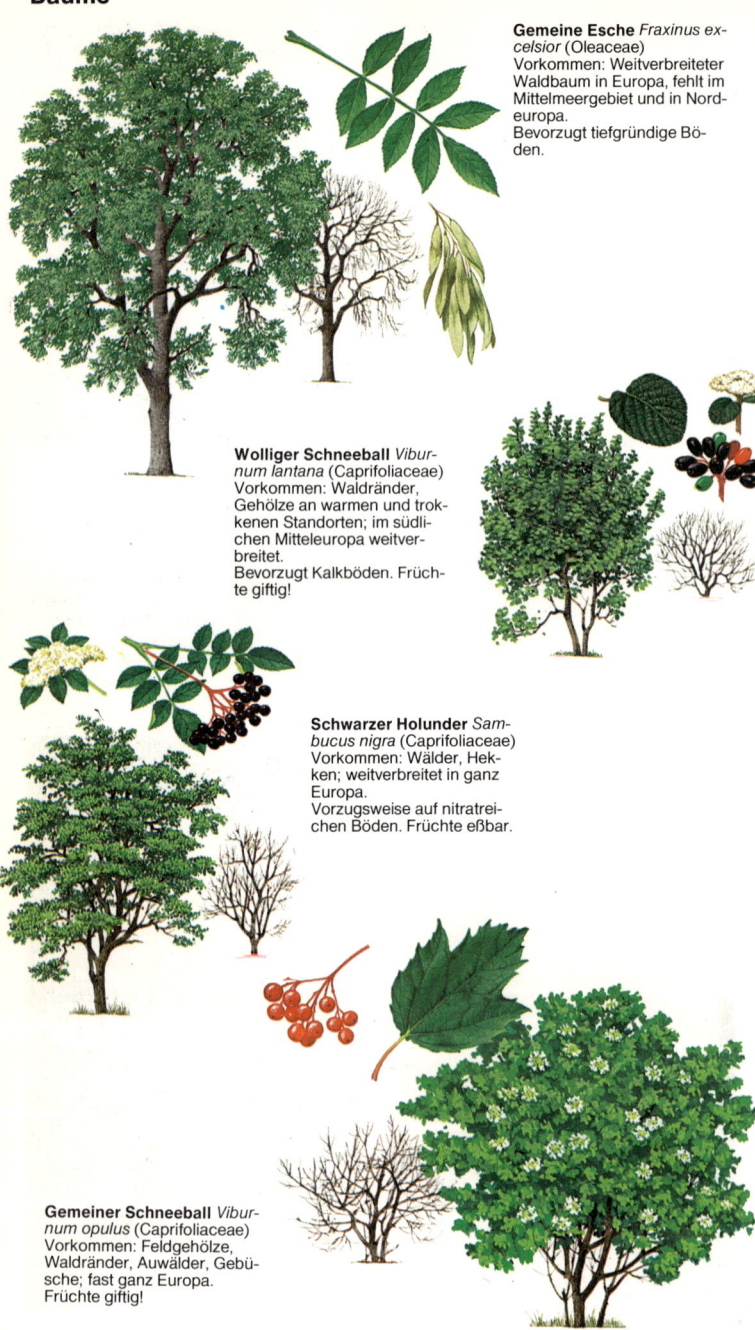

Gemeine Esche *Fraxinus excelsior* (Oleaceae)
Vorkommen: Weitverbreiteter Waldbaum in Europa, fehlt im Mittelmeergebiet und in Nordeuropa.
Bevorzugt tiefgründige Böden.

Wolliger Schneeball *Viburnum lantana* (Caprifoliaceae)
Vorkommen: Waldränder, Gehölze an warmen und trockenen Standorten; im südlichen Mitteleuropa weitverbreitet.
Bevorzugt Kalkböden. Früchte giftig!

Schwarzer Holunder *Sambucus nigra* (Caprifoliaceae)
Vorkommen: Wälder, Hekken; weitverbreitet in ganz Europa.
Vorzugsweise auf nitratreichen Böden. Früchte eßbar.

Gemeiner Schneeball *Viburnum opulus* (Caprifoliaceae)
Vorkommen: Feldgehölze, Waldränder, Auwälder, Gebüsche; fast ganz Europa.
Früchte giftig!

Wirbellose Meerestiere

Die Küsten Europas werden von Tausenden von wirbellosen Meerestieren besiedelt, von denen wir die meisten jedoch nicht ohne weiteres zu Gesicht bekommen.

Zu den wirbellosen Meerestieren gehören:

Schnecken (Gastropoda). Diese Tiere stellen die umfangreichste Gruppe der Weichtiere dar. Sie besitzen einen wohlentwickelten Kopf, einen breiten, sohligen Fuß und normalerweise ein gewundenes Gehäuse. Sie leben auf Felsen, Hafenmolen oder anderen festen Unterlagen und sind an Felsenküsten weit verbreitet.

Muscheln (Bivalvia). Auch diese Gruppe von wirbellosen Meerestieren gehört zu den Weichtieren. Sie besitzen einen seitlich zusammengedrückten, meist symmetrischen Körper, einen fast völlig zurückgebildeten Kopf und eine zweiklappige Schale und kommen normalerweise in Schlick oder Sand grabend vor, sind also an Sandküsten weit verbreitet.

Krebse (Crustaceae). Krebse sind mikroskopisch kleine bis sehr große Gliederfüßer, die im Wasser leben. Ihr Körper gliedert sich in 3 Abschnitte: Kopf, Brust und Hinterleib. Sie besitzen ein Außenskelett, das durch Kalkeinlagerungen oft zu einem harten Panzer wird. Man kann sie in zwei Gruppen einteilen, die Niederen Krebse und die Höheren Krebse.

Würmer (Annelida). Diese Tiergruppe gliedert sich in die Vielborster (Polychaeta), die Wenigborster (Oligochaeta) und die Blutegel (Hirudinea). Im Meer kommen vor allem die Vertreter der Vielborster in großer Zahl vor. Grob kann man diese Tiergruppe einteilen in freilebende, räuberische und grabende oder röhrenbewohnende Würmer. Zur Bestimmung dienen das Vorhandensein oder Fehlen von Röhren, Bau und Form der Röhren, Verlauf

Hier hat sich ein Einsiedlerkrebs das Gehäuse einer Wellhornschnecke angeeignet – einige Seeanemonen haben sich ihm angeschlossen, um jeden Nahrungsbrocken, den der Krebs verlieren sollte, auszunutzen.

Quallen sind relativ einfach organisierte Nesseltiere, bei denen meist ein Generationswechsel zwischen einer ungeschlechtlichen, festsitzenden Polypengeneration und einer geschlechtlichen, freischwimmenden Medusengeneration stattfindet.

und Form der gegrabenen Gänge und Form des Kopfes sowie Anordnung der Kopfanhänge.

Stachelhäuter (Echinodermata). Zu den Stachelhäutern gehören die Federsterne (Crinoidea), die Seesterne (Asteroidea), die Schlangensterne (Ophiuroidea), die Seeigel (Echinoidea) und die Seegurken (Holothuroidea). Alle besitzen sie kennzeichnende Saugfüßchen (Ambulacralfüßchen), zarte, weichhäutige Gebilde, die mit einer Saugscheibe enden, sowie eine 5strahlige Symmetrie. Bei den Seesternen entspringen die Saugfüßchen in großer Zahl auf der Körperunterseite, bei den Seeigeln treten sie durch Löcher des Gehäuses zwischen den Stacheln hervor. Seegurken haben diese Füßchen in der Mundregion und in Reihen entlang ihres wurstförmigen Körpers.

Die Mehrzahl der bisher vorgestellten Tiere besitzt eine Schale oder feste Körpergestalt. Viele Meerestiere sind jedoch weich und nacktschneckenartig. Sie sehen äußerlich recht ähnlich aus, obwohl sie sehr verschiedenen systematischen Gruppen angehören. Diese Verschiedenartigkeit zeigt sich bei der Untersuchung ihres inneren Baus.

Seeanemonen (Actiniaria). Die Seeanemonen gehören zu den Blumen- oder Korallentieren (Anthozoa), einfach gebauten Nesseltieren mit sackförmigem Körper. Dieser „Sack" besitzt oben eine Mundöffnung, die von kräftigen, unverzweigten, oft prächtig gefärbten Tentakeln umstanden wird. Die Basis des Körpers ist zu einer zähen, festhaftenden, saugnapfartigen Fußscheibe abgewandelt. Seeanemonen sind ortsfest.

Meeresnacktschnecken (Nudibranchia). Meeresnacktschnecken sind oft leuchtend bunt gefärbte Hinterkiemer (Opisthobranchia) ohne Gehäuse. Sie besitzen oft federartige Tentakel oder farbenprächtige Rückenanhänge, die zur Bestimmung wichtig sind.

Seescheiden (Ascidiaceae). Diese Tiergruppe gehört zu den Manteltieren, die mit ihrem schlauch- oder sackförmigen Körper im erwachsenen Zustand auf der Unterlage festgewachsen sind. Sie sind entweder einzellebend oder koloniebildend.

Zum Bestimmen von Meerestieren gibt es eine ganze Reihe von Büchern, u. a. „CAMPBELL, Der Kosmos-Strandführer", und „CAMPBELL, Was lebt im Mittelmeer?", „STREBLE, Was finde ich am Strande?", alle Kosmos-Verlag, Stuttgart.

Seesterne kommen häufig in der Gezeitenzone der europäischen Küsten vor. An den Strand gespült, erscheinen sie gänzlich unbeweglich, doch mit ihren Saugfüßchen an der Körperunterseite können sie im Wasser gut laufen.

Wirbellose Meerestiere

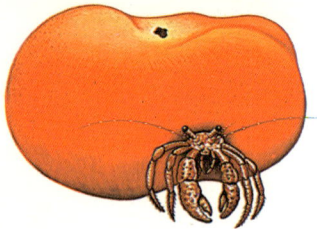

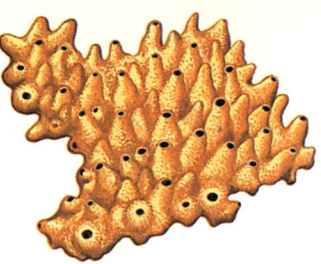

Korkschwamm *Suberites domuncula*
Vorkommen: Vom Seichtwasser bis in 200 m Tiefe, häufig auf den von Einsiedlerkrebsen bewohnten Schneckengehäusen, an allen europäischen Küsten.

Blutschwamm *Hymeniacidon sanguinea*
Vorkommen: Auf Felsen im Eulitoral, Nordsee, Ärmelkanal, Atlantik.
Farbe und Gestalt sehr veränderlich (50 cm).

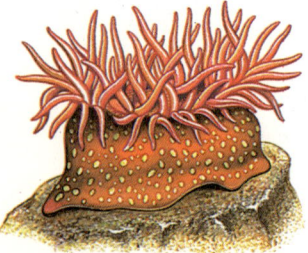

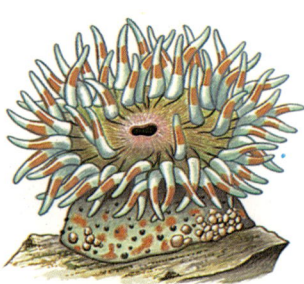

Pferdeaktinie *Actinia equina*
Vorkommen: Auf Felsen oder in Felsspalten vom Eulitoral bis in 8 m Tiefe, Nordsee und Atlantik.
Etwa 200 dichtstehende, rückziehbare Tentakel, 24 blaue Flecken am Rand der Mundscheibe, Farbe variabel.

Seedahlia *Tealia felina*
Vorkommen: Auf Hartböden, oftmals in Spalten. Nordsee, westliche Ostsee, Atlantik.
Bevorzugt Schatten, Färbung variabel.

Brotschwamm *Halichondria panicea*
Vorkommen: Auf Steinen, Tangen und Muschelschalen, vom Eulitoral bis in größere Tiefen; Nordsee, westliche Ostsee, Atlantik, Mittelmeer.
Die Farbe variiert von grau bis grün oder braun; bildet ausgedehnte Krusten.

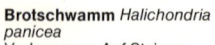

Zypressenmoos *Sertularia cupressina*
Vorkommen: Auf Steinen, Schalen und manchmal auf Krabben im flachen und tieferen Wasser. Atlantik, Nordsee, westliche Ostsee.
Große, verzweigte Stöckchen bildend, weiß oder rosa.

Portugiesische Galeere
Physalia physalis
Vorkommen: Pelagisch an
der Meeresoberfläche; im Atlantik, gelegentlich an die Küste gespült.
Schirm 30 cm breit. Man ver-
meide jede Berührung mit
den gefährlichen Nesselzellen.

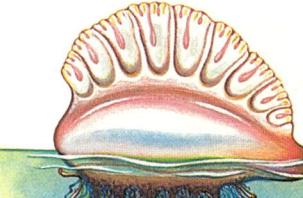

Kompaßqualle *Chrysaora
hysoscella*
Vorkommen: Pelagisch; At-
lantik, Ärmelkanal und Nordsee.
Schirm 30 cm breit, tellerför-
mig mit 24 Tentakeln und 4
kräftigen Mundarmen.

Ohrenqualle *Aurelia aurita*
Vorkommen: Pelagisch; At-
lantik, Ärmelkanal, Nordsee.
Schirm 25 cm breit. Die ge-
kräuselten Mundarme sind
länger als die zahlreichen
Tentakeln.

Wachsrose *Anemone sulcata*
Vorkommen: Auf Felsen, gelegentlich auf Tangen, im Sublitoral bis etwa 23 m Tiefe; Atlantikküsten.
10 cm hoch. Bevorzugt hellen Standort.

Seenelke *Metridium senile*
Vorkommen: Auf Felsen, Wracks und Hafenmolen von 0,5–3 m; Atlantik, Ärmelkanal und Nordsee.

8 cm hoch. Die dichtstehenden Tentakeln bewirken ein federbuschförmiges Aussehen.

Tote Mannshand *Alcyonium digitatum*
Vorkommen: Auf Fels und Steinen des Sublitorals bis 100 m Tiefe; Atlantik, Ärmelkanal und Nordsee.
20 cm hoch. Die Farbe variiert von weiß über gelb bis orange oder rosa.

Schmarotzerrose *Calliactis parasitica*
Vorkommen: Auf schlammigen Böden von 3–100 m Tiefe; Atlantik nördlich bis Westirland, Ärmelkanal.
3 cm hoch. Die Seerose ist kein Schmarotzer, sondern ein Kommensale des Einsiedlerkrebses, auf dessen Schneckengehäuse sie sitzt.

Seemaus *Aphrodite aculeata*
Vorkommen: Auf Weichböden im Seichtwasser; Atlantik, Ärmelkanal, Nordsee, westliche Ostsee.
10–20 cm lang, mit auffälligen goldbraunen, irisierenden Borsten.

Gefranster Schuppenwurm *Harmothoë impar*
Vorkommen: Unter Steinen, Felsen und Algen im Sublitoral und im Flachwasser; Atlantik, Ärmelkanal, Nordsee, westliche Ostsee.
2,5 cm lang; Elytren braungrün mit gelbem Mittelfleck.

Seeringelwurm *Nereis diversicolor*
Vorkommen: Im Sand grabend, vom Eulitoral bis ins Flachwasser; Atlantik, Nordsee, westliche Ostsee.
12 cm lang. Deutlich sichtbares Rückengefäß.

Grüner Blattwurm *Eulalia viridis*
Vorkommen: In Felsspalten des Sublitorals und im Flachwasser; Atlantik, Nordsee, westliche Ostsee.
5–15 cm lang. Grasgrün gefärbt, befestigt seine grünen Eipakete an Steinen.

König-Seeringelwurm
Nereis virens
Vorkommen: Im Sublitoral und Flachwasser; Westatlantik, Nord- und Ostsee.
20–40 cm lang.

Pergamentwurm *Chaetopterus variopedatus*
Vorkommen: In pergamentartigen, U-förmigen Röhren, die im Sand oder Schlamm vergraben sind; Atlantik und Nordsee.
Wurm 25 cm lang, Röhre 40 cm.

Blindwurm *Nephtys caeca*
Vorkommen: Im Sand grabend, vom Eulitoral abwärts; Atlantik, Ärmelkanal, Nordsee, westliche Ostsee.
25 cm lang. Farbe variabel.

161

Sandwurm *Arenicola marina*
Vorkommen: Im Sand grabend, vom Eulitoral abwärts; Nordsee und westliche Ostsee sowie Atlantik.
20 cm lang.

Muschelsammlerin *Lanice conchilega*
Vorkommen: In einer Röhre aus Sandkörnern mit baumartig verzweigtem Vorderende, von der Gezeitenlinie abwärts; Nordsee und Atlantik.
30 cm lang.

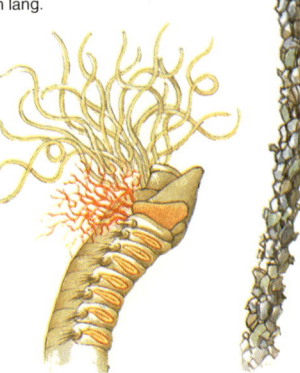

Kleiner Kalkröhrenwurm
Serpula vermicularis
Vorkommen: In freistehenden Röhren, die an Steinen und leeren Schalen befestigt sind, im Sublitoral und Seichtwasser; Atlantik und Nordsee.
7 cm lang.

Dreikantwurm *Pomatoceros triqueter*
Vorkommen: In gewundenen Röhren auf Steinen und leeren Schalen, im Sublitoral und Seichtwasser; Atlantik, Nordsee.
2,5 cm lang.

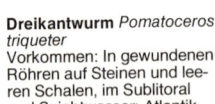

Posthörnchenwurm *Spirorbis borealis*
Vorkommen: In typischen zusammengerollten Röhren auf Tangen und Felsen, Eu- und Sublitoral; Nordsee und Atlantik.
35 mm lang.

Assel-Käferschnecke *Lepidopleurus asellus*
Vorkommen: Auf leeren Schalen und Felsen vom Sublitoral bis in 150 m Tiefe; Nordsee und Atlantik.
2 cm lang.

Lochnapfschnecke *Diodora apertura*
Vorkommen: Auf Felsen vom Sublitoral bis 20 m tief; europäische Küsten.
125 mm lang.

Gewöhnliche Napfschnekke *Patella vulgata*
Vorkommen: Eu- und Supralitoral, exponiert; verbreitet in Nordsee und Atlantik.
7 cm lang.

Durchscheinende Häubchenschnecke *Patina pellucida*
Vorkommen: Gewöhnlich auf den Thalli und Haftscheiben von Laminarien, Sublitoral; Atlantik, Nordsee.
1,5 cm lang.

Purpurkreiselschnecke *Gibbula umbilicalis*
Vorkommen: Auf Felsen der Gezeitenzone und oberem Sublitoral; nur im Atlantik und im Ärmelkanal.
125 mm hoch.

Graue Kreiselschnecke *Gibbula cineraria*
Vorkommen: Unter Steinen und auf Tangen vom Sublitoral bis in etwa 20 m Tiefe; Atlantik, Nordsee.
125 mm hoch.

Gestrichelte Buckelschnekke *Monodonta lineata*
Vorkommen: Auf Felsen des Eulitorals; Atlantik, westlicher Ärmelkanal, an der englischen Atlantikküste.
2,5 cm hoch.

Flache Strandschnecke *Littorina littoralis*
Vorkommen: Auf Tangen der Gezeitenzone; Atlantik, Nordsee, westliche Ostsee.
1 cm hoch.

Rauhe Strandschnecke *Littorina saxatilis*
Vorkommen: In Spalten und Felsklüften der Gezeitenzone; Atlantik, Nordsee, westliche Ostsee.
8 mm hoch.

Wirbellose Meerestiere

Kleine Strandschnecke *Littorina neritoides*
Vorkommen: Häufig in Felsspalten des Supralitorals; Atlantik, Nordsee.
5 mm hoch.

Wattschnecke *Hydrobia ulvae*
Vorkommen: Im Schlamm, in Ästuarien, im Brackwasser, in der Gezeitenzone; Atlantik, Nordsee, Ostsee.
6 mm hoch.

Pelikanfuß *Aporrhais pespelecani*
Vorkommen: Gräbt im Schlamm, Sand und Kies, vom Sublitoral bis in 80 m Tiefe.
3,5 cm hoch.

Veilchenschnecke *Janthina exigua*
Vorkommen: Pelagische Form des Atlantik, die Schalen können nach heftigen Weststürmen an der Küste angespült werden.
1,5 cm hoch.

Eßbare Strandschnecke *Littorina littorea*
Vorkommen: Auf Felsen, Steinen und Tangen; Atlantik, Nordsee, westliche Ostsee.
2,5 cm hoch.

Turmschnecke *Turritella communis*
Vorkommen: Teilweise eingegraben im Sand oder Schlamm bis in 80 m Tiefe.
4,5 cm hoch.

Pantoffelschnecke *Crepidula fornicata*
Vorkommen: Normalerweise an anderen Tieren derselben Art festgeheftet sowie an Muscheln; im Flachwasser; Atlantik, Nordsee.
2,5 cm breit.

Europäische Kauri *Trivia monacha*
Vorkommen: Zwischen Felsen im Sublitoral und Flachwasser; Atlantik, Nordsee.
1,2 cm lang.

Nordische Purpurschnecke
Nucella lapillus
Vorkommen: In der Gezeitenzone der Felsküsten, zwi-
schen Seepocken und in
Spalten; Atlantik, Nordsee.
3 cm hoch.

Stachelschnecke *Ocenebra
erinacea*
Vorkommen: Auf ver-
schlammten Grobsanden,
Sanden und Felsen des Sublitorals bis in 100 m Tiefe.
6 cm hoch.

Seehase *Aplysia punctata*
Vorkommen: In Algenbeständen im Flachwasser, gele-
gentlich schwimmend; Atlantik, Ärmelkanal, Nordsee.
14 cm lang. Die Schale ist
vom Körper überwachsen.
Junge Tiere sind rötlich, älte-
re braungrün gefärbt. Bei
Störung kann das Tier eine
purpurrote Farbwolke aussto-
ßen.

Bäumchenschnecke *Den-
dronotus frondosus*
Vorkommen: Zwischen Fel-
sen und auf Sanden im
Flachwasser und bis 100 m
tief; Atlantik, Nordsee, westliche Ostsee.
Zahlreiche verzweigte An-
hänge auf dem Rücken.

Grüne Samtschnecke *Elysia
viridis*
Vorkommen: Auf Grünalgen,
von der Gezeitenzone ab-
wärts; Mittelmeer, Atlantik,
Nord- und Ostsee.
3 cm lang. Körper abgeflacht
und weich.

**Gemeine Wellhornschnek-
ke** *Buccinum undatum*
Vorkommen: Auf Sand und
Schlamm im Flachwasser; Atlantik, Nordsee, westliche
Ostsee.
8 cm hoch. Die leeren Ge-
häuse werden gerne von Einsiedlerkrebsen bewohnt.
Häufig werden schwammarti-
ge Eipakete angespült.

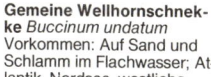

Graue Meeresnacktschnecke *Aeolidia papillosa*
Vorkommen: Unter Steinen und Pflanzen in der Gezeitenzone; Atlantik.
8 cm lang. Mit vielen Rückenanhängen, die in der Mitte gescheitelt sind.

Meermandel *Glycymeris glycymeris*
Vorkommen: Im Oberflächenbereich von Sedimentböden grabend; Mittelmeer, Atlantik, Ärmelkanal, Ostsee.
6,5 cm lang.

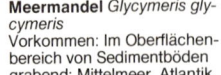

Miesmuschel *Mytilus edulis*
Vorkommen: Auf Steinen und Felsbänken in Ästuarien und in dichten Bänken vom Eulitoral abwärts.
1–10 cm lang. Durch ein Geflecht von kräftigen, hornartigen Byssusfäden am Untergrund festhaftend.

Europäische Auster *Ostrea edulis*
Vorkommen: An Steinen und Felsbänken festgewachsen, im Flachwasser bis in 80 m Tiefe; Atlantik, Nordsee, Mittelmeer.
10 cm lang.

Portugiesische Auster *Crassostrea angulata*
Vorkommen: Auf Felsen und Steinen der Küstenzone; Atlantik, Nordsee.
15 cm breit.

Jakobs-Pilgermuschel *Pecten maximus*
Vorkommen: Auf verschiedenen Weichböden, häufig im tieferen Wasser; Mittelmeer, Atlantik, Ärmelkanal.
15 cm breit.

Wirbellose Meerestiere

Stachelige Herzmuschel
Acanthocardia aculeata
Vorkommen: Im Sand, von
10 m Tiefe abwärts; vom Mittelmeer bis zur Nordsee.
10 cm breit.

Bunte Trogmuschel *Mactra
corallina*
Vorkommen: In Sand und
Grobsand grabend, vom Sublitoral bis in 100 m Tiefe; vom
Mittelmeer bis zur Nordsee.
5 cm breit.

Eßbare Herzmuschel *Cera-
stoderma edule*
Vorkommen: In Schlamm,
Sand und Grobsand grabend,
in Ästuarien und vom Sublitoral abwärts; an allen europäischen Küsten.
5 cm breit.

Dünne Plattmuschel *Tellina
tenuis*
Vorkommen: Im Sand gra-
bend, Eulitoral; europäische
Küsten.
2 cm breit.

Gebänderte Venusmuschel
Venus fasciata
Vorkommen: In Sand und
Grobsand grabend, zwischen
3 und 100 m Tiefe; europäische Küsten.
2,5 cm breit.

Baltische Tellmuschel
Macoma balthica
Vorkommen: In Sand und
Schlamm grabend, im seichten Brackwasser; an allen europäischen Küsten.
2,5 cm breit.

Große Pfeffermuschel *Scro-
bicularia plana*
Vorkommen: Zwischen den
Gezeitenmarken in Sand und
Schlamm grabend; alle europäischen Küsten.
6 cm breit.

Wirbellose Meerestiere

Schwertmuschel *Ensis ensis*
Vorkommen: Im seichten
Wasser, im Sand grabend;
europäische Küsten, nicht in
der Ostsee.
12,5 cm breit.

**Gefurchte Scheidenmu-
schel** *Solen marginatus*
Vorkommen: Im Seichtwas-
ser, im Sand grabend; Mittelmeer, Atlantik, Nordsee.
12,5 cm breit.

Klaffmuschel *Mya truncata*
Vorkommen: In Sand und
Schlamm grabend, bis 70 m
Tiefe; Atlantik, Nordsee.
7,5 cm breit.

Gewöhnliche Bohrmuschel
Pholas dactylus
Vorkommen: Bohrt sich in
weiches Gestein, Holz oder
verfestigten Grund ein, im
Sublitoral; Mittelmeer, Westatlantik, Ärmelkanal, Küsten
von Südwestengland.
15 cm breit.

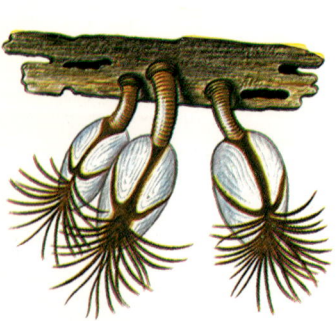

Entenmuschel *Lepas anati-
fera*
Vorkommen: An Schiffen und
Treibholz befestigt; europäische Küsten, nicht in der Ostsee.
Bis zu 20 cm langer Stiel.

Schiffsbohrwurm *Teredo
navalis*
Vorkommen: Bohrt in unter-
getauchten Holzbauten.
Die Schale ist reduziert, der
Mantel scheidet eine harte,
kalkige Röhre ab, die die
Bohrgänge auskleidet.
Röhre 20 cm lang.

Sepia *Sepia officinalis*
Vorkommen: Über Sandböden in Buchten und Astuarien; europäische Kusten, fehlt in der Ostsee.
Körper 30 cm lang, breit und etwas abgeflacht.

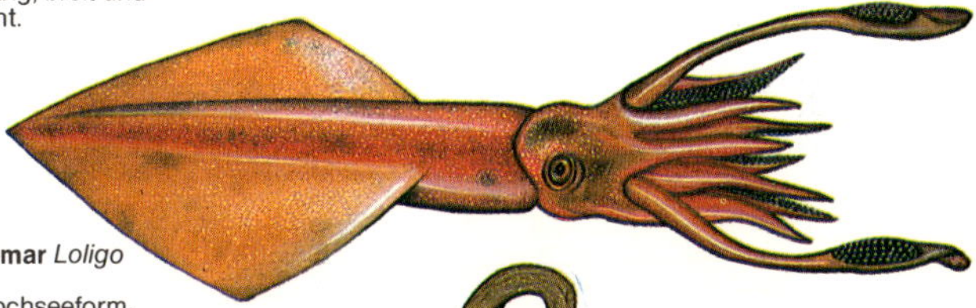

Nordischer Kalmar *Loligo forbesi*
Vorkommen: Hochseeform, selten in Küstennähe; Atlantik, Ärmelkanal, Nordsee, gelegentlich Ostsee.
Körper 60 cm lang, torpedoförmig mit paarigen Flossen.

Kleiner Octopus *Eledone cirrhosa*
Vorkommen: Zwischen Felsen und Steinen; Atlantik, Ärmelkanal, nördliche Nordsee; gelegentlich in sehr flachem Wasser.
Körper 50 cm lang, glatt oder warzig.

Gewöhnlicher Krake *Octopus vulgaris*
Vorkommen: Zwischen Felsen und Steinen, häufig hinter einem selbsterrichteten Steinwall; Küsten des Mittelmeers und des Atlantik nördlich bis zum Ärmelkanal.
Körper max. 1 m lang, sackförmig, mit 8 Fangarmen.

Atlantische Zwergsepia *Sepiola atlantica*
Vorkommen: Schwimmt über oder gräbt in Sandböden des Flachwassers; nur im Atlantik und Ärmelkanal.
Körper 5 cm lang, becherförmig.

Wirbellose Meerestiere

Gewöhnliche Seepocke *Semibalanus balanoides*
Vorkommen: Auf Steinen, in der Gezeitenzone; Atlantik, Ärmelkanal, Nordsee, westliche Ostsee. 1,5 cm hoch.

Parasitischer Wurzelkrebs *Sacculina carcini*
Vorkommen: Parasitisch auf dem eingeschlagenen Hinterleib von Strandkrabben; alle europäischen Küsten im Verbreitungsgebiet der Wirte. Völlig abweichendes Aussehen, bildet nämlich einen weichen, gelbbraunen Klumpen.

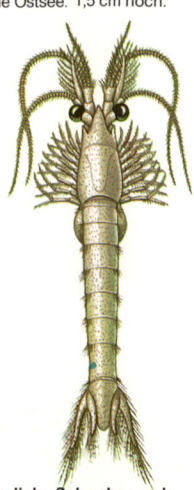

Zierliche Schwebgarnele *Leptomysis gracilis*
Vorkommen: In Gezeitentümpeln und im Flachwasser; alle europäischen Küsten. 1,3 cm lang, durchsichtig und fast farblos.

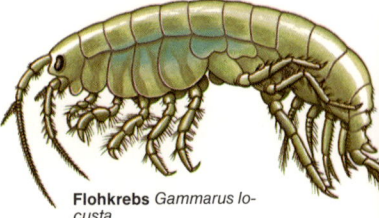

Flohkrebs *Gammarus locusta*
Vorkommen: Massenhaft unter Steinen und Algen, von der Gezeitenzone abwärts. Seitlich zusammengedrückter, 1,5–2 cm langer Körper.

Strandhüpfer *Talitrus saltator*
Vorkommen: Im Supralitoral unter angespülten Algen; europäische Küsten. 1,6 cm lang.

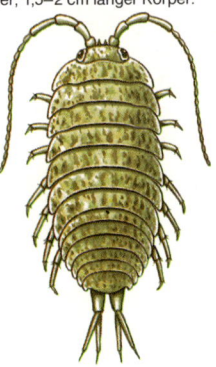

Meeres-Klippenassel *Ligia oceanica*
Vorkommen: Auf Felsen und in Spalten über der Gezeitenzone; europäische Küsten. 2,5 cm lang. Ähnelt einer Kellerassel.

Große Felsgarnele *Leander squilla*
Vorkommen: In Fluttümpeln und in Felsspalten des Sublitorals.
5 cm lang; sehr lange Hauptantenne, die größeren Scheren am 2. Schreitbeinpaar.

Sandgarnele *Crangon vulgaris*
Vorkommen: Auf Sandböden im Sublitoral und Flachwasser sowie in Ästuarien; europäische Küsten.
5 cm lang. Hauptantenne so lang wie der Körper, die größeren Scheren am 1. Schreitbeinpaar.

Kaiserhummer *Nephrops norvegicus*
Vorkommen: Auf Weichböden im Küstenbereich; Mittelmeer, Atlantik, Nordsee.
15 cm lang. Scheren mit scharfen Stacheln an den Rändern.

Europäischer Hummer *Homarus gammarus*
Vorkommen: Im Felslitoral in Spalten, Nischen und Höhlen; alle europäischen Küsten.
45 cm lang; kräftige Scheren.

Schuppiger Furchenkrebs
Galathea squamifera
Vorkommen: Unter Steinen und Felsblöcken des Sublitorals bis 80 m Tiefe; europäische Küsten.
4,5 cm lang. Hinterleib wird unter der Brust eingeschlagen getragen, relativ lange Scheren.

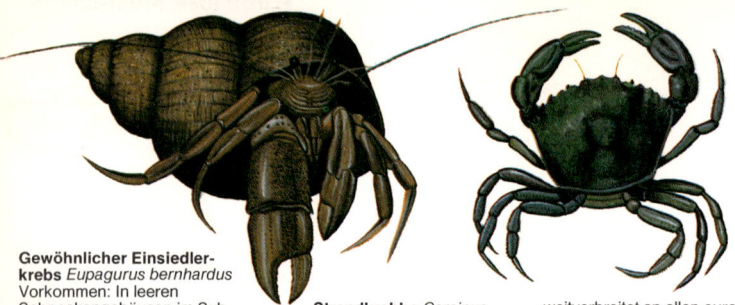

**Gewöhnlicher Einsiedler-
krebs** *Eupagurus bernhardus*
Vorkommen: In leeren
Schneckengehäusen im Sub-
litoral; alle europäischen Küsten.
10 cm lang; Scheren ungleich
groß. Der Krebs wechselt das
Gehäuse mehrmals, wenn er
heranwächst.

Strandkrabbe *Carcinus
maenas*
Vorkommen: Auf Weichbö-
den im Flachwasserbereich,
auch außerhalb des Wassers,
weitverbreitet an allen europäischen Küsten.
Carapaxrand mit scharfen
Zähnen am Vorderrand. 4 cm
lang.

Antennenkrebs *Corystes
cassivelaunus*
Vorkommen: Gewöhnlich im
Sand eingegraben, im Flachwasser; Mittelmeer, Atlantik,
Ärmelkanal, Nordsee.
4 cm lang. Scheren länger als
der Körper (besonders beim
Männchen). Sehr lange, zu
einem Atemrohr zusammen-
gelegte Antennen.

Taschenkrebs *Cancer pa-
gurus*
Vorkommen: Zwischen Fels-
blöcken im Sublitoral.
Max. 14 cm lang. Körper
1½mal so breit wie lang,
Scheren massig mit schwarzen Spitzen.

Gespensterkrabbe *Macro-
podia tenuirostris*
Vorkommen: Im Flachwasser
in Algenbeständen; alle europäischen Küsten.
1,5 cm lang. Häufig ist der
Carapax mit Algen und auf-
gewachsenen Organismen
maskiert. Beine sehr lang und
leicht „behaart".

Wollhandkrabbe *Eriocheir
sinensis*
Vorkommen: Im Süßwasser
und in Ästuarien; Nord- und
Ostsee, nördlicher Atlantik.
7 cm lang. Scheren sind mit
einem dichten „Pelz" be-
deckt, so daß der Eindruck
eines Handschuhs entsteht;
übrige Beine lang und borstig.

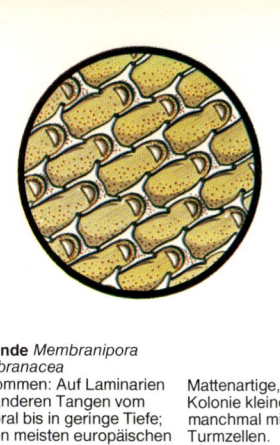

Seerinde *Membranipora membranacea*
Vorkommen: Auf Laminarien und anderen Tangen vom Eulitoral bis in geringe Tiefe; an den meisten europäischen Küsten.

Mattenartige, krustenförmige Kolonie kleiner Moostierchen, manchmal mit sogenannten Turmzellen.

Blätter-Moostierchen *Flustra foliacea*
Vorkommen: Auf Felsen und Steinen, vom Flachwasser bis in 100 m Tiefe; an den meisten europäischen Küsten. Ausgedehnte, blattartige, ca. 20 cm hohe, verzweigte Kolonien von Moostierchen, die oft mit Tangen verwechselt werden. Abgelöste und angespülte Stücke werden bleich und spröde.

Nordischer Kammstern
Astropecten irregularis
Vorkommen: Häufig grabend auf sandigen Böden, vom oberen Sublitoral absteigend; westliches Mittelmeer, Atlantik, Nordsee, westliche Ostsee.
12 cm Durchmesser, Körper abgeflacht mit 5 Armen, von denen jeder am Rand 2 Reihen von Marginalplatten mit Stacheln trägt; Oberseite orangebraun; unten weiß.

Blutstern *Henricia oculata*
Vorkommen: Auf Weichböden und zwischen Kieseln und Steinchen; Atlantik, Ärmelkanal, nördliche Nordsee und westliche Ostsee.
10 cm Durchmesser, nahezu drehrunde Arme, die sich nach außen verjüngen. Oberseite blutrot bis purpurn, unten heller.

Gewöhnlicher Sonnenstern
Crossaster papposus
Vorkommen: Auf Sand und Steinen sowie in Muschel- und Austernbänken; Küsten West- und Nordeuropas,

auch in der westlichen Ostsee.
25 cm Durchmesser; 8–13 kurze Arme, Oberfläche des ganzen Tieres mit Stacheln bedeckt. Farbe variabel.

Wirbellose Meerestiere

Gemusterter Schlangenstern *Ophiura texturata*
Vorkommen: Im schlammigen Sand grabend, vom Küstenflachwasser bis 200 m Tiefe; an den meisten europäischen Küsten.
Körperscheibe 3 cm Durchmesser. 2 auffällige Platten über jedem Armanfang, Arme max. 4mal so lang wie der Scheibendurchmesser.

Schwarzbrauner Schlangenstern *Ophilocomina nigra*
Vorkommen: Zwischen Felsblöcken, Algen und Sand, im Sublitoral bis 400 m Tiefe; europäische Küsten.
Körperscheibe 3 cm Durchmesser. Arme nicht länger als der 5fache Scheibendurchmesser. Armstacheln zart, glasartig; braun oder orangegelb.

Gemeiner Seestern *Asterias rubens*
Vorkommen: Auf Felsen und steinigem Untergrund, in Muschel- und Austernbänken, Sublitoral bis 200 m tief; europäische Küsten.
Bis 50 cm Durchmesser. Arme abgerundet und sich verjüngend, Oberfläche unregelmäßig mit Stacheln bedeckt, Oberseite braun-gelb, Unterseite heller gefärbt.

Zerbrechlicher Schlangenstern *Ophiothrix fragilis*
Vorkommen: Unter Steinen, Algen und Muschelschalen, vom Küstenflachwasser bis in 350 m Tiefe; europäische Küsten.
Körperscheibe 2 cm Durchmesser, häufig pentagonal; Arme nicht länger als der fünffache Scheibendurchmesser, zerbrechlich, häufig unvollständig, Armstacheln auffällig; Farbe variabel.

Steinseeigel *Paracentrotus lividus*
Vorkommen: Auf Felsen und Steinen und zwischen Kalkrotalgen, Sublitoral bis 30 m Tiefe; im Mittelmeer und Atlantik.
6 cm Durchmesser. Stacheln bis 3 cm lang, Farbe variabel. Höhlt Steine aus und bleibt in den Vertiefungen sitzen.

Violetter Herzigel *Spatangus purpureus*
Vorkommen: In Grobsand und Schill grabend, von 5–800 m Tiefe; Mittelmeer, Atlantik, Ärmelkanal, Nordsee.
12 cm Durchmesser. Mit 5 Reihen Ambulacralfüßchen; Stacheln kurz.

Strand-Seeigel *Psammechinus miliaris*
Vorkommen: Auf Felsen und unter Steinen, oft mit Kalkrotalgen vergesellschaftet, Litoral und Sublitoral bis 100 m Tiefe; europäische Küsten.
4 cm Durchmesser. Stacheln bis 1,5 cm mit violetten Spitzen, bedeckt sich häufig mit Schalenstückchen und Algenresten.

Sternascidie *Botryllus schlosseri*
Vorkommen: Steine, Felsen und Algen überziehend, im Sublitoral und im seichten Wasser; europäische Küsten. Die Individuen sind in sternförmigen Gruppen von 3–12 in der Kolonie angeordnet.

Stumpen-Ascidie *Ascidia mentula*
Auf Felsen im Sublitoral bis 200 m tief; europäische Küsten.
10 cm hoch. Sessile Einzelindividuen mit dicker, knorpelartiger Tunica.

Eßbarer Seeigel *Echinus esculentus*
Vorkommen: Auf Felsen und in Algenbeständen, von der Ebbelinie bis in 50 m Tiefe; Atlantik von Portugal bis Norwegen, Ärmelkanal, Nordsee.
10 cm Durchmesser. Stacheln 1,5 cm lang, kurz und kräftig, häufig mit purpurnen Spitzen. Die Keimdrüsen sind eßbar.

Kleiner Herzigel *Echinocardium cordatum*
Vorkommen: Im Sand von der Ebbelinie bis in 200 m Tiefe; europäische Küsten.
9 cm Durchmesser. Mit 5 Reihen Ambulacralfüßchen, von denen die vorderste in einer tiefen, bis zum Mund reichenden Rinne liegt. Stacheln meist kurz.

175

Land- und süßwasserbewohnende Wirbellose

Rechts: Dieses Bild enthüllt die Behendigkeit der Florfliege (*Chrysopa perla*) beim Abflug von einem Blatt.

Die wirbellosen Tiere (Evertebrata) fallen in der Natur weniger auf als die Wirbeltiere, obwohl sie mit höheren Arten- und auch Individuenzahlen vertreten sind. Zu den wirbellosen Tieren gehören die Urtierchen, Schwämme, Nesseltiere, Würmer, Weichtiere, Stachelhäuter und Gliedertiere. Wer sich mit dieser Tiergruppe näher befassen will, dem empfehlen wir die folgende, weiterführende Literatur:
ENGELHARDT, WOLFGANG: Was lebt in Tümpel, Bach und Weiher. Kosmos-Verlag, Stuttgart
HARDE / SEVERA: Der Kosmos-Käferführer. Kosmos-Verlag, Stuttgart
NOVAK / SEVERA: Der Kosmos-Schmetterlingsführer. Kosmos-Verlag, Stuttgart
ZAHRADNIK, JIRI: Der Kosmos-Insektenführer. Kosmos-Verlag, Stuttgart

Nesseltiere (Cnidaria)
Nesseltiere sind zarte, wasserlebende Organismen mit einem hohlen, sack-

Der Süßwasserpolyp (*Hydra*) lebt angeheftet an untergetauchten Steinen oder Wasserpflanzen. Mit seinen weitausgestreckten Tentakeln fängt er kleine Wassertiere ein.

förmigen Körper, an dessen einem Ende eine Mundöffnung sitzt, die von einem Tentakelkranz umgeben ist. Nesseltiere sind entweder festsitzend, freilebend, einzelnlebend oder kommen kolonieweise vor. Die meisten von ihnen leben im Meer, nur einige wenige (z.B. der Süßwasserpolyp) in Süßwassertümpeln.

Plattwürmer (Plathelminthes)
Plattwürmer besitzen einen abgeplatteten, nur gelegentlich wurmförmigen,

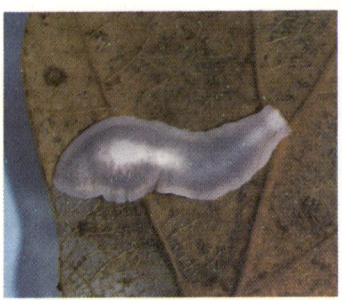

Dieser Strudelwurm weidet am Grund eines Tümpels ein moderndes Blatt ab. Strudelwürmer sind fast immer Aasfresser oder Räuber.

ungegliederten Körper ohne Gliedmaßen und ohne Schale. Sie leben frei (Strudelwürmer) oder parasitisch (Saugwürmer, Bandwürmer) im Körper anderer Tiere.

Ringel- oder Gliederwürmer (Annelida)
Ringelwürmer besitzen einen gegliederten, wurmförmigen Körper ohne Gliedmaßen und ohne Schale. Man kann sie in 5 Gruppen einteilen: Urringelwürmer, Borstenwürmer, Blutegel, Sternwürmer und Spritzwürmer. Sie leben sowohl im Salz- wie auch im Süßwasser und auch in der Erde.

Land- und süßwasserbewohnende Wirbellose

Weichtiere (Mollusca)

Mollusken haben einen weichen, schleimigen Körper, der sich in Fuß, Eingeweidesack und Mantel gliedert und der gewöhnlich eine Schale besitzt. Gestalt, Farbe und Musterung der Molluskenschale sind häufig wichtige Bestimmungsmerkmale.

Schnecken (Gastropoda) besitzen in der Regel ein spiraliges Gehäuse, aus dem nur der Kopf (der gewöhnlich gestielte Augen trägt) und der muskulöse Fuß hervorragen. Die nahe verwandten Nacktschnecken sind ähnlich gebaut, besitzen aber keine äußere Schale. Gehäuseschnecken leben an Land und im Süßwasser, Nacktschnecken leben nur an Land.

Muscheln (Bivalvia) haben eine zweiklappige Schale, deren Hälften durch ein Schloß miteinander verbunden sind. Süßwassermuscheln verankern

Asseln (Isopoda) sind Krebstiere. Die meisten von ihnen leben im Bereich des Meeres, nur einige im Süßwasser und an feuchten Stellen an Land.

Die Posthornschnecke (*Planorbarius corneus*) bewohnt stehende oder langsam fließende Süßgewässer mit reicher Vegetation.

sich im Flußbett und ernähren sich vom Plankton, das mit dem Atemwasser in ihren Körper gelangt.

Krebse (Crustacea)

Mit Ausnahme der Asseln, die landlebend sind, bewohnen alle europäischen Krebstiere das Wasser.

Der Körper der Krebse gliedert sich in Kopf, Brust und Hinterleib. Viele besitzen einen sattelförmigen Rückenschild (Carapax), der Kopf und Brust be-

deckt. Der Kopf trägt 2 Paar Antennen und 3 Kieferpaare. An Brust und Hinterleib sitzen mehrere Beinpaare, die entweder alle oder nur zum Teil der Fortbewegung dienen. Krebse haben ein stabiles Außenskelett, das bei großen Arten hart und verkalkt, bei kleinen jedoch zart und durchscheinend ist. Die meisten Krebstiere des Süßwassers sind nur wenige Millimeter lang und treten in großer Zahl auf.

Der Flußkrebs (*Astacus fluviatilis*) lebt in klaren Flüssen, Seen und Teichen.

Insekten (Insecta)

Der Insektenkörper ist in Kopf, Brust und Hinterleib gegliedert und wird von einem festen, chitinigen Außenskelett bedeckt. Der Kopf trägt Augen, Fühler und Mundwerkzeuge. Am Brustabschnitt sitzen 3 Paar Beine und meist ein oder zwei Paar Flügel. Die meisten Insekten leben an Land, die Larven vieler Arten jedoch entwickeln sich im Wasser.

Spinnentiere (Arachnida)

Zu den Spinnentieren gehören die Webspinnen, Skorpione, Afterskorpione, Milben und Weberknechte.

Die Schmetterlinge haben einen schwierigen Lebenszyklus entwickelt: Die Raupen bilden die „fressende" Phase, der Falter stellt das „reproduktive" Element dar. Hier frischgeschlüpfte Raupen des Ligusterschwärmers (*Sphinx ligustri*).

Im Gegensatz zu den Insekten gliedert sich der Körper der Spinnentiere in nur 2 Abschnitte: einen aus Kopf und Brust verschmolzenen Vorderkörper und einen gegliederten oder ungegliederten Hinterleib. Spinnentiere besitzen 4 Beinpaare und keine Flügel. Von wenigen Ausnahmen abgesehen sind sie Landbewohner.

Tausend- oder Doppelfüßer, Hundertfüßer (Myriapoda)

Der Körper der Myriapoden ist im allgemeinen langgestreckt, setzt sich aus vielen gleichartigen Segmenten zu-

Diese Kreuzspinne wartet in ihrem kunstvoll gewebten Netz auf Beute. Alle Spinnen leben räuberisch und haben die unterschiedlichsten Fangmethoden entwickelt.

sammen und trägt zahlreiche Beine. Die Vertreter dieser Tiergruppe leben an feuchten Orten, unter Steinen oder Rinde und in der Bodenstreu.

Tausendfüßer sind feuchtigkeitsliebende, nachtaktive Tiere, die sich von pflanzlichen Abfallstoffen ernähren.

Gemeiner Regenwurm
Lumbricus terrestris (Lumbricidae)
Vorkommen: In der Erde, auf Felder, Äckern und Gärten, sehr häufig; in ganz Europa. Bis 30 cm lang, mit 110–160 Segmenten. Der verdichtete gürtelförmige Ring sondert während der Paarung Schleim ab, das Hinterende des Tieres ist zugespitzt.

Gartenschnecke *Helix aspersa* (Helicidae)
Vorkommen: An Pflanzen; verbreitet in den Mittelmeerländern, Westeuropa und den Britischen Inseln; in Mitteleuropa nur am Niederrhein, Neckar und Bodensee, vermutlich eingebürgert.
35 mm Durchmesser.

Weinbergschnecke *Helix pomatia* (Helicidae)
Vorkommen: Gebüsche, vorzugsweise auf Kalkböden; Südost- und Mitteleuropa, im Süden häufiger als im Norden.
Überwintert eingegraben im Boden, wird in Schneckenfarmen gehalten; gilt als Delikatesse.

Schüsselschnecke *Discus rotundatus* (Endodontidae)
Vorkommen: Unter Laub, Holz, Brettern und Steinen, in Wäldern und Hecken; West- und Mitteleuropa.
7 mm Durchmesser. Schale flach mit weitem Nabel.

Hain-Schnirkelschnecke
Cepaea nemoralis (Helicidae)
Vorkommen: Kulturland, lichte Wälder, Mauern, Felsen; Mittel- und Westeuropa.
22 mm Durchmesser. Bänderung und Farbe sehr variabel.
Die **Garten-Schnirkelschnecke** *Cepaea hortensis* ist sehr ähnlich, hat aber einen weißen Mundsaum.

Heideschnecke *Helicella ita-
la* (Helicidae)
Vorkommen: Trockene, grasige Hänge, besonders auf
Kalk oder Sand, auch auf Dünen; West- und Mitteleuropa.
18 mm Durchmesser. Gesell-
ge, wärmeliebende Schnek-
ke.

Gestreifte Schnecke *Cernu-
ella virgata* (Helicidae)
Vorkommen: Kalk- und Sandböden, Dünen; Mittelmeerländer, eingeschleppt in Schles-
wig-Holstein und den Küsten
Südost-Englands. 15 mm
Durchmesser.

Runzlige Schnecke *Candi-
dula intersecta* (Helicidae)
Vorkommen: Kurzgrasige,
trockene Hänge auf Kalk-
oder Sandboden, Meereskü-
sten; Westeuropa und Süd-
england.

Garten-Wegschnecke *Arion
hortensis* (Arionidae)
Vorkommen: Gärten, Wiesen,
feuchte Wälder, Hecken, Kulturland; ganz Europa außer
im hohen Norden.
Orangefarben; Gartenunge-
ziefer.

Schwarze Wegschnecke
Arion ater (Arionidae)
Vorkommen: Waldland, Hek-
ken, Gärten; Westeuropa, Britische Inseln, Skandinavien,
nördliches Mitteleuropa. Rot,
orange oder schwarz.

Schwalbenschwanz *Papilio machaon* (Papilionidae)
Vorkommen: Hügelland-schaften bis ins Hochgebirge; fast ganz Europa, nicht je-doch im Norden. Flugzeit: April–Mai, Juli–August in 2 Generationen. Futterpflanzen der Raupe: Doldenblütler (Umbelliferae).

Rapsweißling *Artogeia napi* (Pieridae)
Vorkommen: Weit verbreitet, auf Feldern, an Waldrändern; ganz Europa. Flugzeit: Mai–Juni, Juli–August in 2 Generationen, überwintert im Puppenstadium. Futterpflan-zen der Raupe: Wiesen-schaumkraut, Ackersenf und Knoblauchsrauke.
Männchen mit nur einem schwarzen Fleck auf dem Vorderflügel.

Kleiner Kohlweißling *Arto-geia rapae* (Pieridae)
Vorkommen: Häufiger und weit verbreiteter Schmetter-ling, in ganz Europa. Flugzeit: In 2–3 Generationen, von März–September; die Puppe überwintert. Futterpflanzen der Raupe: Brunnenkresse und andere Kreuzblütler (Cruciferae).

Senfweißling *Leptidea sina-pis* (Pieridae)
Vorkommen: Waldlichtungen in Hügellandschaften; Euro-pa. Flugzeit: Mai–Juni, Juli–August gewöhnlich in 2 Generationen. Futterpflanzen der Raupe: Platterbsen-Ar-ten.

Aurorafalter *Anthocharis cardamines* (Pieridae)
Vorkommen: Waldränder, Lichtungen, Wiesen, Niede-rungen und Gebirge; ganz Europa. Flugzeit: Mai–Juni; überwintert im Puppensta-dium. Futterpflanzen der Raupe: Wiesenschaumkraut, Knoblauchsrauke.
Nur das Männchen hat oran-gefarbene Flügelspitzen.

Großer Kohlweißling *Pieris brassicae* (Pieridae)
Vorkommen: Häufig, in Gärten, Feldern und Wiesen; ganz Europa. Flugzeit: Mai–September, 2 Generationen, die Puppe überwintert. Futterpflanzen der Raupe: Die 1. Generation meist auf wilden Kreuzblütlern, die 2. an kultivierten Kohlsorten.

Gelbe Acht *Colias hyale* (Pieridae)
Vorkommen: Blühende Kleefelder, Wiesen; Südeuropa, erhält sich in West- und Mitteleuropa durch Zuzug aus dem Süden. Flugzeit: Mai–September. Futterpflanzen der Raupe: Klee, Luzerne.
Wanderfalter. Weibchen blaßgelb bis weiß.

Postillion *Colias croceus* (Pieridae)
Vorkommen: Kleefelder, Wiesen; Südeuropa, nördlich der Alpen nur als seltener Einwanderer. Flugzeit: Juni–Oktober, 2 Generationen, keine Überwinterung in Mitteleuropa. Futterpflanzen der Raupe: Klee, Luzerne, Steinklee.

Zitronenfalter *Gonepteryx rhamni* (Pieridae)
Vorkommen: Waldlichtungen, Hecken, Gärten; Europa. Flugzeit: März–April, August–Oktober, die Imago überwintert. Futterpflanze der Raupe: Faulbaum.
Weibchen hellgrün.

Südlicher Heufalter *Colias australis* (Pieridae)
Vorkommen: Kalktrockenrasen; Südeuropa, nördlich der Alpen nur als gelegentlicher Einwanderer. Flugzeit: Spätsommer. Futterpflanze der Raupe: Hufeisenklee.

Landbewohnende Wirbellose

Großer Schillerfalter *Apatura iris* (Nymphalidae)
Vorkommen: Waldränder; West- und Mitteleuropa. Flugzeit: Juni–August, die Raupe überwintert. Futterpflanzen der Raupe: Weide, Espe.

Kleiner Eisvogel *Limenitis camilla* (Nymphalidae)
Vorkommen: Waldränder, feuchte Laubwälder; in ganz Europa. Flugzeit: Juni–August, die Raupe überwintert. Futterpflanze der Raupe: Geißblatt.
Ähnlich, aber größer ist der **Große Eisvogel** *Limenitis populi.* Vorkommen: In Wäldern; West- und Mitteleuropa bis Skandinavien.
Mit orangefarbenen und weißen Flecken.

Trauermantel *Nymphalis antiopa* (Nymphalidae)
Vorkommen: Waldränder, Waldlichtungen; große Teile Europas. Flugzeit: Hochsommer–Herbst, überwintert als Imago. Futterpflanzen der Raupe: Birken, Pappeln, Weiden.

C-Falter *Polygonia c-album* (Nymphalidae)
Vorkommen: Hecken, Waldränder, Gärten; ganz Europa. Flugzeit: Juni–Juli, die Imago überwintert. Futterpflanzen der Raupe: Johannisbeer-Arten, Hopfen, Brennesseln.

Großer Fuchs *Nymphalis polychloros* (Nymphalidae) Vorkommen: Waldränder, Obstgärten; Großteil Europas. Flugzeit: Juli–Oktober, März–Mai, Imago überwintert. Futterpflanzen der Raupe: Ulme, Espe, Pappel, Weide.

Kleiner Fuchs *Aglais urticae* (Nymphalidae) Vorkommen: Relativ häufiger Falter in Waldlichtungen, Gärten und Wiesen; in ganz Europa. Flugzeit: Sommer–Herbst, Imago überwintert und erscheint im zeitigen Frühjahr. Futterpflanzen der Raupe: Brennesseln.

Tagpfauenauge *Inachis io* (Nymphalidae) Vorkommen: Überall in Gärten, Waldrändern und Wiesen; Europa. Flugzeit: Juli–Herbst, Imago überwintert, erscheint im zeitigen Frühjahr und fliegt bis Mai. Futterpflanzen der Raupe: Brennesseln.

Admiral *Vanessa atalanta* (Nymphalidae) Vorkommen: Gärten, Wiesen, Waldlichtungen; fliegt im Frühjahr aus Südeuropa in Länder nördlich der Alpen ein. Flugzeit: Sommer–Herbst. Futterpflanzen der Raupe: Brennesseln.

Landbewohnende Wirbellose

Distelfalter *Cynthia cardui* (Nymphalidae)
Vorkommen: Trockenes Grasland und Wiesen; in ganz Europa, fliegen alljährlich aus dem Süden nach Mitteleuropa ein, überwintert dort nicht. Flugzeit: Mai–Oktober. Futterpflanzen der Raupe: Disteln, Huflattich, Brennesseln.

Kaisermantel *Argynnis paphia* (Nymphalidae)
Vorkommen: Waldränder, Waldlichtungen; in fast ganz Europa, auch in Skandinavien und Finnland. Flugzeit: Juni–August, die Raupe überwintert. Futterpflanzen der Raupe: Hundsveilchen und andere Veilchenarten.

Großer Perlmutterfalter *Mesoacidalia aglaja* (Nymphalidae)
Vorkommen: Waldwiesen; Europa. Flugzeit: Juli–August, überwintert als Raupe. Futterpflanzen der Raupe: Wilde Veilchen-Arten.

Feuriger Wald-Perlmutterfalter *Fabriciana adippe* (Nymphalidae)
Vorkommen: An Waldwegen und auf Waldlichtungen; in ganz Europa. Flugzeit: Juni–August, die junge Raupe überwintert in der Eihülle. Futterpflanzen der Raupe: Verschiedene Veilchen-Arten.

Kleiner Perlmutterfalter *Issoria lathonia* (Nymphalidae)
Vorkommen: Ödland, Grasflächen, Wanderfalter, der aus dem Süden alljährlich einwandert. Flugzeit: Mai–Oktober. Futterpflanzen der Raupe: Veilchen.

Veilchen-Perlmutterfalter
Clossiana euphrosyne (Nymphalidae)
Vorkommen: An Waldrändern und Heckenlandschaften; fast ganz Europa. Flugzeit: Juni–Juli, überwintert als Raupe. Futterpflanzen der Raupe: Hundsveilchen.

Wegerich-Scheckenfalter
Melitaea cinxia (Nymphalidae)
Vorkommen: Grasland und Waldblößen; Großteil Europas. Flugzeit: Mai–Juni, Raupe überwintert. Futterpflanzen der Raupe: Wegerich-Arten.

Braunfleck *Clossiana selene* (Nymphalidae)
Vorkommen: Waldlichtungen, Waldwiesen; fast ganz Europa. Flugzeit: Juni–Juli, überwintert im Larvenstadium. Futterpflanzen der Raupe: Hundsveilchen.

Eurodryas aurinia (Nymphalidae)
Vorkommen: Mooswiesen; fast ganz Europa. Flugzeit: Mai–Juni, überwintert als Raupe. Futterpflanzen der Raupe: Teufelsabbiß.

Wachtelweizen-Scheckenfalter *Mellicta athalia* (Nymphalidae)
Vorkommen: Wiesen und Waldlichtungen; Großteil Europas. Flugzeit: Juni–Juli, Raupe überwintert. Futterpflanzen der Raupe: Wegerich, Wachtelweizen.

Perlbinde *Hamearis lucina* (Riodinidae)
Vorkommen: Lichte Wälder; nur im südlichen Mitteleuropa und warmen Gegenden Westeuropas und der Britischen Inseln. Flugzeit: Mai–Juni, überwintert als Puppe. Futterpflanzen der Raupe: Primeln.

Landbewohnende Wirbellose

Eichenzipfelfalter *Quercusia quercus* (Lycaenidae)
Vorkommen: Eichenwälder; ganz Europa. Flugzeit: Juli–August, Eier überwintern. Futterpflanze der Raupe: Eichenlaub.

Ulmenzipfelfalter *Strymonidia w-album* (Lycaenidae)
Vorkommen: Hügellandschaften, Waldränder; fast ganz Europa. Flugzeit: Juli–August, Eier überwintern. Futterpflanze der Raupe: Ulmenlaub.

Faulbaumbläuling *Celastrina argiolus* (Lycaenidae)
Vorkommen: Waldränder, Gebüsch, Gärten; ganz Europa, Nordafrika. Flugzeit: April–Mai, Juli–September, in 2 Generationen, überwintert als Puppe. Futterpflanzen der Raupe: Blüten, Knospen und Früchte von Stechpalme, Hopfen und Schneebeere.

Nierenfleck *Thecla betulae* (Lycaenidae)
Vorkommen: Waldränder und Obstgärten; Europa. Flugzeit: August–Oktober, Eier überwintern. Futterpflanzen der Raupe: Schlehe, Pflaume.

Brombeerzipfelfalter *Callophrys rubi* (Lycaenidae)
Vorkommen: Heiden, Kiefernwälder, Trockenrasen; ganz Europa. Flugzeit: April–Juni, überwintert als Puppe. Futterpflanzen der Raupe: Hornklee, Sonnenröschen.

Zwergbläuling *Cupido minimus* (Lycaenidae)
Vorkommen: Kalktrockenrasen, Sanddünen; ganz Europa, selten. Flugzeit: Mai–Juni, überwintert als Raupe. Futterpflanze der Raupe: Wundklee.

Kleines Feuervögelchen *Lycaena phlaeas* (Lycaenidae)
Vorkommen: Waldränder, Hecken, Gärten; in ganz Europa, auch im hohen Norden. Flugzeit: Sommer–Herbst, in 2–3 Generationen jährlich, überwintert als Raupe. Futterpflanzen der Raupe: Sauerampfer, Gemeiner Dost.

♂   ♀   ▲

Gemeiner Bläuling *Plebejus argus* (Lycaenidae)
Vorkommen: Wiesen und Heiden; weite Teile Europas. Flugzeit: Juni–August, überwintert als Ei. Futterpflanzen der Raupe: Hornklee, Ginster und Heidekraut.

Heidebräunling *Aricia agestis* (Lycaenidae)
Vorkommen: Kalktrockenrasen, trockene Heiden; in West- und Mitteleuropa, Südteil Englands, Teilen Südeuropas. Flugzeit: Mai–Juni, Juli–September in 2 Generationen, die Raupe überwintert. Futterpflanzen der Raupe: Sonnenröschen, Storchschnabel.

♂

♂

♀

♀

Steppenheidebläuling *Lysandra coridon* (Lycaenidae)
Vorkommen: Heiden auf Kalkgestein, trockene Böschungen, Feldraine; West- und Mitteleuropa, Süd-England, fehlt in Skandinavien. Flugzeit: Juli–September, überwintert als Ei. Futterpflanzen der Raupe: Hufeisenklee und andere Schmetterlingsblütler.

Himmelsvogel *Lysandra bellargus* (Lycaenidae)
Vorkommen: Kalktrockenrasen; südliches Mitteleuropa. Flugzeit: Mai–Juni, August–September. Futterpflanze der Raupe: Hufeisenklee.

♂

♀

Violetter Waldbläuling *Cyaniris semiargus* (Lycaenidae)
Vorkommen: Trockene Hänge in Hügellandschaften; West- und Mitteleuropa. Flugzeit: Juni–August, Futterpflanzen der Raupe: Klee, Wicke, Sandnelke.

Hechelbläuling *Polyommatus icarus* (Lycaenidae)
Vorkommen: Magerwiesen auf Kalkböden; West- und Mitteleuropa. Flugzeit: Mai–Juni, August–September, überwintert als Raupe. Futterpflanzen der Raupe: Hornklee-Arten.

Landbewohnende Wirbellose

Damenbrett *Melanargia galathea* (Satyridae)
Vorkommen: Magerwiesen in Hügellandschaften; fast ganz Europa. Flugzeit: Juni–August, überwintert als Raupe. Futterpflanzen der Raupe: Gräser, besonders Knäuelgras und Lieschgras.

Ockerbindiger Samtfalter *Hipparchia semele* (Satyridae)
Vorkommen: Heiden, trockenes Grasland; West- und Mitteleuropa, überwintert als Raupe. Futterpflanzen der Raupe: Gräser.

Borstgras-Mohrenfalter *Erebia epiphron* (Satyridae)
Vorkommen: Nur in Hochgebirgen; Alpen, Karpaten, Schottisches Hochland, Skandinavien. Flugzeit: Juli, überwintert als Larve. Futterpflanze der Raupe: Borstgras.

Mohrenfalter *Erebia aethiops* (Satyridae)
Vorkommen: Wälder in Hügellandschaften; West- und Mitteleuropa. Flugzeit: August, überwintert als Raupe. Futterpflanzen der Raupe: Gräser.

Großes Ochsenauge *Maniola jurtina* (Satyridae)
Vorkommen: Wiesen, Waldlichtungen, häufig; Großteil Europas. Flugzeit: Juni–August, überwintert als Raupe. Futterpflanzen der Raupe: Gräser.

Schornsteinfeger *Aphantopus hyperanthus* (Satyridae)
Vorkommen: Wiesen und Waldränder, häufig; Großteil Europas. Flugzeit: Juni–August, die Raupe überwintert. Futterpflanzen der Raupe: Gräser.

Perlgrasfalter *Coenonympha arcania* (Satyridae)
Vorkommen: Waldwiesen, lichte Wälder; West- und Mitteleuropa. Flugzeit: Juni–Juli. Futterpflanzen der Raupe: Gräser.

Braungerändertes Ochsenauge *Pyronia tithonus* (Satyridae)
Vorkommen: Waldränder, Heckenlandschaften; weite Teile Europas. Flugzeit: Juli–September. Futterpflanzen der Raupe: Gräser.

Kleiner Heufalter *Coenonympha pamphilus* (Satyridae)
Vorkommen: Grasland; ganz Europa. Flugzeit: Mai–September, überwintert als Raupe. Futterpflanzen der Raupe: Gräser.

Waldbrettspiel *Pararge aegeria* (Satyridae)
Vorkommen: Auf Lichtungen und Wegen von Laubwäldern; ganz Europa. Flugzeit: April–Mai, Juli–September, in 2 Generationen, überwintert als Puppe. Futterpflanzen der Raupe: Gräser, vor allem Quecke und Knäuelgras.

Braunauge *Lasiommata maera* (Satyridae)
Vorkommen: Waldränder, Schneisen, Wegränder; ganz Europa. Flugzeit: Juni–Juli. Futterpflanzen der Raupe: Gräser.

Mauerfuchs *Lasiommata megera* (Satyridae)
Vorkommen: Grasland, steinige Plätze; Europa. Flugzeit: Mai–Juni, Juli–August, in 2 Generationen, überwintert als Raupe. Futterpflanzen der Raupe: Gräser, vor allem Rispengras und Knäuelgras.

191

Landbewohnende Wirbellose

Würfelbrettfalter *Pyrgus malvae* (Hesperiidae) Vorkommen: Trockene Wiesen, Wegraine; Europa. Flugzeit: April–Juni, die Puppe überwintert. Futterpflanzen der Raupe: Erdbeeren, Fingerkraut.

Grauer Dickkopffalter *Erynnis tages* (Hesperiidae) Vorkommen: Waldwiesen, Waldränder; Europa. Flugzeit: April–August, überwintert als Larve. Futterpflanze der Raupe: Hornklee.

Gestrichelter Braundickkopffalter *Thymelicus lineola* (Hesperiidae) Vorkommen: Grasland; ganz Europa. Flugzeit: Juli–August, überwintert als Ei. Futterpflanzen der Raupe: Gräser.

Rostfarbiger Dickkopffalter *Ochlodes venatus* (Hesperiidae) Vorkommen: Grasland, in Südengland, West- und Mitteleuropa. Flugzeit: Juni–August, überwintert als Larve. Futterpflanzen der Raupe: Gräser.

Kleiner Braundickkopffalter *Thymelicus flavus* (Hesperiidae) Vorkommen: Grasland; ganz Europa. Flugzeit: Juni–August, überwintert als Larve. Futterpflanzen der Raupe: Gräser.

Kommafleck *Hesperia comma* (Hesperiidae) Vorkommen: Grasland auf Kalkböden; Europa. Flugzeit: Juli–August, Ei überwintert. Futterpflanze der Raupe: Schafschwingel.

Hopfenwurzelbohrer *Hepialus humuli* (Hepialidae) Vorkommen: Grasland, Obstbaumwiesen; Großteil Europas. Flugzeit: Juni–Juli, Larve überwintert. Futterpflanzen der Raupe: Wurzeln von Gräsern, Disteln, Taubnesseln und Ampfer-Arten. Männchen weiß, Weibchen gelb.

Blausieb *Zeuzera pyrina* (Cossidae) Vorkommen: Obstgärten, Parks, Waldränder; Süd- und Mitteleuropa, Südost-England. Flugzeit: Juni–August, Larve überwintert. Futterpflanzen der Raupe: Stämme von Apfel- und Birnbäumen, Eschen, Birken, Ulmen.

Grüne Langhornmotte *Adela reaumurella* (Incurvariidae)
Vorkommen: Laubwälder; Europa. Flugzeit: Mai–Juni, Larve überwintert. Futterpflanze der Raupe: Laubstreu.
Männchen mit bemerkenswert langen Fühlern.

Blutströpfchen, Widderchen *Zygaena filipendulae* (Zygaenidae)
Vorkommen: Sonnige Hänge, Magerrasen, Raine auf Kalkböden; fast ganz Europa. Flugzeit: Juli–August, überwintert als Larve. Futterpflanze der Raupe: Hornklee.

Wasserzünsler *Nymphula nymphaeata* (Pyralidae)
Vorkommen: In der Vegetation um Seen und Flüsse; Europa. Flugzeit: Juni–August, überwintert als Larve. Futterpflanzen der Raupe: Froschlöffel, Froschbiß, Igelkolben.

Grünwidderchen *Adscita statices* (Zygaenidae)
Vorkommen: Grasland, Waldränder; nördliches Südeuropa bis Südskandinavien, südliches England. Flugzeit: Mai–August, überwintert als Larve. Futterpflanze der Raupe: Sauerampfer.

Eichenwickler *Tortrix viridana* (Tortricidae)
Vorkommen: Eichenwälder; Großteil Europas. Flugzeit: Juni–August. Futterpflanze der Raupe: Eichenlaub.
Die Raupen rollen Eichenblätter zusammen und verstecken sich darin. Massenauftreten führt zu Kahlfraß der Eichen.

Apfelbaumgespinstmotte *Yponomeuta padella* (Yponomeutidae)
Vorkommen: Hecken, Obstbaumgehölze; ganz Europa. Flugzeit: Juni–August. Futterpflanzen der Raupe: Weißdorn, Schlehdorn.
Die Larven leben in Gespinstnestern, in denen sie sich auch verpuppen.

Agriphila tristellus (Pyralidae)
Vorkommen: Grasland; fast ganz Europa. Flugzeit: Juli–August, überwintert als Larve. Futterpflanzen der Raupe: Gräser.

Synanthedon salmachus (Sesiidae)
Vorkommen: Gärten, Obstgärten; große Teile Europas. Flugzeit: Mai–Juli, überwintert als Larve. Futterpflanzen der Raupe: Unter der Rinde und im Holz von Johannisbeeren.
Die Raupen fressen 2 Jahre lang, ehe sie sich verpuppen.

Purpurzünsler *Pyrausta purpuralis* (Pyralidae)
Vorkommen: Grasland, Gebüsch; fast ganz Europa. Flugzeit: Mai–August, in 2 Generationen, fliegt sowohl tags als auch nachts. Futterpflanzen der Raupe: Minze, Thymian und andere Lippenblütler.

Federgeistchen *Pterophorus pentadactyla* (Pterophoridae)
Vorkommen: Gärten, Hecken, Raine; ganz Europa. Flugzeit: Juni–Juli, überwintert als Larve. Futterpflanze der Raupe: Ackerwinde.

Landbewohnende Wirbellose

Kupferglucke *Gastropacha quercifolia* (Lasiocampidae) Vorkommen: Laubwälder, vorwiegend auf Kalkböden; Europa. Flugzeit: Juni, überwintert als Raupe. Futterpflanzen der Raupe: Weißdorn, Schlehdorn und Weide.

Brombeerspinner *Macrothylacia rubi* (Lasiocampidae) Vorkommen: Wiesen, Moore, Heiden; Großteil Europas. Flugzeit: Mai–Juni, überwintert als Larve. Futterpflanzen der Raupe: Blätter von Brombeere, Himbeere und Gräser. Weibchen gräulich, Männchen bräunlich.

Eichenspinner *Lasiocampa quercus* (Lasiocampidae) Vorkommen: Heiden, Eichen- und Laubmischwälder; Europa und Asien. Flugzeit: Juli–August, Raupe bzw. Puppe überwintern 1–2mal. Futterpflanzen der Raupe: Laub von Eiche, Birne und Heidelbeere.

Graselefant *Philudoria potatoria* (Lasiocampidae) Vorkommen: Grasländer, Schilfgebiete; Europa. Flugzeit: Juli–August, überwintert als Larve. Futterpflanzen der Raupe: Gräser.

Kleine Pappelglucke *Poecilocampa populi* (Lasiocampidae) Vorkommen: Laubwälder; Europa. Flugzeit: Oktober–November, überwintert als Ei. Futterpflanzen der Raupe: Eichen-, Birken- und Pappellaub.

Kleines Nachtpfauenauge *Saturnia pavonia* (Saturniidae)
Vorkommen: Waldränder, Lichtungen, Heiden; weite Teile Europas. Flugzeit: April–Mai, überwintert als Puppe. Futterpflanzen der Raupe: Heidekraut, Brombeere, Schlehdorn, Weide.

Sichelspinner *Drepana falcataria* (Drepanidae)
Vorkommen: Laubwälder, Heideflächen; Großteil Europas. Flugzeit: Mai–August, in 2 Generationen, überwintert als Puppe. Futterpflanzen der Raupe: Birke, Eiche, Weide.

Roseneule *Thyatira batis* (Thyatiridae)
Vorkommen: Waldränder, Gärten, Parks; Europa. Flugzeit: Mai–Juli, manchmal in 2. Generation im August–September, überwintert als Puppe. Futterpflanzen der Raupe: Brombeeren.

Stachelbeerspanner *Abraxas grossulariata* (Geometridae)
Vorkommen: Gärten, Parks, Waldränder, Europa. Flugzeit: Juni–August, überwintert als Larve. Futterpflanzen der Raupe: Schlehe, Weißdorn, Heidekraut, Stachelbeere.

Birkenspanner *Biston betularia* (Geometridae)
Vorkommen: Wälder, Parks, Gärten; Europa; kommt in mehreren Formen vor. Flugzeit: Mai–Juni, überwintert als Puppe. Futterpflanzen der Raupe: Birke, Eiche, Ulme, Buche.

Frühlingskreuzflügel *Alsophila aescularia* (Geometridae)
Vorkommen: Gärten, Hecken, Wälder; Europa. Flugzeit: März–Mai, überwintert als Puppe. Futterpflanzen der Raupe: Bäume, Sträucher, z.B. Liguster, Rose, Eiche, Hainbuche.
Weibchen fast ungeflügelt.

Silberblatt *Campaea margaritata* (Geometridae)
Vorkommen: Laubwälder;
Europa. Flugzeit: Juni–Juli;
überwintert als Larve. Futterpflanzen der Raupe: Eiche,
Birke, Buche, Hasel.

Heidespanner *Ematurga atomaria* (Geometridae)
Vorkommen: Heidefläche und
Haine; Europa. Flugzeit: Mai–
Juni, Juli–August in 2 Generationen, überwintert als Puppe. Futterpflanzen der Raupe:
Heidekraut, Klee, Hornklee.

Großer Frostspanner *Erannis defoliaria* (Geometridae)
Vorkommen: Wälder, Gärten;
West- und Mitteleuropa, Süd-
Skandinavien. Flugzeit: September–Dezember, überwintert als Ei. Futterpflanzen der
Raupe: Baumlaub, vor allem
Birke und Eiche.

Kleiner Frostspanner
Operophtera brumata
(Geometridae)
Vorkommen: Obstgärten,
Parks, Waldränder; in Mittel-
und Nordeuropa. Flugzeit:
Oktober–Dezember. Futterpflanzen der Raupe: Obstbäume und andere Laubbäume. Weibchen flugunfähig.

Colostygia pectinaria (Geometridae)
Vorkommen: Grasland, Hekken, Gebüsch; Europa. Flugzeit: Juni–Juli, überwintert als
Larve. Futterpflanze der Raupe: Labkraut.

Ennomos alniaria (Geometridae)
Vorkommen: Laubwälder;
Europa. Flugzeit: August–
Oktober, überwintert als Ei.
Futterpflanzen der Raupe:
Birke, Erle.

Mottenspanner *Epithecia nanata* (Geometridae)
Vorkommen: Heideflächen;
Europa. Flugzeit: Mai–Juni,
Juli–August, in 2 Generationen. Futterpflanze der Raupe:
Heidekraut.

Grünes Blatt *Geometra papilionaria* (Geometridae)
Vorkommen: Laubwälder;
Mittel- und Nordeuropa. Flugzeit: Juni–August, Puppe
überwintert. Futterpflanzen
der Raupe: Laub von Birke,
Hasel, Linde, Buche.

Gelbspanner *Opisthograptis luteolata* (Geometridae)
Vorkommen: Lichte Laubwälder, baumreiche Gärten; Europa. Flugzeit: Mai–Juni, evtl. im Spätsommer eine 2. Generation, überwintert als Puppe. Futterpflanze der Raupe: Weißdorn.

Holunderspanner *Ourapteryx sambucaria* (Geometridae)
Vorkommen: Waldränder, Parks, baumreiche Gärten; Mittel- und Südeuropa. Flugzeit: Juni–Juli, die Raupe überwintert. Futterpflanzen der Raupe: Holunder, Weißdorn, Schlehe, Erle.

Ginsterspanner *Pseudoterpna pruinata* (Geometridae)
Vorkommen: Heiden; Europa. Flugzeit: Juni–August; die Raupe überwintert. Futterpflanzen der Raupe: Ginster, Besenginster, Stechginster.

Perizoma didymata (Geometridae)
Vorkommen: Lichte Wälder, Grasland, Bergland; Europa. Flugzeit: Juli–August, die Raupe überwintert. Futterpflanzen der Raupe: Schlüsselblume, Rote Lichtnelke, Heidelbeere.

Totenkopf-Schwärmer
Acherontia atropos (Sphingidae)
Vorkommen: Wanderschmetterling, der im Sommer aus dem Süden einfliegt. Flugzeit: Mai–September, Raupen können gelegentlich überwintern. Futterpflanzen der Raupe: Kartoffel und andere Nachtschattengewächse.

Semiothisa clathrata (Geometridae)
Vorkommen: Wiesen, Grasland; in Europa. Flugzeit: Sommer, die Puppe überwintert. Futterpflanzen der Raupe: Klee, Hornklee.

Landbewohnende Wirbellose

Xanthorhoe fluctuata (Geometridae)
Vorkommen: Gärten, Obstgärten, Hecken; ganz Europa. Flugzeit: Mai–Juni, August–September, in 2 Generationen, überwintert als Puppe. Futterpflanzen der Raupe: verschiedene krautige Pflanzen, Stachel- und Johannisbeeren.

Mittlerer Weinschwärmer
Deilephila elpenor (Sphingidae)
Vorkommen: Parks, Hecken, Gärten; Europa. Flugzeit: Mai–Juli, überwintert als Puppe. Futterpflanzen der Raupe: Weidenröschen, Labkrautarten.

Taubenschwänzchen *Macroglossum stellatarum* (Sphingidae)
Vorkommen: Fliegt tagsüber in Grasland, Gärten und Parks; Europa, aber nicht im Norden. Flugzeit: Wanderfalter, der im Mai einfliegt. Futterpflanzen der Raupe: Labkraut, Waldmeister.

Hummelschwärmer *Hemaris fuciformis* (Sphingidae)
Vorkommen: Tagsüber an Waldrändern und Lichtungen; Europa mit Ausnahme des hohen Nordens. Flugzeit: Mai–Juni, überwintert als Puppe. Futterpflanzen der Raupe: Geißblatt, Labkraut, Schneebeere.

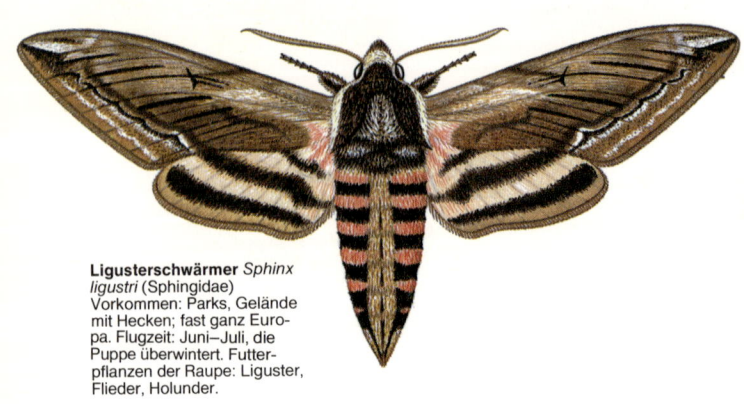

Ligusterschwärmer *Sphinx ligustri* (Sphingidae)
Vorkommen: Parks, Gelände mit Hecken; fast ganz Europa. Flugzeit: Juni–Juli, die Puppe überwintert. Futterpflanzen der Raupe: Liguster, Flieder, Holunder.

Windenschwärmer *Agrius convolvuli* (Sphingidae)
Vorkommen: Fliegt im Sommer aus dem Süden ein, die nächste Generation fliegt August–Oktober, sie ist unfruchtbar. Futterpflanze der Raupe: Ackerwinde.

Pappelschwärmer *Laothoe populi* (Sphingidae)
Vorkommen: Häufiger Schwärmer, fliegt abends in Parks und Alleen; Europa. Flugzeit: Mai–Juni, überwintert als Puppe. Futterpflanzen der Raupe: Pappel, Weide.

Lindenschwärmer *Mimas tiliae* (Sphingidae)
Vorkommen: Fliegt abends in Lindenalleen und an Waldrändern; Europa. Flugzeit: Mai–Juni, überwintert als Puppe. Futterpflanzen der Raupe: Linde, Ulme, Erle.

Kiefernschwärmer *Hyloicus pinastri* (Sphingidae)
Vorkommen: Kiefernwälder; ganz Europa außer im Norden. Flugzeit: Juli–August, überwintert als Puppe. Futterpflanzen der Raupe: Bergkiefer, Fichte.

Abendpfauenauge *Smerinthus ocellata* (Sphingidae) Vorkommen: Feuchte Wälder, Parks, Gärten; in ganz Europa. Flugzeit: Mai–August. Futterpflanzen der Raupe: Weidenarten, Obstbäume.

Großer Gabelschwanz *Cerura vinula* (Notodontidae) Vorkommen: Wiesen, an Bächen und Waldrändern; fast ganz Europa. Flugzeit: Mai–Juli, die Puppe überwintert. Futterpflanzen der Raupe: Weiden- und Pappelblätter. Hinterflügel beim Männchen weiß, beim Weibchen grau.

Espengabelschwanz *Furcula bifida* (Notodontidae) Vorkommen: Waldränder, Gebüsche; Europa. Flugzeit: Mai–Juli, überwintert als Puppe. Futterpflanzen der Raupe: Pappel- und Espenblätter.

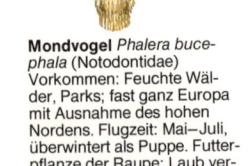

Mondvogel *Phalera bucephala* (Notodontidae) Vorkommen: Feuchte Wälder, Parks; fast ganz Europa mit Ausnahme des hohen Nordens. Flugzeit: Mai–Juli, überwintert als Puppe. Futterpflanze der Raupe: Laub verschiedener Waldbäume.

Pappelporzellanspinner *Pheosia tremula* (Notodontidae) Vorkommen: Laubwälder, Parks; in fast ganz Europa. Flugzeit: Mai–Juni, Juli–August, die Puppe überwintert. Futterpflanzen der Raupe: Pappel, Espe, Weide.

Palpenspinner *Pterostoma palpina* (Notodontidae) Vorkommen: Laubwald, Weidengehölze; Europa. Flugzeit: April–August in 2 Generationen, die Puppe überwintert. Futterpflanzen der Raupe: Weide, Espe, Pappel.

Ptilodon capucina (Notodontidae)
Vorkommen: Laubwälder; Europa. Flugzeit: Mai–Juni, August, in 2 Generationen, die Puppe überwintert. Futterpflanzen der Raupe: Birke, Pappel, Hasel, Weide.

Buchenspinner *Stauropus fagi* (Notodontidae)
Vorkommen: Buchenwälder, Laubmischwälder; Europa. Flugzeit: Mai–Juli, die Puppe überwintert. Futterpflanzen der Raupe: Laub von Buche, Eiche, Birke, Hasel.

Buchenrotschwanz *Dasychira pudibunda* (Lymantriidae)
Vorkommen: Buchenwälder, Gehölze, Obstgärten; in Mittel- und Westeuropa. Flugzeit: Mai–Juni, überwintert als Puppe. Futterpflanzen der Raupe: Buche, Weide, Birne und andere Laubgehölze.

Goldafter *Euproctis similis* (Lymantriidae)
Vorkommen: Wälder, baumreiche Gärten, Hecken; Europa. Flugzeit: Juli–August, die Raupe überwintert. Futterpflanzen der Raupe: Weißdorn, Schlehe, Eiche, Birke, Weide.

Schlehenspinner *Orgyia antiqua* (Lymantriidae)
Vorkommen: Hecken, Waldränder; ganz Europa. Flugzeit: Juni–Oktober, in 2–3 Generationen, die Eier überwintern. Futterpflanzen der Raupe: Blätter verschiedener Laubbäume und Sträucher.

Nonne *Lymantria monacha* (Lymantriidae)
Vorkommen: Nadelwälder, Mischwälder; Europa. Flugzeit: August, die Eier überwintern. Futterpflanzen der Raupe: Fichtennadeln, aber auch Eichenlaub.

Brauner Bär *Arctia caja* (Arctiidae)
Vorkommen: Gärten und Hecken; ganz Europa. Flugzeit: Juli–August, die Raupe überwintert. Futterpflanzen der Raupe: Blätter von Sträuchern, z. B. Himbeere oder Heidekraut.

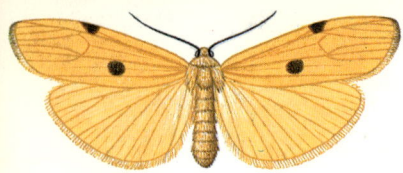

Würfelmotte *Lithosia quadra* (Arctiidae)
Vorkommen: Mischwälder; Europa. Flugzeit: Juli–August, überwintert als Larve. Futterpflanzen der Raupe: Baumflechten.
Männchen gelbbraun, Weibchen gelb mit 2 dunklen Flekken im Vorderflügel.

Weiße Tigermotte *Spilosoma lubricipeda* (Arctiidae)
Vorkommen: Baumreiche Gärten, Hecken; Europa. Flugzeit: Mai–Juli, überwintert als Puppe. Futterpflanzen der Raupe: Wiesenkräuter.

Jakobskrautbär *Tyria jacobaeae* (Arctiidae)
Vorkommen: Ödland, Grasland; Europa. Flugzeit: Mai–Juni, die Puppe überwintert. Futterpflanzen der Raupe: Kreuzkraut, Huflattich.

Zimtbär *Phragmatobia fuliginosa* (Arctiidae)
Vorkommen: Grasland, Heiden; Europa. Flugzeit: April–Mai, Juli–August, in 2 Generationen, die ausgewachsene Raupe überwintert. Futterpflanzen der Raupe: Ampferarten, Löwenzahn, Goldrute.

Gelbe Tigermotte *Spilosoma lutea* (Arctiidae)
Vorkommen: Gärten, Hekkengebiete; Europa. Flugzeit: Mai–Juli, die Puppe überwintert. Futterpflanzen der Raupe: Ampfer, Löwenzahn.

Gammaeule *Autographa gamma* (Noctuidae)
Vorkommen: Grasland, Wälder, Gärten; Europa. Flugzeit: Frühjahr–Herbst. Futterpflanzen der Raupe: Kräuter

Saateule *Agrotis segetum* (Noctuidae)
Vorkommen: Ackerland, Gärten; in ganz Europa. Flugzeit: Mai–Juni, August–September, in 2 Generationen. Futterpflanzen der Raupe: Wurzeln von Melde, Wegerich, auch an Kulturpflanzen (z. B. Zuckerrübe, Gemüsepflanzen).

Brauner Mönch *Cucullia verbasci* (Noctuidae)
Vorkommen: Ödland, Wiesen; Europa. Flugzeit: April–Mai; überwintert als Puppe. Futterpflanze der Raupe: Königskerze.

Rotes Ordensband *Catocala nupta* (Noctuidae)
Vorkommen: Feuchte Waldgebiete; ganz Europa. Flugzeit: August–September, die Eier überwintern. Futterpflanzen der Raupe: Espe, Salweide, Pappel.

Messingeule *Diachrysia chrysitis* (Noctuidae)
Vorkommen: Ödland, Hecken, Gärten; Europa. Flugzeit: Juni–September, die Raupe überwintert. Futterpflanzen der Raupe: Brennnesseln.

Borkeneule *Dichonia aprilina* (Noctuidae)
Vorkommen: Laubwälder, besonders Eichenwälder; Europa. Flugzeit: September–Oktober, überwintert als Ei. Futterpflanze der Raupe: Eiche.

Hausmutter *Noctua pronuba* (Noctuidae)
Vorkommen: Parks, Gärten; in ganz Europa, außer im hohen Norden. Flugzeit: Juni–September, die Raupe überwintert. Futterpflanzen der Raupe: Wiesenkräuter.

Jägerhütchen *Pseudoips fagana* (Noctuidae)
Vorkommen: Laubwälder, besonders Buchenwälder; Europa. Flugzeit: Juni–August, die Puppe überwintert. Futterpflanzen der Raupe: Buche, Eiche, Birke, Hasel.

Kieferneule *Panolis flammea* (Noctuidae)
Vorkommen: Kiefern- und Fichtenwald; in ganz Europa. Flugzeit: April–Mai, die Puppe überwintert. Futterpflanzen der Raupe: Nadeln von Fichte und Kiefer. Waldschädling.

Münzen-Eule *Polychrysia moneta* (Noctuidae)
Vorkommen: Gärten, Waldränder; Europa. Flugzeit: Juni–August, in 2 Generationen, die Raupe überwintert. Futterpflanzen der Raupe: Eisenhut und Rittersporn.

Landbewohnende Wirbellose

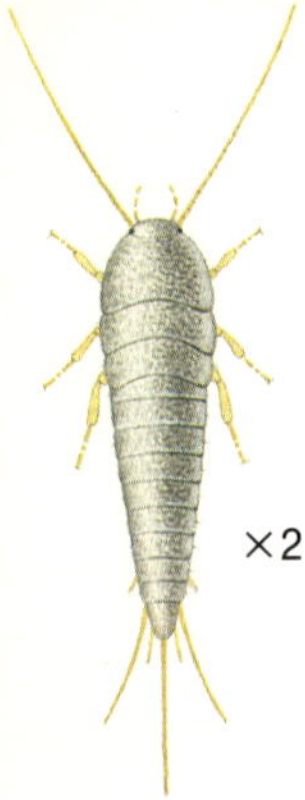

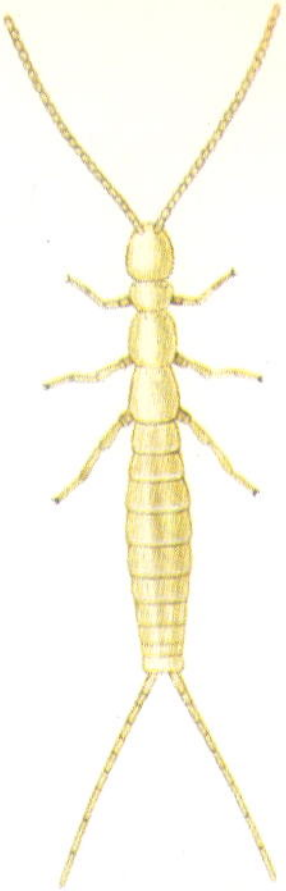

Silberfischchen *Lepisma saccharina* (Lepismatidae)
Vorkommen: In Gebäuden an warmen und feuchten Stellen; weltweit verbreitet; ganzjährig anzutreffen.
7–10 mm lang; ernährt sich von stärke- und zuckerhaltigen Nahrungsresten.

×2

Doppelschwanz *Campodea fragilis* (Campodeidae)
Vorkommen: In feuchten, humushaltigen Waldböden und Komposthaufen; weltweit verbreitet; ganzjährig.
3,5 mm lang.

Eintagsfliege *Ephemera danica* (Ephemeridae)
Vorkommen: An Seen und Bächen mit sandigem Boden, fast ganz Europa. Flugzeit: Mai–September.
15–24 mm lang; lebt nur wenige Stunden oder Tage.

Große Steinfliege *Perlodes mortoni* (Perlodidae)
Vorkommen: An Bächen und Flüssen, insbesondere Bergbäche; ganz Europa. Flugzeit: März–Juni.
18–28 mm lang.

×6

Schwarzer Wasserspringschwanz *Podura aquatica* (Poduridae)
Vorkommen: Wasseroberfläche von pflanzenreichen Tümpeln; ganz Europa.
1–1,5 mm lang; kann mit Hilfe der Schwanzgabel bei Gefahr weit durch die Luft springen.

Gebänderte Prachtlibelle
Calopteryx splendens (Calopterygidae)
Vorkommen: Ufer langsam fließender Gewässer und klarer Teiche; fast ganz Europa.
Flugzeit: Sommer. 50 mm lang; Flügel des Weibchens durchsichtig hellgrün.

Gemeine Binsenjungfer *Lestes sponsa* (Lestidae)
Vorkommen: In der Nähe stehender Gewässer.
Flugzeit: Sommer. 35 mm lang; Weibchen ohne blaue Flügelmale.

Hufeisen-Azurjungfer
Coenagrion puella (Coenagrionidae)
Vorkommen: An langsam fließenden und ruhenden Gewässern; in großen Teilen Europas.
Flugzeit: Sommer. 35 mm lang; Weibchen mit dunklem Körper.

Frühe Adonislibelle *Pyrrhosoma nymphula* (Coenagrionidae)
Vorkommen: An Seen, Teichen und langsam fließenden Gewässern; Europa.
Flugzeit: Sommer. 35 mm lang; Weibchen dunkler.

Große Heidelibelle *Sympetrum striolatum* (Libellulidae)
Vorkommen: In Wassernähe; Mittel-Westeuropa.
Flugzeit: Hochsommer.
35 mm lang; Flug ungestüm; Weibchen brauner.

Landbewohnende Wirbellose

Zweigestreifte Quelljungfer
Cordulegaster boltoni (Cordulegasteridae)
Vorkommen: An Bächen, vorwiegend im Gebirge; große Teile Europas.
Flugzeit: Sommer. 70—85 mm lang.

Vierflecklibelle *Libellula quadrimaculata* (Libellulidae)
Vorkommen: Teiche und ruhige Gewässer; ganz Europa.
Flugzeit: Sommer. 40—50 mm lang.

Große Königslibelle *Anax imperator* (Aeschnidae)
Vorkommen: Seen, entfernt sich oft weit vom Wasser.
Flugzeit: Sommer. 70—80 mm lang.

Gemeiner Grashüpfer
Chorthippus brunneus (Acrididae)
Vorkommen: Offenes, trockenes Grasland, Böschungen, Dünen; in Europa.
Von Juni bis Oktober anzutreffen. 13—24 mm lang.

Maulwurfsgrille *Gryllotalpa gryllotalpa* (Gryllotalpidae)
Vorkommen: In lockerem Boden in Wassernähe, selten; Europa.
Von April bis August in unterirdischen Gängen, grabend, kann auch fliegen; 30–50 mm lang; Männchen singt an warmen Sommerabenden am Gangeingang.

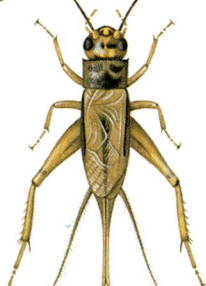

Heimchen *Acheta domestica* (Gryllidae)
Vorkommen: Häuser, Bäckereien, Gewächshäuser; Europa.
Ganzjährig, nachtaktiv; 16–20 mm lang. Wird oft als Futtertier für Reptilien gezüchtet.

Gewöhnliche Strauchschrecke *Pholidoptera griseoaptera* (Tettigoniidae)
Vorkommen: Waldränder, Heckenlandschaft mit Wiesen; Europa.
Aktiv von Juli bis November; flugunfähig; 13–20 mm lang; Männchen singen mit Hilfe der sattelförmigen Flügelstummel am Rücken.

Großes Heupferd *Tettigonia viridissima* (Tettigoniidae)
Vorkommen: Hecken, Gärten, Wiesen, Ödland; ganz Europa.
Von Juli bis Oktober.
28–42 mm lang.

Grashüpfer *Omocestus viridulus* (Acrididae)
Vorkommen: Auf Wiesen, an Wegrainen, häufige Heuschrecke, ganz Europa.
Von Juni bis September.
13–24 mm lang. Variiert farblich sehr stark.

Wiesen-Grashüpfer *Chorthippus parallelus* (Acrididae)
Vorkommen: Grasland, Heideflächen; Europa.
Von Juni bis Oktober; flugunfähig; 13–24 mm lang.

Landbewohnende Wirbellose

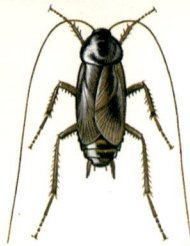

Gemeine Küchenschabe
Blatta orientalis (Blattidae)
Vorkommen: In menschlichen Behausungen; weltweit verbreitet.
Ganzjährig; wärmeliebend; 18–30 mm lang; Weibchen mit Flügelstummeln.

Deutsche Schabe *Blatella germanica* (Blattidae)
Vorkommen: Geheizte Gebäude; weltweit verbreitet.
Ganzjährig. 10–13 mm lang.

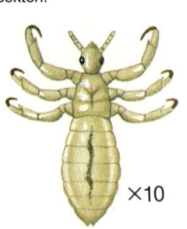

Gemeiner Ohrwurm *Forficula auricularia* (Forficulidae)
Vorkommen: Gärten, Hecken, Gebäude; weltweit verbreitet.
Von Frühjahr bis Herbst; 14–25 mm lang; nachtaktiv; lebt von Pflanzen und kleinen Insekten.

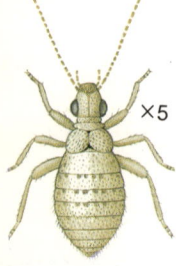

×5

×10

×10

Staublaus *Trogium pulsatorium* (Trogiidae)
Vorkommen: In Häusern, Nahrungsmittellagern und Speichern.
Ganzjährig; 0,5–6 mm lang; ernährt sich von Pilzhyphen, die sich auf Nahrungsmitteln befinden.

Vogellaus *Columbicola claviformis* (Philopteridae)
Vorkommen: Im Gefieder von Wildtauben.
Ganzjährig, parasitisch; 0,5–6 mm lang; ernährt sich von Federn und Hautschuppen.

Kopflaus *Pediculus capitis* (Pediculidae)
Vorkommen: Nur an Menschen im Kopfhaar.
Ganzjährig, parasitisch, blutsaugend; 0,5–6 mm lang.

Baumwanze *Piezodorus lituratus* (Pentatomidae)
Vorkommen: An Ginster und anderen Schmetterlingsblütlern, Ödland, Küstenfelsen; Europa.
Verfärbt sich im Herbst rosa und grün; 12–14 mm lang; Pflanzenfresser.

Rotbeinige Baumwanze
Pentatoma rufipes (Pentatomidae)
Vorkommen: An Eichen, Erlen und Obstbäumen; Europa.
Von Juli bis September; 13–16 mm lang; saugt oft tote Insekten aus.

Elasmostethus interstinctus (Acanthosomatidae)
Vorkommen: In Wäldern, vorwiegend auf Birken; Europa.
Vom Frühjahr bis zum Spätherbst; 7–9 mm lang.

Sichelwanze *Nabis apterus* (Nabiidae)
Vorkommen: Am Rand von Laub- und Mischwäldern; weite Teile Europas.
Imagines von Juli bis Oktober; 8–10 mm lang; räuberisch.

Raubwanze *Coranus subapterus* (Reduviidae)
Vorkommen: Heideflächen, Sanddünen; ganz Europa.
Von Juli bis Oktober; 9–12 mm lang.

Blumenwanze *Anthocoris nemorum* (Anthocoridae)
Vorkommen: In Gärten, Hekken, Wäldern; fast ganz Europa.
März–November; 3–4,5 mm lang; saugt an Blattläusen oder Milben, gelegentlich an Blättern.

Wiesenschaumzikade
Philaenus spumarius (Cercopidae)
Vorkommen: Grasland; ganz Europa.
Juni–Oktober. Nymphe lebt eingehüllt in Schaumbällchen (Kuckucksspeichel) auf Pflanzenstengeln; 8–11 mm lang.

Gemeine Wiesenwanze *Lygus pratensis* (Miridae)
Vorkommen: Wälder, Wiesen, Heiden, Gärten, auf Heidekraut und verschiedenen Hölzern; ganz Europa.
März–Oktober; 5–7 mm lang.

Blutzikade *Cercopis vulnerata* (Cercopidae)
Vorkommen: Auf Gräsern und Sträuchern in Gärten und Wiesen; in ganz Europa.
April–Juli; 9–11 mm lang; Nymphe lebt an Pflanzenwurzeln.

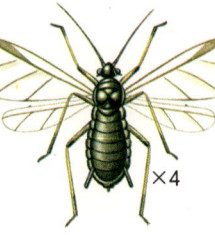 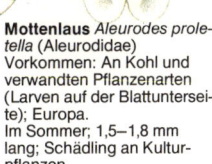 

×17

Mottenlaus *Aleurodes proletella* (Aleurodidae)
Vorkommen: An Kohl und verwandten Pflanzenarten (Larven auf der Blattunterseite); Europa.
Im Sommer; 1,5–1,8 mm lang; Schädling an Kulturpflanzen.

×4

Schwarze Bohnenlaus
Aphis fabae (Aphididae)
Vorkommen: Grasland, Äkker, Gärten; ganz Europa.
Frühjahr bis Herbst; 1–2 mm lang; wirtswechselnd (zuerst an Pfaffenhütchen u.a. Sträuchern, dann an Zaunwicke, Mohn, Spinat). Sommergenerationen alle weiblich, Männchen erscheinen im Herbst.

Schildläuse *Coccoidea*
Vorkommen: Pflanzen, Sträucher und Bäume.
1–10 mm große Pflanzensauger, die von einem Horn- oder Wachsschild bedeckt sind. Nur die Männchen können fliegen; Pflanzenschädlinge.

Landbewohnende Wirbellose

Wasserflorfliege *Sialis lutaria* (Sialidae)
Vorkommen: Ufervegetation von Gewässern; ganz Europa.
Von Mai bis Juli; 25 mm lang.

Kamelhalsfliege *Raphidia notata* (Raphidiidae)
Vorkommen: Nadel- und Laubwälder; Nord- und Mitteleuropa.
Flugzeit: Mai–August. Spannweite: 25–29 mm; Weibchen mit langem Legebohrer.

Florfliege *Chrysopa flava* (Chrysopidae)
Vorkommen: Wälder, Gärten, Wiesen; ganz Europa.
Flugzeit: Frühling–Herbst. 35–45 mm lang; kommt im Herbst in die Häuser.

Köcherfliege *Halesus radiatus* (Limnophilidae)
Vorkommen: An Fließgewässern; Nord- und Mitteleuropa.
Flugzeit: Herbst; 6,5–12 mm lang.

Kohlschnake *Tipula oleracea* (Tipulidae)
Vorkommen: An schattigen, feuchten Orten in Wiesen oder im Gebüsch; ganz Europa.
Flugzeit: Sommer; 15–23 mm lang; kommt gelegentlich in die Häuser.

Gemeine Skorpionsfliege *Panorpa communis* (Panorpidae)
Vorkommen: Unterholz an Bachrändern, feuchte Stellen an Waldrändern, in Brennesselbeständen; Europa.
Flugzeit: Mai–August; ca. 20 mm lang; räuberisch.

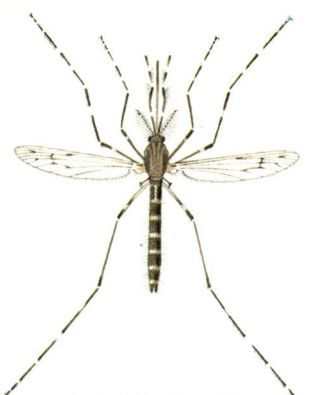

Stechmücke *Theobaldia annulata* (Culicidae)
Vorkommen: In Gewässernähe; ganz Europa.
Flugzeit: Sommer; 3,5–5 mm lang; Weibchen stechen und saugen Blut, Männchen ernähren sich von Nektar.

Zuckmücke *Chironomus annularis* (Chironomidae)
Vorkommen: In Gewässernähe; Europa.
Von April bis Oktober; 10–12 mm lang; Männchen in großen Schwärmen, Zuckmücken stechen nicht. Die Larven (Rote Mückenlarven) leben im Bodenschlamm.

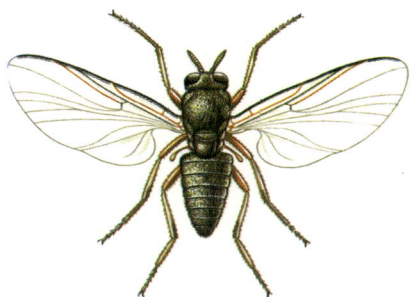

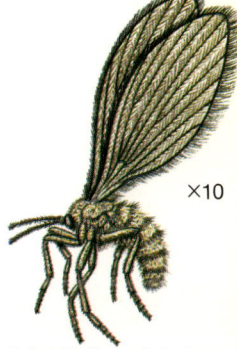

×10

Kriebelmücke *Simulium equinum* (Simuliidae)
Vorkommen: An rinnendem Wasser; Nord- und Mitteleuropa.
Von April bis September; 2–3,5 mm lang; große Schwärme um Weidevieh bildend; Weibchen sind blutsaugend.

Schmetterlingsmücke *Psychoda phalaenoides* (Psychodidae)
Vorkommen: In der Vegetation an Gewässern; Mitteleuropa.
Ganzjährig; 1–4 mm lang; dicht behaart; entwickeln sich in Abflußröhren.

Wintermücke *Trichocera hiemalis* (Trichoceridae)
Vorkommen: In Behausungen, in der Vegetation, auf Schnee; Mittel- und Nordeuropa.
Ganzjährig; bis 8 mm lang; im Winter an sonnigen Tagen große Tanzschwärme bildend.

Landbewohnende Wirbellose

Blasenfuß, Thrips (Thysanoptera)
Vorkommen: In Blüten, Falllaub, an alten Pilzen; weltweit.
Bis 2,5 mm lang; Weibchen gewöhnlich mit 4 federförmigen Flügeln, Männchen flügellos. Die meisten Thripse saugen Pflanzensäfte.

Märzfliege *Bibio marci* (Bibionidae)
Vorkommen: Waldränder, Gärten; Europa.
Flugzeit: Zeitiges Frühjahr, oft in großen Schwärmen;
10—13 mm lang. Larven leben im Boden.

Regenbremse *Haematopota pluvialis* (Tabanidae)
Vorkommen: Überall in der Vegetation, am häufigsten in Wassernähe; ganz Europa.
Flugzeit: Mai—September, besonders aktiv an warmen, schwülen Gewittertagen;
8—12 mm lang; blutsaugend.

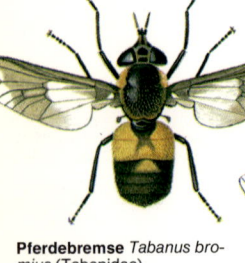

Pferdebremse *Tabanus bromius* (Tabanidae)
Vorkommen: Feuchtes Wald- und Grasland; Europa.
Flugzeit: Mai—September;
19—24 mm lang; Weibchen saugen Blut vom Vieh.

Hummelschweber *Bombylius major* (Bombyliidae)
Vorkommen: Waldlichtungen und Waldränder; Europa.
Flugzeit: Frühjahr; 8—12 mm lang; Nektarsauger.

Poecilobothrus nobilitatus (Dolichopodidae)
Vorkommen: An feuchten Stellen oder in Gewässernähe; Europa.
Flugzeit: Frühjahr bis Herbst;
4—7 mm lang; Weibchen ohne dunkle Flügelmale.

Hornissenjagdfliege *Asilus crabroniformis* (Asilidae)
Vorkommen: Waldlichtungen, Heiden; Europa.
Flugzeit: Sommer; 16—30 mm lang; räuberisch.

Waffenfliege *Chloromyia formosa* (Stratiomyidae)
Vorkommen: Auf Blüten und Büschen an feuchten Orten; Europa.
Flugzeit: Mai—Juli; 6,5—9 mm lang; Männchen mit goldglänzendem Abdomen; Larven räuberisch.

Tanzfliege *Empis tessellata* (Empididae)
Vorkommen: Wald- und Buschland, besonders auf Weißdornhecken; fast ganz Europa.
Flugzeit: Frühjahr bis Frühsommer; 8—9 mm lang; in großen Schwärmen fliegend; Larven sind räuberisch.

Kegelfliege *Rhingia campestris* (Syrphidae)
Vorkommen: An Blüten auf Wiesen, Weiden, Wegrändern; Europa.
Flugzeit: Sommer; 12–15 mm lang; Larven leben in Kuhdung.

Hummelschwebfliege *Volucella bombylans* (Syrphidae)
Vorkommen: Auf Blüten in Wiesen; Europa.
Flugzeit: Sommer; 15–16 mm lang.

Schwebfliege *Syrphus ribesii* (Syrphidae)
Vorkommen: Blumenreiche Wiesen und Waldränder, besonders auf Doldenblütlern; fast ganz Europa.
Flugzeit: Sommer; 12–16 mm lang; Larven ernähren sich von Blattläusen.

Schwingfliege *Sepsis punctum* (Sepsidae)
Vorkommen: Wiesen- und Buschland; Europa.
Flugzeit: Frühjahr bis Herbst; bis 6 mm lang; glänzend braun oder schwarz; Larven leben in Kot, Dung und faulendem pflanzlichem Material.

Schlammfliege *Eristalis tenax* (Syrphidae)
Vorkommen: Auf Blüten in Wiesen- und Waldland, besonders in Wassernähe; weltweit verbreitet.
Flugzeit: März–Oktober; 15–19 mm lang; Larven leben in Jauche, Ablaufgräben und Misthaufen.

×5

Fruchtfliege, Taufliege *Drosophila* sp. (Drosophilidae)
Vorkommen: Hauptsächlich in der Nähe von Obst; weltweit.
Flugzeit: Hauptsächlich zur Obstreife; 2 mm lang.

Kaisergoldfliege *Lucilia caesar* (Calliphoridae)
Vorkommen: In Häusern und Ställen, in der Nähe von Schafen und anderen Tieren; ganz Europa.
Ganzjährig; 6–11 mm lang; Weibchen legt seine Eier in großen Mengen auf Exkremente und Kadaver.

Schmeißfliege *Calliphora vomitoria* (Calliphoridae)
Vorkommen: An Fleisch, in Häusern und im Freien; fast weltweit.
Flugzeit: März–Oktober; 6–13 mm lang; Eiablage in Tierkadavern.

Polsterfliege *Pollenia rudis* (Calliphoridae)
Vorkommen: In Häusern, im Sommer auch im Freien; Europa.
Ganzjährig; 6–9 mm lang; kommt an sonnigen Wintertagen aus ihrem Versteck; Larven leben parasitisch in Regenwürmern.

Landbewohnende Wirbellose

Stachelbeerblattwespe *Nematus ribesii* (Tenthredinidae)
Vorkommen: An Stachelbeer- und Johannisbeersträuchern; Europa.
Flugzeit: April–Oktober; 7–10 mm lang; Larven ernähren sich von Stachelbeer- und Johannisbeerblättern; Schädlinge.

Graue Fleischfliege *Sarcophaga carnaria* (Calliphoridae)
Vorkommen: In der Nähe von Häusern, auf Fleisch und Aas; Europa.
Flugzeit: April–Oktober; 13–15 mm lang.

Große Stubenfliege *Musca domestica* (Muscidae)
Vorkommen: In Gebäuden, vorwiegend landwirtschaftlichen Anwesen; ganz Europa. Ganzjährig; 7–9 mm lang.

Erzwespe *Torymus* sp. (Chalcididae)
Vorkommen: Auf Eichen; Europa.
Flugzeit: Sommer; 2–10 mm lang; Larven parasitieren in Gallwespenlarven; Weibchen mit langem Legebohrer.

Riesenholzwespe *Uroceras gigas* (Siricidae)
Vorkommen: Nadelwälder; Europa.
Flugzeit: Juli–September; 10–40 mm; Larven nagen im Holz gefällter oder geschädigter Bäume. Weibchen mit Legebohrer.

Feuergoldwespe *Chrysis ignata* (Chrysididae)
Vorkommen: An sonnigen, trockenen Orten; fast ganz Europa.
Flugzeit: Sommer; 7–10 mm lang; Larven parasitieren in Bienen und Wespen.

Schwarze Blattwespe *Tenthredo atra* (Tenthredinidae)
Vorkommen: Hecken, Wälder, Gärten; Europa.
Flugzeit: Mai–August; 10–12 mm lang;·

Gelbe Dungfliege *Scatophaga stercoraria* (Scatophagidae)
Vorkommen: Weideland, auf Dung; Europa.
Flugzeit: April–Oktober; 9–11 mm lang; Larven leben in Dung.

Große Schlupfwespe *Rhyssa persuasoria* (Ichneumonidae)
Vorkommen: Nadelwälder; fast ganz Europa.
Flugzeit: Sommer; 18–35 mm lang; Weibchen mit langem Legebohrer, es bohrt im Holz lebende Larven von Holzwespen und anderen Insekten an, um Eier abzulegen.

Gallen sind Wucherungen an verschiedenen Pflanzenteilen, mit denen die Pflanze auf den Befall von Insektenlarven oder anderen Organismen, z. B. Milben oder Pilze, reagiert. Das Pflanzengewebe wuchert stark und bildet um den Eindringling eine Galle, die ihm Nahrung und Schutz bietet. Die befallenen Pflanzen scheinen nicht ernstlich Schaden zu nehmen.

Gallwespe *Neuroterus quercusbaccarum* (Cynipidae)
Vorkommen: Auf Eichen; ganz Europa.
Weibchen legen im Mai–Juli befruchtete Eier in die Blattunterseite. Um jedes Ei entsteht eine flache Galle, in der sich das Insekt zu entwickeln beginnt. Im Frühjahr schlüpfen aus diesen Gallen nur Weibchen (1,5–2,8 mm lang). Diese legen nun unbefruchtete Eier in Eichenknospen ab, um diese herum bilden sich unscheinbare beerenförmige Gallen (etwa 5 mm Durchmesser), aus denen im Juni Männchen und Weibchen schlüpfen. Diese Weibchen werden befruchtet und legen wiederum Eier in die Unterseite von Eichenblättern.

ungeflügelte Weibchen (3,5–6 mm lang) aus den Wurzelgallen. Sie klettern am Stamm zu den Zweigenden hinauf und legen hier ihre Eier hinein. Es entsteht eine kartoffelförmige, vielfach gekammerte, etwa 4 cm große Galle, in der die geschlechtliche Generation entsteht. Die männlichen und weiblichen Wespen fliegen im Juni aus. Die teils geflügelten, teils ungeflügelten Weibchen (1,5–2,8 mm lang) legen befruchtete Eier an die Eichenwurzeln.

Gemeine Rosengallwespe *Diplolepis rosae* (Cynipidae)
Vorkommen: An Rosen; fast ganz Europa.
3,5–6,5 mm lang. Diese Gallwespe erzeugt an Rosenzweigen und -blättern die sog. Schlafäpfel, die aus mehreren Gallen bestehen. Die zunächst leuchtendrote, haarige Galle wird im Laufe des Sommers braun und trocken. Aus den Gallen schlüpfen meist nur Weibchen, die ihre unbefruchteten Eier dann in die Rosenknospen ablegen.

Schwammgallwespe *Biorhiza pallida* (Cynipidae)
Vorkommen: Auf Eichen; ganz Europa.
Diese Gallwespe bildet 2 Arten von Gallen, an den Wurzeln und den Zweigen von Eichen. Im Winter schlüpfen

Kaninchenfloh *Spilopsyllus cuniculi* (Pulicidae)
Vorkommen: Auf Kaninchen; überall, wo es Kaninchen gibt.

×10

Ganzjährig; ca. 3 mm groß; blutsaugend; Krankheitsüberträger.

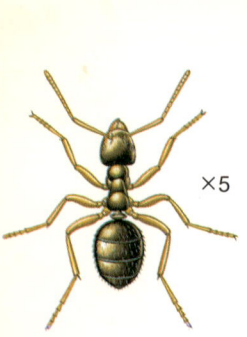

×5

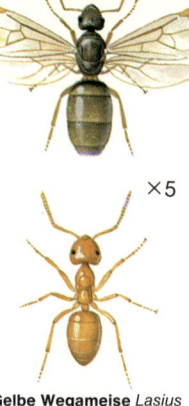

×5

×5

Schwarze Wegameise *Lasius niger* (Formicidae)
Vorkommen: Im Boden und unter Steinen, hauptsächlich in Gärten; ganz Europa.
Von Mai bis Oktober; 4–10 mm lang; Nester häufig unter Steinplatten von Gartenwegen, Schwärmen des Volkes und Hochzeitsflug im Hochsommer.

Gelbe Wegameise *Lasius flavus* (Formicidae)
Vorkommen: An Grasbüscheln und unter Steinen; Europa.
Von Frühjahr bis Herbst; 2–9 mm lang; ernährt sich von den süßen Ausscheidungen von Blattläusen; baut hügelartige Lehmnester.

Rote Waldameise *Formica rufa* (Formicidae)
Vorkommen: In Wäldern, vorwiegend in Nadelwäldern; Europa.
Von März–Oktober und an sonnigen Wintertagen; 6–11 mm lang; Hochzeitsflug im Hochsommer; baut große Ameisenhaufen aus Nadeln, Moos und Zweigen; geschützt!

Pillenwespe *Eumenes coarctata* (Eumenidae)
Vorkommen: Heidegebiete; Großteil Europas.
Flugzeit: Sommer; 10–16 mm lang; baut für die Entwicklung der Larven Lehmtöpfchen an Steinen, Mauern und Sträuchern.

Sandwespe *Ammophila sabulosa* (Sphecidae)
Vorkommen: Auf Sandböden in Heidegebieten oder Dünenlandschaften; Europa.
Flugzeit: Sommer; 16–28 mm lang.

Grabwespe *Ectemnius quadricinctus* (Sphecidae)
Vorkommen: Gärten, Waldland, Heiden, auf blühenden Doldengewächsen; Europa.
Flugzeit: Sommer; 7–12 mm lang; nistet in altem Holz.

Gemeine Wespe *Paravespula vulgaris* (Vespidae)
Vorkommen: In der Nähe von Gebäuden, in Gärten, an Hecken; Großteil Europas.

Flugzeit: Frühjahr bis Spätherbst; 11–20 mm lang; staatenbildend, die Nester sind in Erdlöchern angelegt.

Wegwespe *Anoplius fuscus* (Pompilidae)
Vorkommen: Auf Sandböden, Heiden, sandigen Wegen; fast ganz Europa.
Flugzeit: Sommer; 7–20 mm lang; räuberisch.

Hornisse *Vespa crabro* (Vespidae)
Vorkommen: An Früchten und „blutenden" Bäumen, siedelt in Nestern, die meist in hohen Bäumen angelegt sind; ganz Europa.
Flugzeit: April–Oktober; 19–35 mm lang, staatenbildend, nur junge befruchtete Weibchen überwintern und gründen neue Staaten.

Erdhummel *Bombus terrestris* (Apidae)
Vorkommen: Auf Blüten bei der Nektarsuche; ganz Europa.
Flugzeit: April–Oktober; 20–25 mm lang; bildet Sommerstaaten, nur junge Weibchen überwintern; Nester in Erdlöchern.

Steinhummel *Bombus lapidarius* (Apidae)
Vorkommen: Gärten, Grasland; ganz Europa.
Flugzeit: April–September; 20–25 mm groß; Nester unterirdisch, auch in Mauerrissen, Männchen treten erst im Spätsommer auf, zusammen mit jungen Weibchen.

Honigbiene *Apis mellifera* (Apidae)
Vorkommen: Auf Blüten, Dauerstaaten in Bienenstöcken und Bienenhäusern, wird als Haustier gehalten; Europa.
Flugzeit: Frühjahr bis Herbst, bis 25 mm groß; Arbeiterinnen sammeln Nektar und Pollen, produzieren Honig und Wachs, füttern die Larven, bauen Waben und reinigen den Stock.

Wespenbiene *Nomada flava* (Andrenidae)
Vorkommen: Auf Sand- und Grasböden; Europa.
Flugzeit: Sommer; 12–14 mm groß; Schmarotzer bei Sandbienen und anderen solitären Bienen.

Sandbiene *Andrena armata* (Andrenidae)
Vorkommen: Wald- und Grasland; Europa.
Flugzeit: Frühjahr, eine 2. Generation eventuell im Sommer; 13–15 mm groß; solitär lebend; nisten in lockeren Sandböden, besuchen gerne Blüten von Stachelbeersträuchern.

Landbewohnende Wirbellose

Zangenbock *Rhagium bifasciatum* (Cerambycidae)
Vorkommen: Laubwälder, Europa.
Im Sommer anzutreffen; 16–21 mm lang.

Feld-Sandlaufkäfer *Cicindela campestris* (Cicindelidae)
Vorkommen: Sandböden, Sanddünen; ganz Europa.
Bei sonnigem Wetter im Sommer anzutreffen; 12–15 mm lang.

Goldleiste *Carabus violaceus* (Carabidae)
Vorkommen: Auf dem Boden von Wäldern und Gärten; fast ganz Europa.
Nachtaktiv; 18–34 mm lang.

Kurzflügler *Ocypus oleus* (Staphylinidae)
Vorkommen: Wald, Grasland, Garten; Mitteleuropa.
Nachtaktiv; räuberisch; 16–25 mm lang.

Hirschkäfer *Lucanus cervus* (Lucanidae)
Vorkommen: Eichenwälder; Großteil Europas.
Erscheint im Juli; bis 75 mm lang; Larven in alten Stümpfen und Stämmen von Eichen, auch in anderem Holz. Weibchen ohne geweihartige Oberkiefer. Geschützt!

Dunkler Saatschnellkäfer *Agriotes obscurus* (Elateridae)
Vorkommen: Ackerland, Grasland; ganz Europa.
Tritt von Mai bis Juni auf; 7,5–10,5 mm lang; Larven (Drahtwürmer) Kulturschädlinge.

Dungkäfer *Aphodius rufipes* (Scarabaeidae)
Vorkommen: Auf Wiesen und Weiden, an Dung; fast ganz Europa.
Erscheint im Sommer; 3–5 mm lang; ernährt sich von Huftierdung.

Wollkrautblütenkäfer *Anthrenus verbasci* (Dermestidae)
Vorkommen: Larven in Häusern, Vogelnestern, Adulte auf Blüten; weltweit.
1,5–3,5 mm lang; die Larven fressen Wolle, Pelze, präparierte Insekten usw.

Feld-Maikäfer *Melolontha melolontha* (Scarabaeidae)
Vorkommen: Wälder, Parks, Gärten; fast ganz Europa, fehlt in Süditalien und Spanien.
Flugzeit: Mai–Juni; 20–30 mm lang; die Larven (Engerlinge) leben 3–4 Jahre im Boden, wo sie sich von Wurzeln ernähren.

Philonthus laminatus (Staphylinidae)
Vorkommen: Grasland, Wälder, am Boden; ganz Europa.
Im Sommer anzutreffen; 10–15 mm lang, ernährt sich von Insektenlarven in verwesenden Stoffen.

Gemeiner Weichkäfer *Cantharis rustica* (Cantharidae)
Vorkommen: Auf Blüten; Europa.
Flugzeit: Sommer; 11–15 mm lang; lebt auf Blüten, ernährt sich aber räuberisch.

22-Punktkäfer *Thea vigintiduopunctata* (Coccinellidae)
Vorkommen: Fast überall; Europa, vor allem Südeuropa.
Tritt vom Frühjahr bis Herbst auf; 3–4,5 mm groß; ernährt sich von Blattläusen.

Siebenpunkt-Marienkäfer *Coccinella septempunctata* (Coccinellidae)
Vorkommen: Überall in der Vegetation; ganz Europa.
Von Frühjahr bis Herbst; 5–8 mm lang; frißt Blattläuse.

Totengräber *Necrophorus vespillo* (Silphidae)
Vorkommen: Wälder, Wegränder; Europa.
Im Sommer aktiv; 12–22 mm lang; eine von mehreren ähnlichen Totengräber-Arten.

Ulmensplintkäfer *Scolytus scolytus* (Scolytidae)
Vorkommen: Auf Ulmen; Mitteleuropa.
3–6 mm lang; Larven leben in Ulmen, die oft absterben, nicht allein vom Fraß, sondern durch einen Pilz, den die Käfer übertragen.

Pelzkäfer *Attagenus pellio* (Dermestidae)
Vorkommen: Larven in Wohnungen und Nestern, Käfer auf blühenden Sträuchern; weltweit.
Frühjahr; 4–4,5 mm lang; Larven fressen Stoffe, Pelze, Teppiche.

Augenmarienkäfer *Anatis ocellata* (Coccinellidae)
Vorkommen: Nadelwälder; ganz Europa.
Im Sommer; 8–9 mm lang; ernährt sich von Blattläusen.

Widderbock *Clytus arietis* (Cerambycidae)
Vorkommen: Waldränder, auf Blüten und Baumstämmen; Europa.
Tritt im Juni und Juli auf; 7–14 mm lang.

Großer Roßkäfer *Geotrupes stercorarius* (Geotrupidae)
Vorkommen: Gras- und Waldland; in ganz Europa.
Von April bis Oktober; 16–25 mm lang; ernährt sich von Dung.

Dungkäfer *Emus hirtus* (Staphylinidae)
Vorkommen: Viehweiden; Mitteleuropa.
Ernährt sich von Kuhdung; 18–28 mm lang.

Kartoffelkäfer *Leptinotarsa decemlineata* (Chrysomelidae)
Vorkommen: An Kartoffeln und andern Nachtschattengewächsen; aus Nordamerika nach Europa eingeschleppt.
Von Mai bis September; 6–11 mm lang; überwintert als Käfer. Die rosafarbenen Larven fressen ebenfalls an Kartoffelpflanzen; Kulturschädling!

Landbewohnende Wirbellose

Glühwürmchen *Lampyris noctiluca* (Lampyridae)
Vorkommen: Lokal im Ufergebüsch oder an Waldrändern, Heiden; Europa.
Von Juni–August vorzufinden; 8–10 mm lang; Weibchen flügellos, wurmförmig, erzeugt ein grün-weißes Licht im Hinterleib, um Männchen anzulocken.

Kardinalkäfer *Pyrochroa serraticornis* (Pyrochroidae)
Vorkommen: Lokal an Stämmen von Laubbäumen, in Laubwäldern; Mitteleuropa.
Im Sommer anzutreffen; 14–15 mm lang; Larven leben unter der Rinde abgestorbener Bäume.

Gemeiner Holzwurm *Anobium punctatum* (Anobiidae)
Vorkommen: Befällt tote Baumstämme, aber auch in Bauholz, Möbeln und Balken; ganz Europa.
Tritt im Frühsommer auf; 3–5 mm lang; Larven nagen Gänge in Holz; Holzschädling.

Spitzmäuschen *Apion miniatum* (Curculionidae)
Vorkommen: In Hecken und Wiesen, vorwiegend an feuchten Stellen; Europa.
Im Sommer aktiv; 3–5 mm lang; ernährt sich von Ampferblättern.

Schwarzer Rüsselkäfer *Otiorhynchus clavipes* (Curculionidae)
Vorkommen: Hecken und Wälder; Europa.
Im Sommer aktiv; 6–10 mm lang.

Grüner Schildkäfer *Cassida viridis* (Chrysomelidae)
Vorkommen: Auf Lippen- und Korbblütlern; Europa.
Im Juli und August 7–10 mm lang.

Chrysolina polita (Chrysomelidae)
Vorkommen: Unterholz von feuchtem Gebüsch; Europa.
Im Sommer vorkommend; 5–10 mm lang; ernährt sich von Minze und anderen Lippenblütlern.

Kellerassel *Porcellio scaber* (Porcellionidae)
Vorkommen: Unter Fallaub, Steinen und Brettern, im Freien und in Gebäuden; ganz Europa, vermutlich Kosmopolit.
Ganzjährig; 7–14 mm lang; feuchtigkeitsliebend.

Moosskorpion *Neobisium muscorum* (Neobisiidae)
Vorkommen: Unter Moos, an feuchten Stellen unter Steinen, im Laub, sowohl im Wald als auch im offenen Gelände; Europa.
5–8 mm groß.

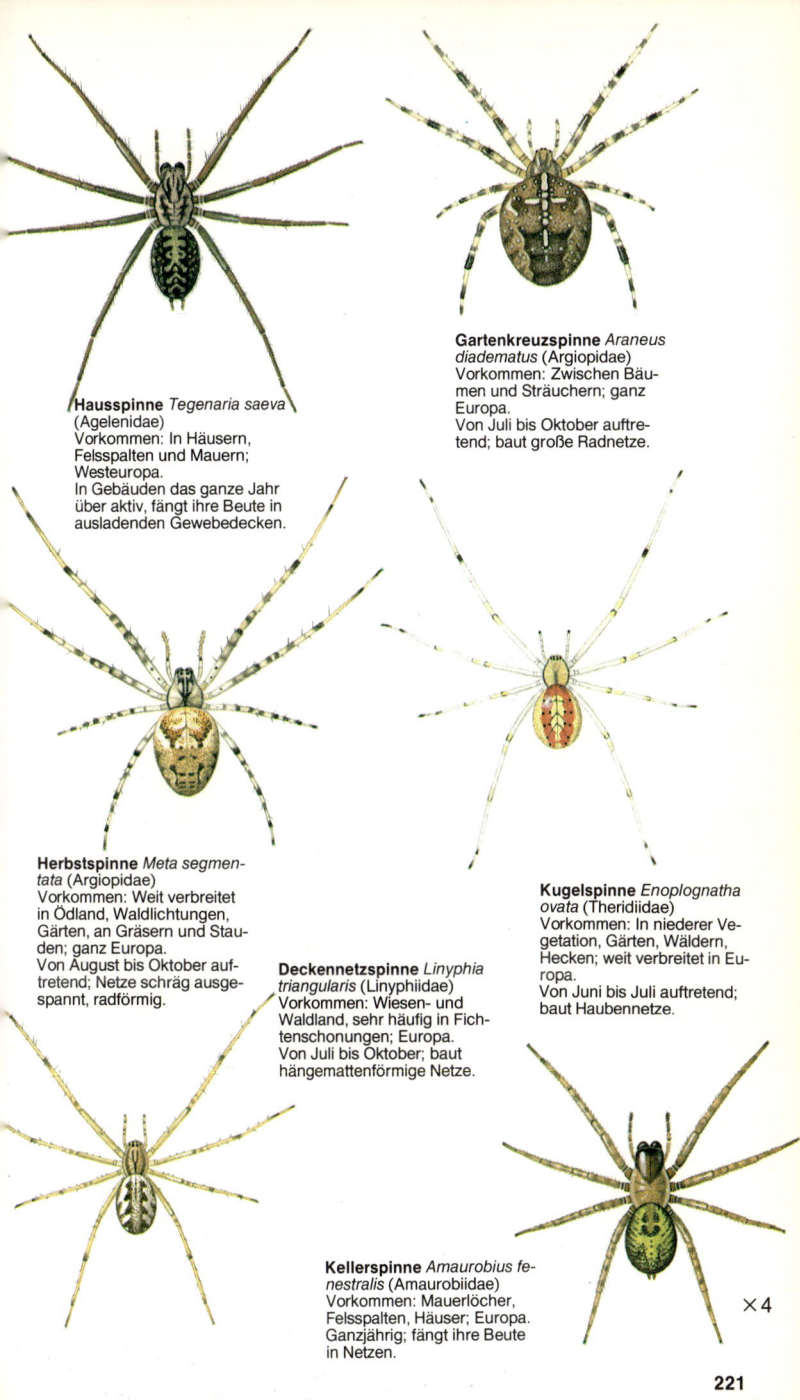

Hausspinne *Tegenaria saeva* (Agelenidae)
Vorkommen: In Häusern, Felsspalten und Mauern; Westeuropa.
In Gebäuden das ganze Jahr über aktiv, fängt ihre Beute in ausladenden Gewebedecken.

Gartenkreuzspinne *Araneus diadematus* (Argiopidae)
Vorkommen: Zwischen Bäumen und Sträuchern; ganz Europa.
Von Juli bis Oktober auftretend; baut große Radnetze.

Herbstspinne *Meta segmentata* (Argiopidae)
Vorkommen: Weit verbreitet in Ödland, Waldlichtungen, Gärten, an Gräsern und Stauden; ganz Europa.
Von August bis Oktober auftretend; Netze schräg ausgespannt, radförmig.

Deckennetzspinne *Linyphia triangularis* (Linyphiidae)
Vorkommen: Wiesen- und Waldland, sehr häufig in Fichtenschonungen; Europa.
Von Juli bis Oktober; baut hängemattenförmige Netze.

Kugelspinne *Enoplognatha ovata* (Theridiidae)
Vorkommen: In niederer Vegetation, Gärten, Wäldern, Hecken; weit verbreitet in Europa.
Von Juni bis Juli auftretend; baut Haubennetze.

Kellerspinne *Amaurobius fenestralis* (Amaurobiidae)
Vorkommen: Mauerlöcher, Felsspalten, Häuser; Europa.
Ganzjährig; fängt ihre Beute in Netzen.

×4

Krabbenspinne *Misumena vatia* (Thomisidae)
Vorkommen: Auf Blüten, weitverbreitet in Wiesen und Waldland; Europa.
Von Juli bis August; paßt sich farblich den Blüten an und lauert so ihrer Beute auf.

Wolfsspinne *Trochosa ruricola* (Lycosidae)
Vorkommen: Unter Steinen und in Erdlöchern; weit verbreitet.
Webt keine Netze, jagt ihre Beute bei Nacht.

Raubspinne *Pisaura mirabilis* (Pisauridae)
Vorkommen: Trockenes Grasland, Heiden; Europa.
Von Mai bis Juli; fängt ihre Beute im Sprung.

Zitterspinne *Pholcus phalangioides* (Pholcidae)
Vorkommen: In Gebäuden, besonders in Kellern; Westeuropa und wärmere Teile Mitteleuropas.
Ganzjährig; fängt ihre Beute in kuppelförmigen Deckennetzen.

Harlekin-Hüpfspinne *Salticus scenicus* (Salticidae)
Vorkommen: Mauern, Felsen, exponierte Baumstämme; Europa.
Von Mai bis September; überwältigen ihre Beute in langem Sprung.

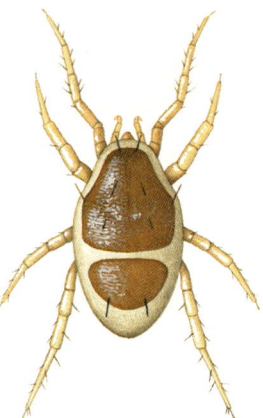

Weberknecht *Phalangium opilio* (Phalangiidae)
Vorkommen: Auf dem Boden, in Holzschuppen, auf Büschen; weitverbreitet. Ganzjährig aktiv.

Käfermilbe *Parasitus coleoptratorum* (Parasitidae)
Vorkommen: Regelmäßig auf Dungkäfern und anderen Insekten, von denen sie sich transportieren lassen; ganz Europa.
Räuberisch. (11 × vergrößert)

Holzbock *Ixodes ricinus* (Ixodidae)
Vorkommen: Waldgebiete mit dichtem Unterwuchs; Europa. Saugt Blut von Säugetieren und Vögeln, aber auch vom Menschen, schwillt nach einer Blutmahlzeit stark an. (2 × vergrößert)

Erdläufer *Geophilus* sp. (Geophilidae)
Vorkommen: In feuchter Erde, Laubstreu, unter Rinde und Steinen; Europa. Ganzjährig.

Tausendfüßer *Cylindroiulus* sp. (Julidae)
Vorkommen: In Laubmulm und unter Rinde; Europa. Ganzjährig.

Süßwasserbewohnende Wirbellose

Strudelwurm *Polycelis nigra* (Planariidae)
Vorkommen: Gräben, Bäche und Teiche; weit verbreitet in Europa.
Ganzjährig; Farbe sehr variabel von creme- bis dunkelbraun, mit zahlreichen Augen am Rand des Vorderkörpers; bis 1 cm lang.

Süßwasserpolyp *Hydra* sp. (Hydridae)
Vorkommen: Stehende und langsam fließende Gewässer; ganz Europa.
Vom Frühjahr bis Herbst, überwintert als Eistadium im Schlamm. Heftet sich an Wasserpflanzen oder Holz fest und fängt Wasserflöhe mit den mit Nesselzellen bewehrten Fangarmen.

Schlammröhrenwurm *Tubifex tubifex* (Tubificidae)
Vorkommen: Im Schlamm von Teichen, Tümpeln und schlammigen Gräben; ganz Europa.
Ganzjährig; lebt in Schlammröhren, aus denen das Schwanzende ins Wasser ragt.

Medizinischer Blutegel *Hirudo medicinalis* (Gnathobdellidae)
Vorkommen: Teiche, Sümpfe, pflanzenreiche Seen; Europa.
Ausgestreckt 15 cm lang, zusammengezogen 3–4 cm; ernährt sich von Säugetierblut einschließlich Menschenblut (früher zum Aderlaß verwendet;) Jugendstadien leben von Fischen, Molchen und anderen Kleintieren.

Posthornschnecke *Planorbis corneus* (Planorbidae)
Vorkommen: Langsam fließende und stehende Gewässer mit reichem Pflanzenwuchs; ganz Europa.
Weidet auf Algen; ganzjährig; kommt nur selten zum Luftholen an die Oberfläche.

Große Schlammschnecke *Lymnaea stagnalis* (Lymnaeidae)
Vorkommen: In Teichen und anderen stehenden oder langsam fließenden, pflanzenreichen Gewässern; ganz Europa.
Ganzjährig; größte gehäusetragende Schnecke Mitteleuropas.

Malermuschel *Unio picto-rum* (Unionidae)
Vorkommen: Weiher, stehen-de und langsam fließende Gewässer; ganz Europa. Verdankt ihren Namen den Malern, die früher die Scha-len als Farbtöpfe benutzten.

Teichläufer *Hydrometra stagnorum* (Hydrometridae)
Vorkommen: Wasseroberflä-che, im Pflanzengürtel ste-hender und langsam fließen-der Gewässer; Europa. Die Imagines überwintern am Ufer.

Wasserläufer *Gerris odonto-gaster* (Gerridae)
Vorkommen: Oberfläche von pflanzenreichen Teichen und Seen; Europa. Aktiv vom Frühjahr bis zum Herbst.

Wasserskorpion *Nepa cine-ria* (Nepidae)
Vorkommen: Uferbereich schlammiger Teiche und Seen; Europa. Im Winter im Schlamm ver-borgen, ernährt sich von Lar-ven und Fischbrut.

Wasserbiene *Ilyocoris cimi-coides* (Naucoridae)
Vorkommen: Pflanzenreiche, schlammige ruhende Gewäs-ser; Europa. Überwintert; schnell schwim-mend; räuberisch.

Ruderwanze *Corixa punctata* (Corixidae)
Vorkommen: Am Grund von Teichen und Seen; Europa. Imagines überwintern; er-nährt sich von Algen und Pflanzenresten; fliegen recht gut.

Rückenschwimmer *Noto-necta glauca* (Notonectidae)
Vorkommen: Dicht unter der Oberfläche in ruhenden Ge-wässern; Europa. Schwimmt in Rückenlage; räuberisch; sticht empfind-lich; kann auch fliegen.

Taumelkäfer *Gyrinus marinus* (Gyrinidae)
Vorkommen: Auf der Wasseroberfläche von ruhenden und langsam fließenden Gewässern; Europa.
Aktiv vom Frühjahr bis zum Herbst; schwimmt in Spiralbewegungen sehr schnell; taucht bei Gefahr weg.

Feuchtkäfer *Hygrobia hermanni* (Hygrobiidae)
Vorkommen: In schlammigen Tümpeln; Europa.
Vom Frühjahr bis Herbst anzutreffen.

Wassermilbe *Arrhenurus buccinator* (Hygrobatidae)
Vorkommen: Teiche und ruhende Gewässer; Europa.
Ganzjährig; Männchen und Weibchen sind deutlich verschieden: ♀ rundlich, ♂ birnenförmig mit Taille.

Gelbrandkäfer *Dytiscus marginalis* (Dytiscidae)
Vorkommen: In Weihern und Teichen; ganz Europa.
Überwintert im Schlamm; geschickter Schwimmer und großer Räuber, Weibchen ohne Verdickungen an den Fußgliedern der Vorderbeine.

Großer Kolbenwasserkäfer *Hydrophilus piceus* (Hydrophilidae)
Vorkommen: Pflanzenreiche Weiher und Tümpel; Europa.
Überwintert im Schlamm verborgen; Pflanzenfresser; Weibchen ohne dreieckige Fortsätze an den Vorderbeinen.

Wasserspinne *Argyroneta aquatica* (Agelenidae)
Vorkommen: In ruhenden Gewässern; Europa.
Einzige Spinne, die ihr Leben im Wasser verbringt; jagt kleine Wasserinsekten; spinnt ein glockenförmiges Gehäuse, das sie mit Luft füllt.

Süßwasserbewohnende Wirbellose

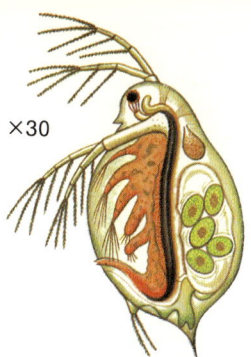

×30

Gemeiner Wasserfloh
Daphnia pulex (Daphnidae)
Vorkommen: Tümpel und andere stehende Gewässer, oft massenhaft, so daß das Wasser rot oder braun gefärbt aussieht; ganz Europa, Kosmopolit.
Ganzjährig; schwimmt hüpfend durch den Schlag der kräftigen verzweigten Antennen in aufrechter Lage; Ablage von überwinternden Dauereiern.

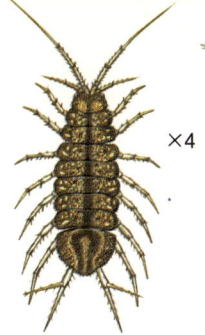

×4

Wasserassel *Asellus aquaticus* (Asellidae)
Vorkommen: Ufervegetation von Teichen und Seen; Europa.
Ganzjährig; einzige süßserbewohnende Assel; lebt von faulenden Pflanzenteilen; ♂ 12 mm, ♀ 8 mm.

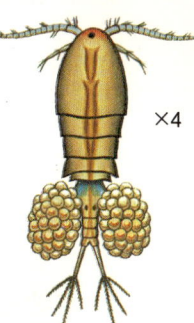

×4

Hüpferling *Cyclops strennus* (Cyclopidae)
Vorkommen: Pflanzenreiche stehende Gewässer; Europa.
Ganzjährig; schwimmt ruckweise mit Hilfe der Antennen; Weibchen gut erkennbar an den beiden großen Eisäcken; Männchen kleiner; im Sommer oft massenhaft.

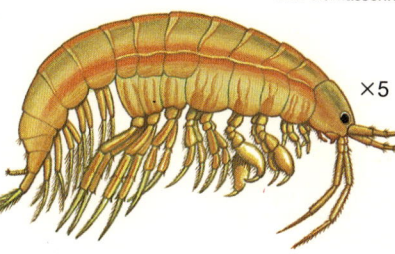

×5

Bachflohkrebs *Gammarus pulex* (Gammaridae)
Vorkommen: In fließenden, sauerstoffreichen Gewässern; ganz Europa.
Ganzjährig; hält sich am Grund zwischen Steinen und Laub auf; schwimmt mit schräggehaltenem Körper bei Störung schnell weg.

Flußkrebs *Potamobius pallipes* (Potamobiidae)
Vorkommen: In seichten, sauerstoffreichen Bächen und Flüssen, die geeignete Schlupfwinkel, z. B. überhängende Böschungen, aufweisen; ganz Europa.
Dämmerungs- und Nachttier; Allesfresser; überwintert; selten geworden.

Fische

In den Flüssen und Seen Europas sind mehr als 150 Fischarten heimisch, und eine weit größere Zahl bewohnt die Küsten und Meere. Von der großen Anzahl von Meeresfischen werden wir wohl nur wenig lebend zu sehen bekommen, so daß auf den folgenden Seiten auch nur die bekannteren Arten aufgeführt und abgebildet sind.

Fische sind wasserbewohnende, wechselwarme Wirbeltiere. Die Mehrzahl von ihnen lebt entweder im Süßwasser (Flüsse, Seen, Teiche) oder im Meer. Einige (z.B. Lachs, Aal) wandern jedoch zwischen Süß- und Salzwasser und verändern dabei ihr Aussehen, wieder andere (z.B. Flunder, Fünfzehnstacheliger Stichling) leben in Flußmündungen im Brackwasser und können sich sowohl im Süß- als auch im Salzwasser aufhalten. Süßwasserfische in schnell fließenden Gewässern leben unter ganz anderen physikalischen Bedingungen als Fische in langsam fließenden Gewässern. Durchflußgeschwindigkeit und Temperatur beeinflussen in hohem Maße den Sauerstoffgehalt des Wassers, der ein Hauptfaktor für das Fehlen oder Vorhandensein einer Fischart ist. Arten, die kaltes, sauerstoffreiches Wasser benötigen, verschwinden (durch Verschmutzung der Gewässer) immer mehr. Einige Arten tolerieren jedoch einen niederen Sauerstoffgehalt (z.B. Schleie, Karpfen) und können sogar noch in schmutzigem und verschlammtem Wasser gefunden werden.

Man unterteilt die Fische in die Knorpelfische (Chondrichthyes) und die Knochenfische (Osteichthyes). Knorpelfische besitzen echte Kiefer, ein knorpeliges Skelett und eine harte, mit Placoidschuppen bedeckte, rauhe Haut. Ihre Mundöffnung liegt an der Körperunterseite, und ihre Schwanzflosse ist asymmetrisch. Knochenfische besitzen ebenfalls echte Kiefer, ihr Skelett ist jedoch teilweise oder ganz verknöchert, die Schwanzflosse symmetrisch. Ihre Haut ist mit dünnen Plättchen (Ctenoidschuppen) bedeckt. Die Flossen (Schwanzflosse, paarige Brust- und Bauchflossen, unpaare Rücken- und Afterflossen) dienen zur Fortbewegung und werden – je nach Stellung – weitgehend bei der systematischen Unterscheidung der einzelnen Arten verwendet.

Weiterführende Literatur:

MAITLAND, PETER: Der Kosmos-Fischführer. Die Süßwasserfische Europas in Farbe. Kosmos-Verlag, Stuttgart

MUUS / DAHLSTRÖM: Meeresfische. BLV Verlag, München

Der Dreistachelige Stichling (*Gasterosteus aculeatus*) zeigt sich im Frühjahr in farbenprächtigem Brutkleid.

Wichtige Bestimmungsmerkmale

Fehlen oder Vorhandensein von Barteln in der Mundregion.

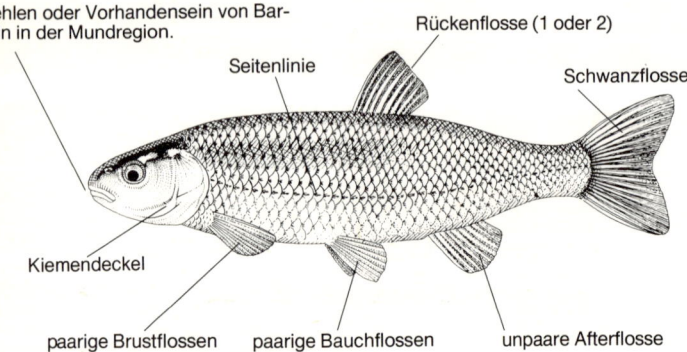

Seitenlinie

Rückenflosse (1 oder 2)

Schwanzflosse

Kiemendeckel

paarige Brustflossen   paarige Bauchflossen   unpaare Afterflosse

(Manchmal ist es sinnvoll, die Zahl der Flossenstrahlen der Hauptflossen zu notieren.)

Fische

Riesenhai *Cetorhinus maximus* (Cetorhinidae)
Vorkommen: Hochsee; westliches Mittelmeer, Atlantik.
Maximal 11 m lang; einzelgängerisch oder in kleinen Schulen; großes Maul und ungewöhnlich große Kiemenspalten (von der Kopfoberseite bis fast zur Brustmitte reichend); Planktonfiltrierer; Zähne winzig; Augen klein.

Blauhai *Prionace glauca* (Carcharhinidae)
Vorkommen: Hochsee, selten in Küstennähe; Mittelmeer, Atlantik, in der Nordsee seltener.
Maximal 4 m lang; Schwanzstiel seitlich verbreitert, Kopf zugespitzt; Zähne groß, mit spitzen Enden und gesägten Rändern.

Kleingefleckter Katzenhai *Scyliorhinus caniculus* (Scyliorhinidae)
Vorkommen: Küstengewässer, über bewachsenen Sandbänken, in 18–25 m Tiefe; Mittelmeer, Atlantik, Nordsee.
Maximal 1 m lang; Rücken, Flanken und Flossen dunkel gefleckt; Zähne klein; Schnauze abgestumpft.

Nagelrochen *Raja clavata* (Rajidae)
Vorkommen: Küstengewässer, auf Schlammböden, in 20–100 m Tiefe; europäische Küsten.
Maximal 1,20 m lang; häufigster Rochen der Nordsee; Dornenreihen längs des Rückens und Schwanzes.

Glattrochen *Raja batis* (Rajidae)
Vorkommen: Im küstennahen Wasser; Nordsee und Atlantik.
Maximal 2,5 m lang; lange Schnauze; Dornen um die Augen und Dornreihen auf dem Schwanz.

Stechrochen *Dasyatis pastinaca* (Dasyatidae)
Vorkommen: Seichtes, küstennahes Wasser, oft im Sand eingegraben; Mittelmeer, in Nord- und westlicher Ostsee selten.
Maximal 2,5 m lang; peitschenförmiger, langer Schwanz mit kräftigem Giftstachel.

Sprotte *Sprattus sprattus*
(Clupeidae)
Vorkommen: Küstengewässer und Hochsee; Atlantik und Mittelmeer.
15—20 cm lang; Schwarmfisch; Seitenlinie nicht sichtbar; Bauchflossen vor oder unter der Rückenflosse; Schuppen zwischen Bauch- und Afterflosse scharf gekielt.

Hering *Clupea harengus*
(Clupeidae)
Vorkommen: Hochsee; Atlantik, zieht zum Laichen in flacheres Küstenwasser.
Bis 40 cm lang; schlank; Seitenlinie nicht sichtbar; Bauchflossen hinter dem Vorderrand der Rückenflosse; Unterkiefer verlängert; Kopf zugespitzt.

Hornhecht *Belone belone*
(Belonidae)
Vorkommen: An der Oberfläche des offenen Meeres und in Küstennähe; Nord- und Ostsee, Atlantik, Mittelmeer.
Maximal 90 cm lang; Schwarmfisch; langgestreckt, zahnbewehrte, spitz zulaufende Kiefer; Rücken- und Afterflosse weit nach hinten versetzt.

Pollack *Pollachius pollachius*
(Gadidae)
Vorkommen: Hochsee, am Meeresboden bis in 200 m Tiefe, in Küstengewässern nur in 15 cm Tiefe; Atlantik, Nordsee.
Bis 1 m lang; verlängerter Unterkiefer ohne Bartfaden; Seitenlinie über den Brustflossen stark abgebogen; After unterhalb der 1. Rückenflosse.

Kabeljau *Gadus morrhua*
(Gadidae)
Vorkommen: Hochsee und Küstengewässer nahe des Meeresgrundes bis in 600 m Tiefe, küstennah in 18 cm Tiefe; Nordatlantik, Nordsee, Ostsee.
Bis 1,20 m lang; Oberkiefer verlängert; Kinnbartel; helle Seitenlinie; Farbe variabel.

Wittling *Merlangius merlangus* (Clupeidae)
Vorkommen: Küstengewässer und Hochsee bis 200 m Tiefe; Atlantik, Nordsee.
20—40 cm lang; verlängerter Oberkiefer; kein Bartfaden am Kinn; schwarzer Fleck an der Basis der Brustflosse.

Fische

Seepferdchen *Hippocampus* sp. (Syngnathidae)
Vorkommen: Seichtes Küstenwasser, Flußmündungen, zwischen Tangen und Seegras; Mittelmeer, Atlantikküste bis zur britischen Ostküste.

Ca. 16 cm lang; typische Körpergestalt; knöcherne Körperbedeckung; ohne Schwanzflosse; hält sich mit Greifschwanz am Bewuchs fest; schwimmt mit der fächerförmigen Rückenflosse. Röhrenschnauze.

Große Seenadel *Syngnathus acus* (Syngnathidae)
Vorkommen: Seichtes, küstennahes Wasser, Flußmündungen in Seegraswiesen; europäische Atlantikküste von Nordspanien bis Mittelnorwegen.

Bis 45 cm lang; wird auch Mittelmeer-Seenadel genannt; langgestreckter Körper; Röhrenschnauze; 18–19 knöcherne Ringe zwischen Kopf und Rückenflosse.

Dicklippige Meeräsche *Crenimugil labrosus* (Mugilidae)
Vorkommen: Im küstennahen Seichtwasser und in Ästuarien; Atlantik, Ärmelkanal, südliche Nordsee.
Bis 60 cm lang; 1. Rückenflosse mit 4 Stachelstrahlen; Oberkiefer mit dicker Lippe; Seitenlinie nicht erkennbar.

Wolfsbarsch *Dicentrarchus labrax* (Serranidae)
Vorkommen: Über Felsböden im seichteren Wasser, in Ästuarien; Mittelmeer, Atlantik, Nord- und Ostsee.
Bis 80 cm lang; 2 jeweils gleich lange Rückenflossen, die erste hartstrahlig, Mund groß; dunkle Flecken über dem Kiemendeckel.

Gewöhnliche Makrele *Scomber scombrus* (Scombridae)
Vorkommen: Hochsee, im Sommer in Küstennähe, im Oberflächenwasser; Mittelmeer, Atlantik, Nordsee.
Bis 50 cm lang; Schwarmfisch; die beiden Rückenflossen sind weit getrennt, hinter der letzten 4–6 Flössel; Zebrastreifung an den Flanken.

Streifenbarbe *Mullus surmuletus* (Mullidae)
Vorkommen: Am Meeresboden, auch in Flußmündungen; Atlantik, Nordsee.
Bis 40 cm lang; Färbung glänzend und veränderbar; 2 Barteln am Unterkiefer; 1. Rückenflosse hartstrahlig.

Leierfisch *Callionymus lyra*
(Callionymidae)
Vorkommen: Auf Sandböden
vom Flachwasser bis in 100 m
Tiefe; Mittelmeer, Atlantik,
Nord- und Ostsee.
Bis 30 cm lang; Männchen
farbenprächtig; Kopf breit;
Mund klein; froschäugig.

Gefleckter Lippfisch *Labrus
bergylta* (Labridae)
Vorkommen: Im Felslitoral
zwischen Tangen, meist in
Küstennähe; europäische
Küsten vom Mittelmeer bis
zur westlichen Ostsee.
Bis 60 cm lang; 40–50 Schuppen entlang der Seitenlinie.

Goldmaid *Crenilabrus me-
lops* (Labridae)
Vorkommen: Im algenbe-
wachsenen Felslitoral; europäische Küste vom Mittel-
meer bis zur Ostsee.
15–20 cm lang; lange, im
Vorderteil hartstrahlige Rükkenflosse; je ein schwarzer
Fleck hinter dem Auge und
an der Schwanzwurzel;
Grundfärbung des Männ-
chens grün, Weibchen braun.

Kleiner Sandaal *Ammodytes
tobianus* (Ammodytidae)
Vorkommen: Küstennah über
Sandböden, tags eingegra-
ben, nachts Schwärme bil-
dend; Atlantik, Nordsee.
Bis 20 cm lang; langgestreckter Körper. Oberkiefer vor-
streckbar.

Butterfisch *Pholis gunnellus*
(Pholidae)
Vorkommen: Auf Schlamm-
und Sandböden sowie an
Felsküsten, bis in 30 m Tiefe;
Nordatlantik, Ärmelkanal,
Nordsee.
15–25 cm lang; langgestreck-
ter, seitlich abgeflachter Kör-
per mit 9–13 dunklen Tupfen.

Aalmutter *Zoarces viviparus*
(Zoarcidae)
Vorkommen: Küstennahes
Seichtwasser, zwischen Fel-
sen und im Pflanzenbe-
wuchs, bis 40 m tief; Nordat-
lantik, Nord- und Ostsee.
Bis 50 cm lang.

Grüner Schleimfisch *Blen-
nius pholis* (Blenniidae)
Vorkommen: Flachwasser, an
Felsküsten und über Weichböden, in Fluttümpeln, zwischen Algenbewuchs; Atlantik, Nordsee.
Bis 16 cm lang; Rückenflosse
mit Einkerbung in der Mitte;
ohne Kopftentakel.

Knurrhähne *Trigla* sp. (Triglidae)
Vorkommen: Auf Weich- und Sandböden und zwischen Felsblöcken, sowohl in Küstennähe als auch auf offener See; europäische Küsten. Kopf mit knöcherner Bedeckung; die ersten 3 Stachelstrahlen der Brustflosse sind zu fingerähnlichen Fortsätzen umgebildet, mit denen der Fisch am Meeresboden läuft.

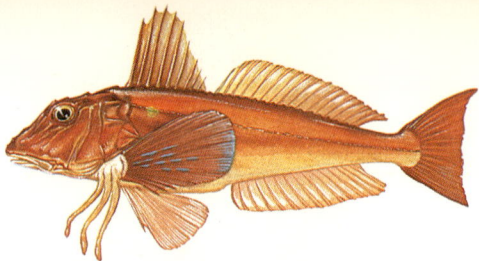

Paganellgrundel *Gobius paganellus* (Gobiidae)
Vorkommen: Im Seichtwasser zwischen Tangen an Felsküsten; Mittelmeer, Atlantik bis Schottland und bis zum Ärmelkanal.
Bis 12 cm lang; Brustflossen zu einer Saugscheibe verwachsen; Schwanzstiel kurz; Augen an der Kopfoberseite.

Steinpicker *Agonus cataphractus* (Agonidae)
Vorkommen: Vom Seichtwasser bis in 300 m Tiefe, im Küstenbereich und auf offener See; Nordatlantik, Ärmelkanal, Nordsee.
Bis 20 cm lang; Kopf und Körper mit Knochenplatten gepanzert; kurze Barteln auf der Kopfunterseite.

Seehase *Cyclopterus lumpus* (Cyclopteridae)
Vorkommen: An Felsküsten in der Gezeitenzone, über Felsböden bis in 200 m Tiefe; im Atlantik nördlich von Portugal bis zur Nordsee.
Bauchflossen zu einer Saugscheibe umgebildet; Haut ohne Schuppen, mit 4 Reihen von Knochenplatten.

Kleiner Scheibenbauch *Liparis montagui* (Liparidae)
Vorkommen: Im pflanzenbewachsenen Felslitoral vom Atlantik bis zur westlichen Ostsee.
Bis 6 cm lang; schuppenlos; weichhäutig und schleimig, die Brustflossen dehnen sich unter das Kinn aus, die Bauchflossen bilden eine Saugscheibe.

Seeteufel *Lophius piscatorius* (Lophiidae)
Vorkommen: Auf Sand- und Schlammböden vom Flachwasser bis in 500 m Tiefe; Atlantik und Nordsee.
Bis 1,75 m lang; riesiger abgeplatteter Kopf mit weiter, bogenförmiger Mundöffnung und vielen Zähnen; der 1. Flossenstrahl ist beweglich und trägt einen lappigen Anhang; weitere Auswüchse auf der weichen, schuppenlosen Haut.

Meeresfische

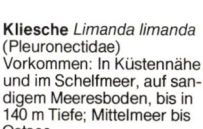

Scholle *Pleuronectes plates-sa* (Pleuronectidae)
Vorkommen: Im küstennahen und flachen Schelfmeer auf Weichböden von 10–120 m Tiefe; vom Mittelmeer bis zur westlichen Ostsee.
30–50 cm lang; Augen auf der oberen, rechten Seite, dazwischen eine Reihe von 4–7 knöchernen Höckern; orange gefleckt, weiche, kleine Schuppen.

Kliesche *Limanda limanda* (Pleuronectidae)
Vorkommen: In Küstennähe und im Schelfmeer, auf sandigem Meeresboden, bis in 140 m Tiefe; Mittelmeer bis Ostsee.
Augen auf der rechten Seite; Oberseite kräftig beschuppt; Seitenlinie bogenförmig über der Brustflosse.

Flunder *Platichthys flesus* (Pleuronectidae)
Vorkommen: Auf Weichböden von 5–25 m Tiefe, im Küstenwasser, Flachmeer und in Flußmündungen; Nord- und Ostsee.
30–40 cm lang; Augen rechts liegend; harte knöcherne Knoten entlang der Seitenlinie und der Basis von Rücken- und Afterflosse.

Heilbutt *Hippoglossus hippoglossus* (Pleuronectidae)
Vorkommen: Meeresboden der offenen See, auf verschiedenen Weichböden, von 50–200 m Tiefe; Atlantik, Nordsee.
Bis 3 m lang; Augen auf der rechten Körperseite; großer Mund; deutliche Zähne; Seitenlinie über der Brustflosse abgebogen.

Seezunge *Solea solea* (Soleidae)
Vorkommen: Meeresboden des Schelfmeeres auf Sand- und Schlammböden, von 10–60 m Tiefe; europäische Küsten vom Mittelmeer bis zur westlichen Ostsee.
Bis 50 cm lang; Augen auf der rechten Körperseite; Seitenlinie gerade; weiche, gut entwickelte Brustflossen.

Meeresfische

Steinbutt *Scophthalmus maximus* (Scophthalmidae)
Vorkommen: Meeresboden im Schelfmeer, auf Weichböden von 20–70 m Tiefe; Mittelmeer, Nordsee, Ostsee.
Bis 80 cm lang; Augen auf der linken Körperseite; ohne Schuppen, mit Knochenhökkern; Körper scheibenförmig.

Glattbutt *Scophthalmus rhombus* (Scophthalmidae)
Vorkommen: auf Sand-, Schlamm- und Kiesböden, im küstennahen und flachen Schelfmeer, in 5–50 m Tiefe; Mittelmeer, Nordsee, westliche Ostsee.
Bis 65 cm lang; Augen auf der linken Körperseite; mit weichen Schuppen und ohne Knochenhöcker.

Haarbutt *Zeugopterus punctatus* (Scophthalmidae)
Vorkommen: Zwischen Steinen in Mulden des Meeresgrundes, im küstennahen und seichten Schelfmeer; Nordatlantik, Ärmelkanal, Nordsee.
Bis 25 cm lang; Augen auf der linken Körperseite; Schuppen am Hinterrand gezähnelt.

Norwegischer Zwergbutt
Phrynorhombus norvegicus (Bothidae)
Vorkommen: Küstennahes und flaches Schelfmeer am Meeresgrund auf steinigen Böden im Pflanzenbewuchs; Ärmelkanal, Nordsee, Island und Nordmeer.
Bis 12 cm lang; Augen auf der linken Körperseite; Rükkenflosse beginnt über dem rechten Auge; mit unregelmäßiger Querbänderung.

Flußneunauge *Lampetra fluviatilis* (Petromyzontidae)
Vorkommen: Offenes Meer, Ästuarien, Flüsse und Bäche; Küsten und Schelfmeer des Nordatlantik.
Bis 50 cm lang; runder Saugmund; kieferlos; 7 paarige Kiemenöffnungen; keine paarigen Flossen; schleimige Oberfläche; einziges Nasenloch auf der Kopfoberseite. Wandern aus dem Meer zum Laichen ins Süßwasser, die larvalen Jungtiere verwandeln sich nach 3–5 Jahren und wandern ins Meer zurück.

Das **Bachneunauge** (*Lampetra planeri*) ist ähnlich, aber kleiner (15 cm), bleibt zeitlebens im Süßwasser.

Finte *Alosa fallax* (Clupeidae)
Vorkommen: Im Unterlauf von Flüssen, Ästuarien und längs der Küsten Europas; vom östlichen Mittelmeer bis Norwegen.
Bis 60 cm lang; marin; laicht im Mai im Süßwasser, die Jungfische wandern einjährig ins Meer; weniger als 70 Seitenlinienschuppen.

Atlantischer Lachs *Salmo salar* (Salmonidae)
Vorkommen: Hochsee und in Strömen und Flüssen; Atlantik, Ärmelkanal, Nord- und Ostsee.
Bis 1,5 m lang; wandert zum Ablaichen in die Flüsse ein; die Jungfische ziehen im 4. Jahr ins Meer.

Regenbogenforelle *Salmo gairdneri* (Salmonidae)
Vorkommen: Schnellfließende, saubere Flüsse und Bäche, auch in Seen; in ganz Europa eingeführt als Sport- und Wirtschaftsfisch, heimisch in Nordamerika.
Bis 1,20 m lang; Rücken- und Bauchflossen schwarz gepunktet; breites rosa Band an den Seiten; Fettflosse nicht rot.

Bachforelle *Salmo trutta fario* (Salmonidae)
Vorkommen: In schnellfließenden Bächen des Berglandes; ganz Europa.
Bis 1,20 m lang; Unterart der Europäischen Forelle, wandert nicht; Fettflosse oft rot; weiß umrandete Augenflecke längs der Seitenlinie und viele dunkle Flecken an den Flanken; 14–19 Schuppen in schräger Reihe nach vorn von der Fettflosse bis zur Seitenlinie.

Fische

Meerforelle *Salmo trutta trutta* (Salmonidae)
Vorkommen: Küstengewässer, saubere Flußmündungen, Flüsse; Europa.
Bis 1,40 m lang; Unterart der Europäischen Forelle; wandert wie der Lachs zum Laichen in Flüsse ein; Flecken auf dem Kiemendeckel; Weibchen stahlgrau, Männchen braun.

Wandersaibling *Salvelinus alpinus* (Salmonidae)
Vorkommen: Isolierte Populationen in kalten, großen Seen des Voralpengebietes, des Schottischen Hochlands und Mittelschwedens; an den Küsten Islands und Nordskandinaviens Wanderformen.
Bis 95 cm lang; Männchen mit farbenprächtigem Brutkleid.

Zwergmaräne *Coregonus albula* (Coregonidae)
Vorkommen: In tiefen, kalten Seen Mittel- und Nordeuropas.
Bis 25 cm lang; Oberflächenfisch; mit verlängertem Unterkiefer.

Blaufelchen, Große Schwebrenke *Coregonus lavaretus* (Coregonidae)
Vorkommen: Große, kalte Seen Mitteleuropas, in Skandinavien und im Ostseegebiet.
15–40 cm lang; wandert im nördlichen Europa zum Laichen in die Flüsse.

Äsche *Thymallus thymallus* (Thymallidae)
Vorkommen: Kalte, saubere Flüsse, in großen Teilen Europas, vorwiegend im Norden.
45 cm lang; hohe Rückenflosse mit 17–24 Strahlen; kleine Fettflosse.

Hecht *Esox lucius* (Esocidae)
Vorkommen: Seen und langsam fließende Flüsse, fast ganz Europa, fehlt auf der Iberischen Halbinsel.
Bis 1,50 m lang; langgestreckter Kopf; kräftiges Maul mit großen Zähnen; Rückenflosse weit hinten gegenüber der Afterflosse.

Plötze, Rotauge *Rutilus rutilus* (Cyprinidae)
Vorkommen: Langsam fließende Flüsse, Kanäle und Seen; Großteil Europas.
Bis 45 cm lang; silbrige Schuppen; Iris rot; Brust- und Bauchflossen orange-rot; Ansatz der Rückenflosse über den Bauchflossen.

Hasel *Leuciscus leuciscus* (Cyprinidae)
Vorkommen: Langsam fließende Flüsse und Ströme; fast ganz Europa.
Bis 30 cm lang; schlanker Körper mit silbrigen Schuppen; Mund klein; Afterflosse am Hinterrand konkav.

Döbel *Leuciscus cephalus* (Cyprinidae)
Vorkommen: Langsam fließende Gewässer, gelegentlich in Seen; fast ganz Europa, fehlt im Norden.
Bis 60 cm lang; breiter flacher Vorderkopf; großes Maul; Afterflossen am Hinterrand konvex.

Orfe, Aland *Leuciscus idus* (Cyprinidae)
Vorkommen: In Flüssen und Seen; Mitteleuropa östlich des Rheins, Südengland und südliches Skandinavien.
Bis 60 cm lang; Körper mit gut ausgebildeten Schuppen; Buckelrücken.

Elritze *Phoxinus phoxinus* (Cyprinidae)
Vorkommen: In Flüssen und Seen über Steinen und Kies; Großteil Europas.
Bis 13 cm lang; mit schwarzen Tupfen oder Streifen an den Seiten; Männchen während der Laichzeit mit leuchtendrotem Bauch.

Rotfeder *Scardinius erythrophthalmus* (Cyprinidae)
Vorkommen: In langsam fließenden Flüssen und in Seen; Großteil Europas.
Bis 45 cm lang; Körper mit großen silbrigen Schuppen; Iris golden; Brust- und Bauchflossen rot; Ansatzstelle der Rückenflosse liegt hinter den Bauchflossen.

Fische

Schleie *Tinca tinca* (Cyprinidae)
Vorkommen: Langsam fließende Flüsse und Kanäle, pflanzenreiche Seen; im größten Teil Europas.
Bis 65 cm lang; Schwanzflosse abgerundet; Haut schleimig; Schuppen tief eingebettet; ein Paar Bartfäden.

Gründling *Gobio gobio* (Cyprinidae)
Vorkommen: In langsam fließenden Gewässern; gemäßigtes Europa.
Bis 20 cm lang; langgestreckt; keilförmiger Kopf; 2 Bartfäden; 38–44 Schuppen entlang der Seitenlinie.

Barbe *Barbus barbus* (Cyprinidae)
Vorkommen: Langsam fließende, pflanzenreiche Gewässer, über Kiesgrund; Mitteleuropa.
Bis 90 cm lang; schlank; unterständiges Maul mit 4 Bartfäden; 55–65 Schuppen entlang der Seitenlinie.

Ukelei *Alburnus alburnus* (Cyprinidae)
Vorkommen: Langsam fließende Flüsse und Seen; Mitteleuropa.
Bis 20 cm lang; mit großen silbrigen Schuppen; oberständiges Maul; lange, konkave Afterflosse.

Güster, Blicke *Blicca bjoerkna* (Cyprinidae)
Vorkommen: Langsam fließende Gewässer, pflanzenreiche Seen; Mittel- und Osteuropa.
Bis 30 cm lang; 44–48 Schuppen entlang der Seitenlinie; lange Afterflosse mit 21–23 verzweigten Strahlen.

Blei, Brachsen *Abramis brama* (Cyprinidae)
Vorkommen: Langsam fließende Flüsse und Kanäle, Seen; Mittel- und Osteuropa.
Bis 60 cm lang; hoher, seitlich zusammengedrückter Körper mit dunklen Flossen; 51–60 Schuppen entlang der Seitenlinie; lange Afterflosse mit 24–30 verzweigten Strahlen.

Bitterling *Rhodeus amarus* (Cyprinidae)
Vorkommen: Langsam fließende Gewässer und Seen; großer Teil Mitteleuropas und in Osteuropa.
Bis 9 cm lang; Seitenlinie unvollständig; während der Laichzeit Weibchen mit langer Legeröhre, Männchen mit Prachtkleid.

Karausche *Carassius carassius* (Cyprinidae)
Vorkommen: Pflanzenreiche Seen und Teiche, langsam fließende Flüsse; Mittel- und Osteuropa, in weiten Teilen Westeuropas eingebürgert.
Bis 50 cm lang; ohne Bartfäden, konvexe Afterflosse; 15–19 verzweigte Rückenstrahlen; 28–33 Schuppen längs der Seitenlinie.

Goldfisch *Carassius auratus* (Cyprinidae)
Vorkommen: Teiche, Seen, langsam fließende Gewässer, in vielen Teilen Europas eingebürgert, in Ostasien heimisch.
Bis 30 cm lang; gewöhnlich messingfarben; 1. Rückenflossenstrahl kräftig gesägt; Rückenflosse lang und konkav; Afterflosse konkav; ohne Bartfäden.

Karpfen *Cyprinus carpio* (Cyprinidae)
Vorkommen: Seen, Teiche, langsam fließende Flüsse und Kanäle; in fast ganz Europa eingeführt, heimisch nur in Osteuropa.
Bis 1 m lang; 4 Bartfäden; 17–22 verzweigte Rückenstrahlen; 35–40 Schuppen längs der Seitenlinie; Wirtschaftsfisch, mehrere Abarten, z. B. Spiegelkarpfen.

Schmerle *Neomacheilus barbatulus* (Cobitidae)
Vorkommen: Langsam fließende Flüsse und Ströme; in weiten Teilen Europas.
Bis 12 cm lang; länglich; bauchseitig abgeflacht; 6 Bartfäden; unregelmäßig braun gefleckt.

Steinbeißer *Cobitis taenia* (Cobitidae)
Vorkommen: Langsam fließende Flüsse und Ströme, Seen; ganz Europa außer im hohen Norden.
Bis 11 cm lang; langgestreckt; seitlich abgeflacht; 6 kleine Bartfäden; beweglicher Dorn unter jedem Auge; gelblich mit dunklen Flecken an den Seiten.

Fische

Wels *Silurus glanis* (Siluridae)
Vorkommen: Große schlammige Seen und Unterlauf großer Ströme, östliches Mitteleuropa und Osteuropa, vielfach eingeführt, z. B. in England.
Bis 3 m lang; großer flacher Kopf mit 2 langen Bartfäden am Oberkiefer und 4 kürzeren am Unterkiefer; sehr lange Afterflosse; winzige Schwanzflosse.

Aal *Anguilla anguilla* (Anguillidae)
Vorkommen: Unverschmutzte Gewässer, die vom Meer aus erreichbar sind; ganz Europa.
Bis 1,5 m langer, zylindrischer Körper ohne Bauchflossen. Die 3 Jahre alten Jungaale wandern vom Meer ins Süßwasser ein (Gelbaale), ihre Reife erreichen sie mit 15–20 Jahren (Silberaale). Sie wandern dann zum Laichen ins Meer (Sargasso-See).

Quappe *Lota lota* (Gadidae)
Vorkommen: Seen und Flüsse; im größten Teil Europas.
Bis 1 m lang; breiter Kopf mit langem Bartfaden am Kinn und zwei kürzeren an den Nasenöffnungen; 2. Rückenflosse sehr lang; ebenso die Afterflosse.

Dreistacheliger Stichling *Gasterosteus aculeatus* (Gasterosteidae)
Vorkommen: In Flüssen und Seen, Ästuarien und im Meer; Europa.
6 cm lang; 3 kräftige Stacheln vor der Rückenflosse; Männchen zur Laichzeit mit leuchtendroter Brust- und Bauchseite.

Süßwasserfische

Zehnstacheliger Stichling
Pungitius pungitius (Gaster-
osteidae)
Vorkommen: In Brack- und
Süßwasser; im nördlichen
Mitteleuropa sowie in Nord-
europa.
Bis 6 cm lang; gewöhnlich 9
(7–12) steife Stacheln vor der
Rückenflosse.

Flußbarsch *Perca fluviatilis*
(Percidae)
Vorkommen: Langsam flie-
ßende Flüsse, Kanäle und
Seen; größter Teil Europas.
Bis 50 cm lang; 1. Rücken-
flosse stachelig von der 2. ge-
trennt; buckelrückig; oft deut-
lich gestreift; Brust- und
Bauchflossen rot.

Zander *Stizostedion lucio-
perca* (Percidae)
Vorkommen: Pflanzenreiche
Seen, langsam fließende
Flüsse; Mitteleuropa östlich
des Rheins und Osteuropa, in
England eingeführt.
Bis 1 m lang; 1. Rückenflosse
stachelig, von der 2. getrennt;
große, scharfe Zähne.

Kaulbarsch *Gymnocephalus
cernua* (Percidae)
Vorkommen: Langsam flie-
ßende Flüsse und Seen; im
größten Teil Europas außer
im Süden und im hohen Norden.
Bis 25 cm lang; vordere Rükkenflosse stachelig mit der
hinteren verbunden.

Groppe, Kotte *Cottus gobio*
(Cottidae)
Vorkommen: Steinige Flüsse
und Seen; im größten Teil
Europas mit Ausnahme des
äußersten Südens und des
hohen Nordens.
Bis 10 cm lang; breiter Kopf;
2 Rückenflossen.

Kriechtiere und Lurche

Kriechtiere (Reptilien) und Lurche (Amphibien) sind wechselwarme Wirbeltiere, d. h. ihre Körpertemperatur paßt sich der jeweiligen Außentemperatur an. Ihre Aktivitäten werden also in hohem Maße vom Klima beeinflußt. In der kalten Jahreszeit verfallen sie in Kältestarre, einen Zustand reduzierter Lebenstätigkeit. So verwundert es nicht, daß in wärmeren Ländern weit mehr Amphibien und Reptilien zu finden sind als in nördlichen Gebieten. Die in Deutschland vorkommenden Amphibien und Reptilien stehen alle unter Naturschutz!

Amphibien
Die meisten Amphibien benötigen eine feuchte Umgebung oder sind zumindest in ihrer Fortpflanzung ans Wasser gebunden. Sie besitzen eine zarte, feuchte Haut, die reich an Schleim- und Giftdrüsen ist und nur wenig Schutz vor Austrocknung bietet. Amphibien atmen in erwachsenem Zustand durch Lungen und die äußere Haut oder nur durch die Haut.

Erwachsene Frösche, Kröten, Salamander und Molche sind nicht schwer zu bestimmen, doch ihre wasserlebenden Larven (Kaulquappen) sind oft recht ähnlich.

Rechts: Obwohl die Ringelnatter (*Natrix natrix*) gern in unmittelbarer Wassernähe lebt, sucht sie sich zur Eiablage ein trockenes, warmes Plätzchen.

Reptilien
Die Reptilien besitzen eine derbe, drüsenarme, mit Schildern oder kleinen Schuppen bedeckte Haut, die einen wirksamen Schutz vor Austrocknung bietet, weshalb diese Tiere in recht trockenen Gebieten leben können. Die meisten Reptilien legen Eier; es gibt aber auch Arten, die lebendgebärend sind (z. B. die Blindschleiche, die Bergeidechse und die Glattnatter).

Zu den Reptilien gehören die Echsen, Schlangen und Schildkröten. Die verschiedenen Arten sind nicht sehr schwer zu bestimmen, vorausgesetzt, die Tiere halten lange genug still. Bei der Bestimmung europäischer Amphibien und Reptilien hilft u. a. „Pareys Reptilien- und Amphibienführer", Parey Verlag Berlin/Hamburg.

Die Weibchen vom Kammolch (*Triturus cristatus*) legen ihre Eier einzeln an Wasserpflanzen ab. Die schlüpfenden Larven sehen Kaulquappen sehr ähnlich.

Kriechtiere und Lurche

Teichmolch *Triturus vulgaris* (Salamandridae)
Vorkommen: Pflanzenreiche Tümpel und Weiher; Großteil Europas, nicht im Südwesten. Bis 11 cm lang; überwintert von Oktober bis März, bis Juni wasserlebend. Männchen unterscheiden sich nur während der Laichzeit von den Weibchen. Geschützt!

Kammolch *Triturus cristatus* (Salamandridae)
Vorkommen: Weiher, Altwasser, Kiesgrubentümpel, später in deren Nähe unter Holz oder Steinen; große Teile Europas außer im Südwesten und im äußersten Norden und Süden.

Bis 15 cm lang; Männchen im Hochzeitskleid mit hohem ausgezacktem Kamm. Geschützt!

Fadenmolch *Triturus helveticus* (Salamandridae)
Vorkommen: In Tümpeln und Teichen, auch kleinsten Wasserflächen im Wald; Westeuropa einschließlich Nordspanien und England, östlich bis zur Elbe.
Bis 9 cm lang; ohne Tupfen an der Kehle; während der Fortpflanzungszeit mit Schwimmhäuten an den Hinterzehen. Geschützt!

Feuersalamander *Salamandra salamandra* (Salamandridae)
Vorkommen: Feuchte Wälder, Waldschluchten mit kalten Bächen; Mittel-, Ost- und Südeuropa.
20–28 cm lang; nachtaktiv; tagsüber nur während oder nach Regen im Freien. Neben der gebänderten westlichen Rasse gibt es auch eine gefleckte im Osten des Verbreitungsgebietes. Geschützt!

Erdkröte *Bufo bufo* (Bufonidae)
Vorkommen: Im Frühjahr zum Laichen in Tümpeln und Seen mit Schilfgürtel, ansonsten in Wäldern; fast ganz Europa.
Bis 15 cm lang; Haut warzig und trocken; große Ohrdrüsen; überwintert von Mitte Oktober bis Mitte März. Geschützt!

Kreuzkröte *Bufo calamita*
(Bufonidae)
Vorkommen: In Kies- und
Lehmgruben mit Tümpeln;
fast ganz Europa, fehlt südlich der Alpen.
Bis 10 cm lang; warzige Haut;
marmoriert mit gelber Längs-
linie; relativ kurzbeinig; überwintert von Oktober bis März.
Geschützt!

Wechselkröte *Bufo viridis*
(Bufonidae)
Vorkommen: In Kiesgruben,
auf Feldern und im Grasland,
oft weit entfernt vom Wasser;
Mittel-, Süd- und Osteuropa.
Bis 10 cm groß; schlanker als
die Kreuzkröte; ohne Längsli-
nie, mit hellgrünen Flecken.
Geschützt!

Knoblauchkröte *Pelobates
fuscus* (Pelobatidae)
Vorkommen: Im Ackerland
mit lockerem, sandigem Boden; Mittel- und Osteuropa,
auch in Norditalien und im
südlichen Skandinavien.
Bis 8 cm groß; Farbe variabel;
Haut glatt; Pupille senkrecht;
mit „Grabschaufel" am Hin-
terfuß. Geschützt!

Gelbbauchunke *Bombina
variegata* (Discoglossidae)
Vorkommen: In verschiede-
nen Gewässern, pflanzenreichen Tümpeln, auch in was-
sergefüllten Wagenrinnen
oder in Pfützen im Wald;
West- und Mitteleuropa, Italien und Balkan.
Bis 5 cm groß; gedrungen;
Haut warzig; Pupille herzför-
mig; Unterseite gelbgefleckt;
tag- und nachtaktiv. Ge-
schützt!

Seefrosch *Rana ridibunda*
(Ranidae)
Vorkommen: Weiher, Seen,
Sümpfe; Mittel-, Ost- und
Südosteuropa.
Bis 15 cm groß; sehr ähnlich
sind die beiden anderen
Grünfrösche, die eine mehr
westliche Verbreitung haben,
der Kleine Grünfrosch (*Rana
lessonae*) und der Wasser-
frosch (*Rana esculenta*). Geschützt!

Kriechtiere und Lurche

Grasfrosch *Rana temporaria* (Ranidae)
Vorkommen: Zur Laichzeit in Tümpeln und Weihern, später im Wald und auf feuchten Wiesen; fast ganz Europa, außer im Süden.
Bis 10 cm groß; überwintert von Mitte Oktober bis Ende Februar. Ähnlich, aber mit zugespitztem Kopf ist der Moorfrosch (*Rana arvalis*) mit mehr nördlicher Verbreitung. Geschützt!

Laubfrosch *Hyla arborea* (Hylidae)
Vorkommen: Feuchtgebiete, die an Wald grenzen, Kiesgruben; fast ganz Europa, aber sehr selten geworden.
Bis 5 cm groß; leuchtend grün gefärbt; Haut glatt; Haftscheiben an Fingern und Zehen; zur Laichzeit laute Konzerte der Männchen. Geschützt!

Berg- oder Waldeidechse
Lacerta vivipara (Lacertidae)
Vorkommen: Heidegebiete, Moore, Wälder, Gebirge; Mittel- und Nordeuropa.
Bis 7 cm lang; Männchen auf der Bauchseite safrangelb und dunkel gefleckt, Weibchen heller, ungefleckt; lebendgebärend. Geschützt!

Zauneidechse *Lacerta agilis* (Lacertidae)
Vorkommen: Steinhalden, Hänge, Wegränder, Mauern, Hecken; ganz Europa.
Bis 9 cm lang; Männchen im Frühjahr mit leuchtend grünem Hochzeitskleid; März. Geschützt!

Blindschleiche *Anguis fragilis* (Anguidae)
Vorkommen: Wälder, Waldränder, Heiden, Steinbrüche, Feldraine; ganz Europa.
Bis 50 cm lang; unterscheidet sich von den Schlangen unter anderem durch Augenlider und abwerfbaren Schwanz; Körper beschuppt; metallisch glänzend; überwintert. Geschützt!

Ringelnatter *Natrix natrix* (Colubridae)
Vorkommen: Gewässer mit Pflanzenbewuchs, feuchte Wiesen, Kulturland, stets in Wassernähe; Großteil Europas.
1,20–2,00 m lang; 2 auffällige gelbe Flecken am Hinterkopf; überwintert von Oktober bis März. Geschützt!

Glattnatter *Coronella austriaca* (Colubridae)
Vorkommen: Heiden, Magerrasen, Gemäuer, trockene Waldränder; fast ganz Europa, außer im hohen Norden.
60–80 cm lang; leicht mit der Kreuzotter zu verwechseln; lebendgebärend; kann klettern. Geschützt!

Kreuzotter *Vipera berus* (Viperidae)
Vorkommen: Heiden, Moore, Kahlschläge, Bergwiesen; ganz Europa einschließlich Englands und Skandinaviens, fehlt im äußersten Süden.
65–90 cm lang; Färbung variiert von kupferbraun bis schwarz; Zickzackband mehr oder weniger deutlich; überwintert von Anfang Oktober bis Ende Februar. Geschützt!

Vögel

Vögel sind warmblütige, flugfähige Wirbeltiere mit einem Federkleid, zu Flügeln umgebildeten vorderen Gliedmaßen und besonders gut ausgebildeten Augen und Gehörorganen. Sie legen Eier, die je nach Art längere oder kürzere Zeit ausgebrütet werden.

Von den regelmäßig im mittleren und nordwestlichen Europa vorkommenden 450 Vogelarten brüten in Deutschland etwa 200. Viele dieser Brutvögel kommen nur im Sommer her und ziehen nach der Brut wieder südwärts. Im Winter haben wir einige Zuwanderer aus nördlichen und arktischen Gebieten, die den dortigen strengen Wintern entgehen wollen. Diese „Zuwanderergruppe" umfaßt etwa 40 Arten.

Vögel bestimmen

Vögel bestimmen ist nicht ganz einfach, da es sich hier um sehr bewegliche Objekte handelt, die den Beobachter nicht so ohne weiteres nahe herankommen lassen.

Beim Bestimmen helfen uns folgende Angaben: Größe des Vogels, Silhouette, Schnabelform, Flugbild, Färbung des Gefieders. Dazu gehören aber

Der Waldkauz (*Strix aluco*) ist hervorragend an seine nächtliche, jagende Lebensweise angepaßt: Er besitzt ein ausgezeichnetes Sehvermögen und Gehör, während das weiche Gefieder das Anfluggeräusch dämpft.

auch noch: Haltung, Bewegungsform, Verhalten, Gesang und vor allem der Lebensraum, in dem der Vogel vorkommt. Manche Vogelarten leben vorzugsweise am oder auf dem Wasser, andere wiederum auf Bäumen oder in Sträuchern. Einige Arten bevorzugen offene Wasserflächen (z.B. Tafelente, Reiherente), andere halten sich lieber im Pflanzengürtel an den Ufern auf (Krickente, Mandarinente), manche leben in Baumwipfeln (Tauben), andere am Stamm (Spechte, Baumläufer, Kleiber), wieder andere am Boden (Fasan, Birkhuhn).

In diesem Buch kann wieder nur ein kleiner Teil der in Europa vorkommenden Vogelarten besprochen werden, für den Vogelliebhaber gibt es aber viele gute Bestimmungsbücher:

ARNHEM, R.: Der große Kosmos-Naturführer: Die Vögel Europas. Kosmos-Verlag, Stuttgart

Wichtige Bestimmungsmerkmale

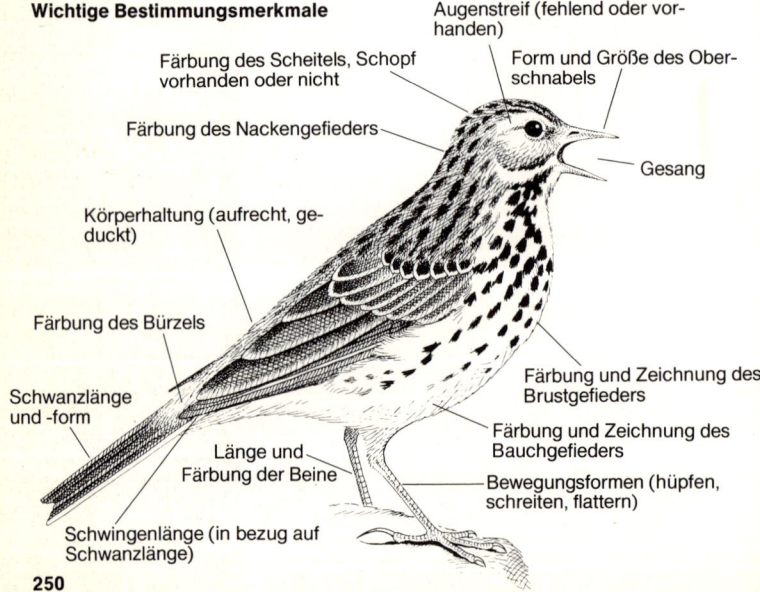

Augenstreif (fehlend oder vorhanden)

Färbung des Scheitels, Schopf vorhanden oder nicht

Form und Größe des Oberschnabels

Färbung des Nackengefieders

Gesang

Körperhaltung (aufrecht, geduckt)

Färbung des Bürzels

Schwanzlänge und -form

Färbung und Zeichnung des Brustgefieders

Länge und Färbung der Beine

Färbung und Zeichnung des Bauchgefieders

Bewegungsformen (hüpfen, schreiten, flattern)

Schwingenlänge (in bezug auf Schwanzlänge)

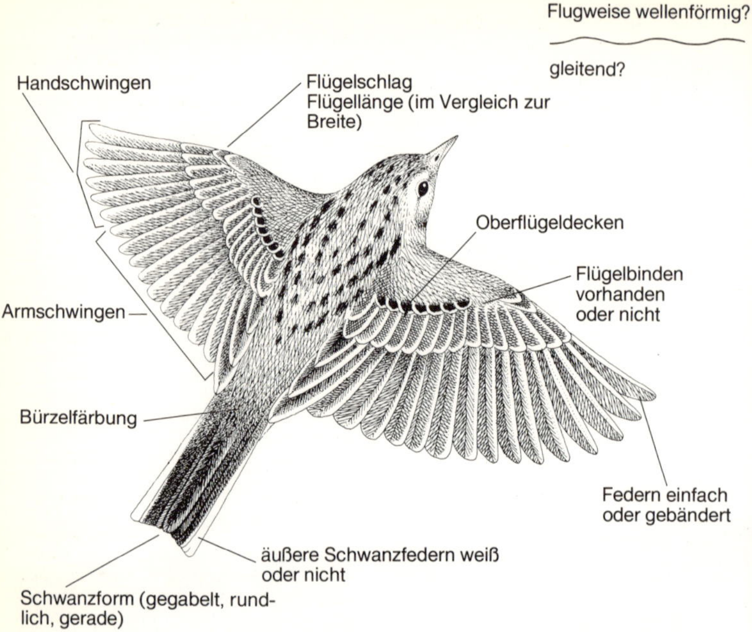

Vögel

Flugweise wellenförmig?

gleitend?

Handschwingen

Flügelschlag
Flügellänge (im Vergleich zur Breite)

Oberflügeldecken

Flügelbinden
vorhanden
oder nicht

Armschwingen

Bürzelfärbung

Federn einfach
oder gebändert

äußere Schwanzfedern weiß
oder nicht

Schwanzform (gegabelt, rundlich, gerade)

Der Haubentaucher (*Podiceps cristatus*) gehört zu den wenigen Vogelarten, die in den letzten Jahren im Zunehmen begriffen sind. Er kann sich heute auf einer wachsenden Zahl künstlicher Stauseen und Kiesgrubenseen ausbreiten.

BRUUN / SINGER / KÖNIG: Der Kosmos-Vogelführer. Kosmos-Verlag, Stuttgart
CERNY / DRCHAL: Welcher Vogel ist das? Kosmos-Verlag, Stuttgart
FRIELING, H.: Was fliegt denn da? Kosmos-Verlag, Stuttgart
HAMMOND / EVERETT: Das Kosmosbuch der Vögel. Kosmos-Verlag, Stuttgart

Die farbigen Abbildungen auf den folgenden Seiten zeigen die jeweilige Vogelart in normaler Erscheinung. Im Text wird auf das Biotop, die Größe und wichtige Bestimmungsmerkmale hingewiesen. Bei vielen Vogelarten unterscheiden sich die Geschlechter nicht, bei vielen hat das Weibchen nur ein matteres Gefieder als das Männchen, bei einigen Arten jedoch unterscheiden sich die Geschlechter erheblich. Nicht nur das, bei einigen Arten unterscheidet man auch ein Sommer- und Wintergefieder, ein Jugendkleid und ein Erwachsenengefieder oder ein Balzkleid. Manchmal werden die Vögel als „häufig" oder „selten" bezeichnet, um damit die Wahrscheinlichkeit, daß man diese Art zu Gesicht bekommt, anzugeben. Häufige und weitverbreitete Vögel sind Vögel, die man höchstwahrscheinlich und ohne besonderes Suchen sehen kann. Seltene Vögel bedürfen der Suche oder leben so versteckt, daß man sie gar nicht zu Gesicht bekommt. Beachte, daß eine Vogelart in ihrem normalen Biotop häufig sein kann, woanders dagegen recht selten ist.

Die Größe eines Vogels ist oft schwierig zu schätzen, besonders aus weiter Entfernung oder mit einem Fernglas. Am besten vergleicht man den Vogel mit einem Gegenstand, den man ausmessen kann. Die im Buch angegebenen Größen sind ungefähre Längen von der Schnabelspitze bis zur Schwanzspitze.

Vogelgesänge und Alarmrufe sind sehr schwer zu beschreiben, obwohl sie oftmals die sichersten und einfachsten Erkennungsmerkmale darstellen. Einen Vogel am Gesang zu erkennen, verlangt schon etwas Übung (Vogelstimmenplatten kann man z. B. beziehen von: Kosmos-Verlag, Stuttgart, Postfach 640).

Vielfach sind Körperhaltung, Gangart oder Flugweise und andere Verhaltensmomente leichter zu erkennen und typischer als die Färbung des Gefieders. So kann man z. B. einen Kleiber daran erkennen, daß er am Baumstamm auf- und abläuft, eine Amsel rennt geduckt über den Boden oder hüpft, der Star dagegen läuft in aufrechter Haltung umher.

Viele europäische Vögel treten nur zeitweise in Deutschland auf. Die Zwergschwäne (*Cygnus columbianus*), die an den Tundragewässern Sibiriens brüten, überwintern an den eisfreien Gewässern Nordwesteuropas, vornehmlich in den Niederlanden.

Vögel

Prachttaucher

Winter

Eistaucher

Sommer

Prachttaucher *Gavia arctica*
(Gaviidae)
Vorkommen: Brütet an gro-
ßen Seen Skandinaviens und
NW-Schottlands im Winter an

Küstengewässern der Nord-
see und des Ärmelkanals;
sehr selten.
56–58 cm. Schnabel schwä-
cher als beim Eistaucher.

Sommer

Winter

Eistaucher *Gavia immer*
(Gaviidae)
Vorkommen: Brutvogel in Island, überwintert an den Küsten der Britischen Inseln, der

Nordseeküste und am West-
atlantik.
68–81 cm. Fischfresser; ist
durch Ölpest stark gefährdet.

Winter

Sterntaucher *Gavia stellata*
(Gaviidae)
Vorkommen: Brütet an kleinen Seen und Moortümpeln
in Skandinavien, NW-Schott-
land und Island; überwintert
an den Küsten der Nordsee,
des Atlantiks und des Mittel-
meeres.
53–58 cm. Der aufgeworfene,
schlanke Schnabel unter-
scheidet ihn im Sommer gut
von anderen Seetauchern.

Haubentaucher

Sommer

Winter

Haubentaucher *Podiceps cristatus* (Podicipedidae)
Vorkommen: An Seen und Teichen, im Winter auch an Küstengewässern; Jahresvogel in fast ganz Europa, außer im Norden und in Portugal.
48 cm; weiße Flügelpartien im Flug sichtbar, im Winterkleid ohne Haube.

Rothalstaucher *Podiceps grisegena* (Podicipedidae)
Vorkommen: An Binnengewässern NO-Europas und Dänemarks; überwintert an der Adria, der Nordsee und am Ärmelkanal.
43 cm; unterscheidet sich im Winterkleid vom Haubentaucher durch den grauen Hals und den schwarzgelben Schnabel.

Rothalstaucher
Sommer

Winter

Schwarzhalstaucher
Winter

Winter

Sommer

Winter

Sommer

Ohrentaucher *Podiceps auritus* (Podicipedidae)
Vorkommen: Wintergast auf Küstengewässern und Ästuarien der Nordseeländer, seltener im Binnenland.
33 cm; unterscheidet sich im Winterkleid vom Schwarzhalstaucher durch die weißen Wangen und den geraden Schnabel.

Sommer

Schwarzhalstaucher *Podiceps nigricollis* (Podicipedidae)
Vorkommen: An Seen und Teichen mit dichtem Bewuchs, in ganz Europa; in den westlichen Regionen Wintergast, im Osten Brutvogel.
30 cm; unterscheidet sich durch dunklere Kopfseiten und einen aufgeworfenen Schnabel vom Ohrentaucher.

Zwergtaucher *Tachybaptus ruficollis* (Podicipedidae)
Vorkommen: Nistet an Tümpeln und Stauweihern; in ganz Europa; in Osteuropa nur Brutvogel.

27 cm; gedrungen, keine Flügelmale im Flug sichtbar; ähnelt im Ruhekleid anderen Tauchern.

Vögel

Schwarzschnabel-Sturmtaucher *Puffinus puffinus* (Procellariidae)
Vorkommen: Nistet auf Meeresinseln, in mehreren Rassen an den Küsten der Britischen Inseln und im Mittelmeer.
35 cm; nachts am Brutplatz, tags auf Fischfang; langflügeliger Hochseevogel.

juvenil

Baßtölpel

adult

Baßtölpel *Sula bassana* (Sulidae)
Vorkommen: Brütet an Felsküsten und auf Meeresinseln; außerhalb der Brutzeit auf offener See, Atlantik.
90 cm; Stoßtaucher aus großer Höhe. Junge Tiere sind dunkelbraun und weiß gesprenkelt.

Kormoran *Phalacrocorax carbo* (Phalacrocoracidae)
Vorkommen: Meeresküsten, Flußmündungen, auch an Binnenseen, alle europäischen Küstenländer.
90 cm; zur Brutzeit mit weißem Fleck an den Schenkeln, weiße Kehle. Flug schnell und schwerfällig. Breitet an Land die Flügel zum Trocknen aus.

Krähenscharbe *Phalocrocorax aristotelis* (Phalacrocoracidae)
Vorkommen: Meeresvogel, der an Felsküsten nistet; alle europäischen Küsten.
76 cm; im Brutkleid mit Federhaube, Kopf und Hals schlanker als beim Kormoran.

Graureiher *Ardea cinerea*
(Ardeidae)
Vorkommen: Ästuarien, Küsten, Seen, Sümpfe, Stauseen; ganz Europa.
90 cm; nistet in Bäumen; im Flug Kopf und Hals zurückgelegt.

Rohrdommel *Botaurus stellaris* (Ardeidae)
Vorkommen: Selten, in Sümpfen und im Röhricht; Europa.
76 cm; im Flug Kopf zurückgelegt und Beine nachgezogen. Männchen rufen im Frühjahr dumpf und laut hörbar.

Rohrdommel

Purpurreiher *Ardea purpurea* (Ardeidae)
Vorkommen: Im Röhricht und Sumpf; Brutvogel in Südosteuropa sowie inselartig in einigen westeuropäischen Ländern.
78 cm; sehr scheu.

Vögel

Bleßgans *Anser albifrons* (Anatidae)
Vorkommen: Brütet in der Tundra Sibiriens; Wintergast in Sumpf- und Grasland im nordwestlichen Europa.
66—76 cm; auffälliges weißes Stirnband.

Graugans *Anser anser* (Anatidae)
Vorkommen: Großteil Europas; Wintergast im Marsch- und Grasland an der Nordseeküste.
76—89 cm; ähnelt anderen Graugänsen, hat jedoch orangefarbenen Schnabel und fleischfarbene Füße.

Löffler *Platalea leucorodia* (Threskiornithidae)
Vorkommen: Selten, in seichten Binnen- und Küstengewässern, Balkan, Südspanien; Brutkolonien in Holland; in Südwestengland auf dem Durchzug und überwinternd.
86 cm; gelbes Brustband und gelber Schnabel bei adulten Vögeln.

Weißstorch *Ciconia ciconia* (Ciconiidae)
Vorkommen: Sumpfiges Wiesengelände; Brutvogel in Mittel- und Osteuropa sowie Spanien.
1 m; stark im Rückgang begriffen; nistet auf Hausdächern, markantes schwarzweißes Gefieder mit roten Beinen und rotem Schnabel.

Vögel

Nonnengans *Branta leucopsis* (Anatidae)
Vorkommen: Arktische Küsten; Wintergast an der deutschen Nordseeküste.
58–69 cm; von anderen Meergänsen an der schwarz-weißen Kopfzeichnung zu unterscheiden.

Ringelgans *Branta bernicla* (Anatidae)
Vorkommen: Arktische Küsten; Wintergast an der Nordsee-Atlantikküste, hält sich im Wattenmeer auf.
56–61 cm; ganz schwarzer Kopf, am Hals jederseits mit hellem Fleck.

Kanadagans *Branta canadensis* (Anatidae)
Vorkommen: Stammt aus Nordamerika; als Wintergast an Nord- und Ostsee, hält sich an Seen, Sümpfen und feuchten Wiesen auf.
92–102 cm; gesellig.

Zwergschwan *Cygnus columbianus* (Anatidae)
Vorkommen: An Seen, Flüssen, überschwemmten Wiesen; als Wintergast in Norddeutschland; brütet in der arktischen Tundra.
122 cm; lautes, melodisches Rufen im Flug.

Singschwan *Cygnus cygnus* (Anatidae)
Vorkommen: Wintergast an geschützten Küsten und Flußmündungen der europäischen Küstenländer; brütet in der Tundra Sibiriens.
152 cm; vom Zwergschwan durch mehr Gelb am Schnabel und aufrechtere Haltung des Halses zu unterscheiden; laute, trompetende Stimme.

Höckerschwan *Cygnus olor* (Anatidae)
Vorkommen: Auf Seen und Flüssen, Ästuarien und geschützten Küsten; halbzahm und verwildert in Städten und Parks; heimisch in Mitteleuropa.
152 cm; orangefarbener Schnabel mit schwarzem Höcker; hörbares Fluggeräusch.

Vögel

Saatgans *Anser fabalis* (Anatidae)
Vorkommen: Wintergast an den europäischen Küsten im Marsch- und Wiesenland; brütet in der Taiga und Tundra Nordskandinaviens und Sibiriens.
71–89 cm; brauner als die anderen Graugänse, Beine orangefarben.

Kurzschnabelgans *Anser brachyrhynchus* (Anatidae)
Vorkommen: Acker- und feuchtes Wiesenland in England; als Wintergast in Holland und Norddeutschland; brütet in der Tundra.
61–76 cm; unterscheidet sich von der Saatgans durch helle, blau-graue Oberseite, fleischfarbene Beine und den dunklen Kopf.

Stockente *Anas platyrhynchos* (Anatidae)
Vorkommen: Auf Seen, Tümpeln, Flüssen, in ganz Europa; Jahresvogel.
58 cm; häufigste und am weitesten verbreitete Schwimmente; der Erpel gleicht im Sommerkleid dem Weibchen; gründeln von der Wasseroberfläche aus.

Stockente

Schnatterente *Anas strepera* (Anatidae)
Vorkommen: Seen, Tümpel, Flüsse, Europa; mehr östliche Art, die in SW-Europa überwintert.
51 cm; vorwiegend grau gefärbt; schwarzweißer Spiegel im Flug; gründelt.

Schnatterente

Spießente *Anas acuta* (Anatidae)
Vorkommen: Nistet an Seen, feuchten Wiesen, Mooren; in Mitteleuropa nicht immer brütend.
26 cm; Männchen mit grünweißem, Weibchen mit braunem Spiegel; langer Hals und langer Schwanz.

Spießente

Eiderente *Somateria mollissima* (Anatidae)
Vorkommen: An Meeresküsten und vorgelagerten Inseln; an den Küsten der Nord- und Ostsee und des Nordatlantik.
58 cm; Meeresente, die gut taucht.

Mittelsäger *Mergus serrator* (Anatidae)
Vorkommen: An Seen und Flüssen nistend; im Winter an der Küste, europäische Küstenländer.
58 cm; weißes Flügelfeld im Flug.

Mittelsäger

Gänsesäger *Mergus merganser* (Anatidae)
Vorkommen: An Stauseen, großen Flüssen, Seen; im Winter mehr im Binnenland, mittleres und nördliches Europa.
66 cm; im Flug und auf dem Wasser ziemlich weiß erscheinend; taucht nach Fischen.

Gänsesäger

Zwergsäger *Mergus albellus* (Anatidae)
Vorkommen: Flüsse, Seen; Wintergast in Mitteleuropa; brütet in der Taiga.
41 cm; Tauchente; das Weibchen unterscheidet sich von Tauchern durch eine weiße Kehle und weiße Wangen.

Brandgans *Tadorna tadorna* (Anatidae)
Vorkommen: An felsigen und sandigen Meeresküsten, Ästuarien, Dünen; Europa, teils im Sommer, teils im Winter oder ganzjährig.
61 cm; mausern im Sommer auf dem Großen Knechtsand; beide Geschlechter gleich gefärbt.

Brandgans

Vögel

Krickente *Anas crecca* (Anatidae)
Vorkommen: Brütet an Gewässern mit dichter Vegetation; im Winter an Seen und Küstengewässern; ganz Europa.
35 cm; Männchen mit charakteristischer Kopffärbung, gleicht im Herbst dem Weibchen; beide Geschlechter im Flug mit grünem Spiegel.

Krickente

♀

Knäkente *Anas querquedula* (Anatidae)
Vorkommen: Seichte Seen mit dichter Vegetation; in Europa nur Sommergast.
38 cm; beide Geschlechter haben blau-graue Vorderflügel und grünen Spiegel im Flug; gründelt.

♂

♀

Pfeifente

Pfeifente *Anas penelope* (Anatidae)
Vorkommen: Im Winter auf Küstengewässern, an Flußmündungen; Europa; brütet in Skandinavien sowie in Schottland.
46 cm; im Flug auffälliger weißer Vorderflügel und grüner Spiegel; taucht nicht; grast im Winter auf Feldern.

♀

♂

♀

♂

Bergente *Aythya marila* (Anatidae)
Vorkommen: Im Winter an den Küsten und Flußmündungen, im ganzen Nordseegebiet; brütet in der Taiga und Tundra Skandinaviens.
48 cm; Tauchente.

♀

Reiherente *Aythya fuligula* (Anatidae)
Vorkommen: Brütet an Seen und träge fließenden Gewässern in Großbritannien und Norddeutschland; im Winter gesellig auf eisfreien Gewässern; im westlichen Europa nur Wintergast.
43 cm; unterscheidet sich von der Bergente im weiblichen Geschlecht durch kleineres weißes Band an der Schnabelwurzel; Tauchente.

♂

Löffelente *Anas clypeata* (Anatidae)
Vorkommen: Flache Seen mit Schilfgürtel, Sümpfe mit freien Wasserbänken; ganz Europa.
51 cm; im Flug grauer Vorderflügel und grüner Spiegel bei beiden Geschlechtern; breiter Schnabel; Schwimmente.

Löffelente

Tafelente *Aythya ferina* (Anatidae)
Vorkommen: Brütet an Seen und träge fließenden Gewässern mit dichter Ufervegetation; im Winter auf eisfreien größeren Gewässern; ganz Europa außer im Norden.
46 cm; im Herbst ähnelt das männliche Gefieder dem weiblichen, aber der Rücken ist dunkler; Tauchente.

Schellente *Bucephala clangula* (Anatidae)
Vorkommen: Als Wintergast auf größeren Gewässern, auf dem Meer und auf Flußmündungen im größten Teil Europas; brütet im Ostseeraum und in Skandinavien.
46 cm; im Flug mit weißem Spiegel; Tauchente.

Trauerente

Trauerente *Melanitta nigra* (Anatidae)
Vorkommen: Brütet in der Taiga und Tundra im Norden; Wintergast an den Küsten von Ostsee, Nordsee und Atlantik.
48 cm; Männchen zur Mauser schon im Sommer in der Nordsee; Tauchente.

♀ Winter

♂ Winter

Eisente

Eisente *Clangula hyemalis* (Anatidae)
Vorkommen: Im Winter auf dem Meer an den Küsten von Ost- und Nordsee; brütet im hohen Norden.
53 cm; Tauchente; Männchen im Winterkleid auffällig weiß befiedert.

♂ Sommer

263

Samtente *Melanitta fusca*
(Anatidae)
Vorkommen: Wintergast im
Meer vor der Nordsee- und
Westatlantikküste.
55 cm; Männchen schwarz,
Weibchen dunkelbraun mit 2
hellen Flecken im Gesicht,
Meerente.

Samtente

Wasserralle *Rallus aquaticus*
(Rallidae)
Vorkommen: Im dichten Röhricht, ganz Europa.
28 cm; langer roter Schnabel,
gebänderte Flanken; im Flug
mit baumelnden Beinen, versteckt lebender Vogel; nächtlich rufend (mehrere quieken-
de, grunzende und stöhnen-
de Laute).

Teichhuhn *Gallinula chloro-
pus* (Rallidae)
Vorkommen: Binnengewäs-
ser auch kleinster Art mit
dichter Ufervegetation, auch
an Parkseen; ganz Europa.
33 cm; zuckt im Laufen ner-
vös mit dem Schwanz;
schwimmt unter Kopfnicken;
fliegt mit baumelnden oder
gestreckten Beinen.

Teichhuhn

Bleßhuhn *Fulica atra* (Rallidae)
Vorkommen: Gewässer mit
Schilfgürtel, Sümpfe mit offenen Wasserbänken; ganz Europa.
38 cm; die lappigen Zehen
wirken im Flug wie ein
Schwanz; läuft vor dem Start
lange flügelschlagend übers
Wasser.

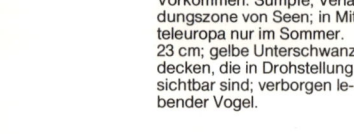

Bleßhuhn

Tüpfelsumpfhuhn *Porzana
porzana* (Rallidae)
Vorkommen: Sümpfe, Verlandungszone von Seen; in Mitteleuropa nur im Sommer.
23 cm; gelbe Unterschwanzdecken, die in Drohstellung
sichtbar sind; verborgen lebender Vogel.

Wachtelkönig *Crex crex*
(Rallidae)
Vorkommen: Hochwüchsige
Wiesen und Sumpfland mit
hoher Vegetation; Sommer-
vogel in West-, Mittel- und
Osteuropa.
27 cm; im Flug an den kastanienbraunen Flügeln und den
baumelnden Beinen zu er-
kennen; meist nächtlich rufend (knarrendes „crek-
crek").

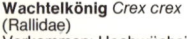

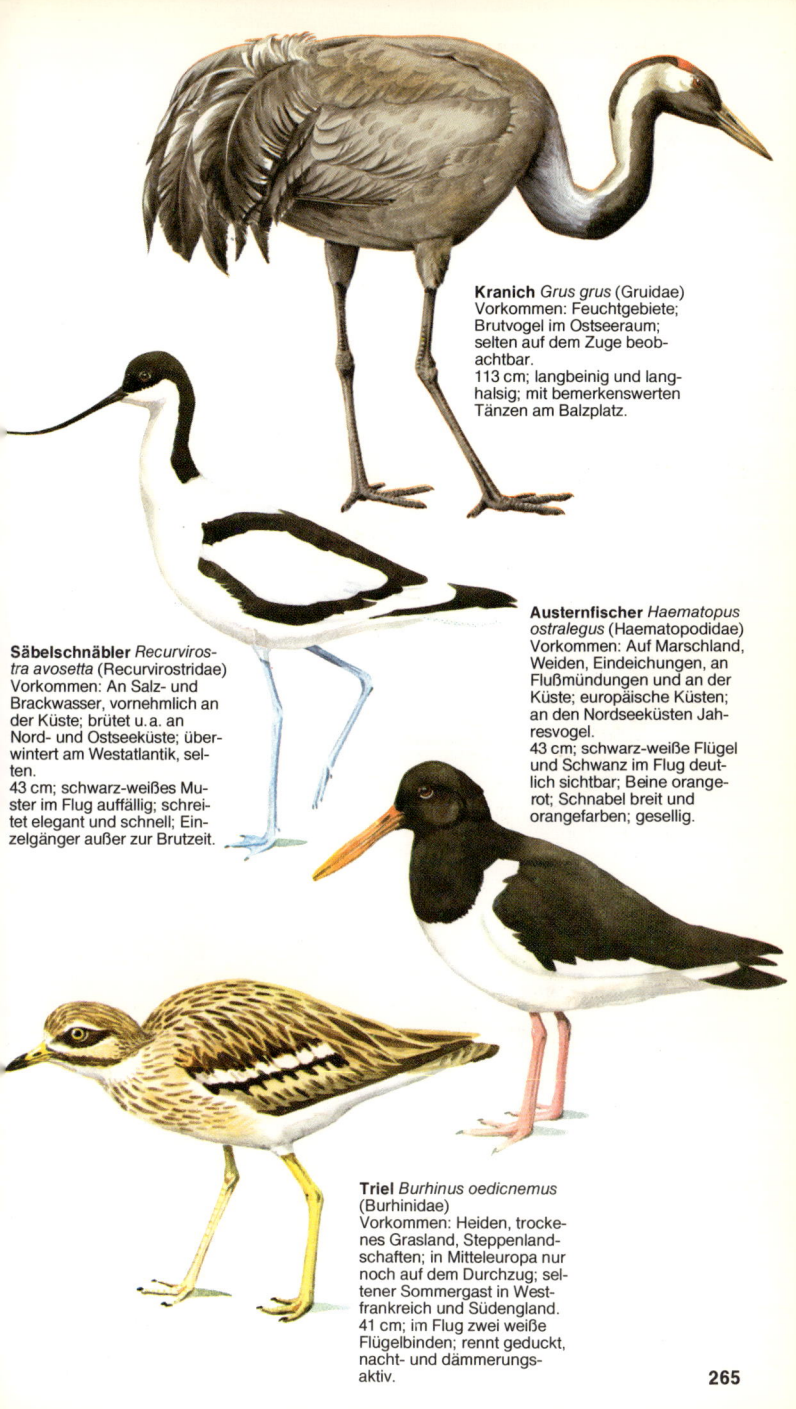

Kranich *Grus grus* (Gruidae)
Vorkommen: Feuchtgebiete; Brutvogel im Ostseeraum; selten auf dem Zuge beobachtbar.
113 cm; langbeinig und langhalsig; mit bemerkenswerten Tänzen am Balzplatz.

Säbelschnäbler *Recurvirostra avosetta* (Recurvirostridae)
Vorkommen: An Salz- und Brackwasser, vornehmlich an der Küste; brütet u. a. an Nord- und Ostseeküste; überwintert am Westatlantik, selten.
43 cm; schwarz-weißes Muster im Flug auffällig; schreitet elegant und schnell; Einzelgänger außer zur Brutzeit.

Austernfischer *Haematopus ostralegus* (Haematopodidae)
Vorkommen: Auf Marschland, Weiden, Eindeichungen, an Flußmündungen und an der Küste; europäische Küsten; an den Nordseeküsten Jahresvogel.
43 cm; schwarz-weiße Flügel und Schwanz im Flug deutlich sichtbar; Beine orangerot; Schnabel breit und orangefarben; gesellig.

Triel *Burhinus oedicnemus* (Burhinidae)
Vorkommen: Heiden, trockenes Grasland, Steppenlandschaften; in Mitteleuropa nur noch auf dem Durchzug; seltener Sommergast in Westfrankreich und Südengland.
41 cm; im Flug zwei weiße Flügelbinden; rennt geduckt, nacht- und dämmerungsaktiv.

Kiebitz *Vanellus vanellus* (Charadriidae)
Vorkommen: In Wiesen, Marschen, Sümpfen und Feldern nistend; im Winter an Fluß-ufern und -mündungen; ganz Europa.
30 cm; Schwanz weiß mit schwarzer Querbinde; im Flug auffallend breite und runde Flügel.

Seeregenpfeifer *Charadrius alexandrinus* (Charadriidae)
Vorkommen: Sandige und schlickige Küsten und am Brackwasser; seltener Sommergast an Nordsee, Ärmel-kanal und Westatlantik.
16 cm; weiße Schwanzseiten.

Sandregenpfeifer

Flußregenpfeifer *Charadrius dubius* (Charadriidae)
Vorkommen: Sand- und Kies-bänke an Flüssen, Seen, Kiesgruben und Klärbecken; seltener Sommergast in fast ganz Europa, außer im hohen Norden.
15 cm; einzeln oder paarwei-se lebend.

Sandregenpfeifer *Chara-drius hiaticula* (Charadriidae)
Vorkommen: Sand- und Kies-strände an der Meeresküste, auch an Brackwasser; in Nordeuropa, an der Nordsee-küste seltener Brutvogel.
19 cm; schneller Lauf mit kur-zen Pausen; im Flug auffälli-ge weiße Flügelbinde; einzeln oder in kleinen Trupps.

Winter

Sommer

Sommer

Winter

Kiebitzregenpfeifer *Pluvialis squatarola* (Charadriidae)
Vorkommen: Brütet in der si-birischen Tundra; Durchzüg-ler und Wintergast im Watt und an Sandstränden an Nordsee, Ärmelkanal, Atlantik und Mittelmeer.
28 cm; im Flug mit auffälligen schwarzen „Achseln''; tritt meist in kleinen Gruppen auf.

Goldregenpfeifer *Pluvialis apricaria* (Charadriidae)
Vorkommen: Feuchte Heiden und Moore mit niederer Ve-getation; inselartiges Brutvor-kommen in Norddeutschland, in Schottland und Nordeuro-pa; auf dem Durchzug und im Winterquartier auf Feldern und Schlammflächen im nordwestlichen Europa und in den Mittelmeerländern.
28 cm; Flügelunterseite weiß; schneller Flug; im Winter in kleinen Schwärmen.

Kampfläufer *Philomachus pugnax* (Scolopacidae)
Vorkommen: Sümpfe und feuchte Wiesen; auf dem Zuge auf Sand- und Kiesbänken an der Küste und an Binnengewässern; selten.
28 cm; im Frühjahr auf kurzrasigen Plätzen zur Gemeinschaftsbalz versammelt, sonst nicht gesellig; Männchen ähnelt im Ruhekleid dem Weibchen.

Kampfläufer ♂ Sommer

Kampfläufer ♀

Winter

Bekassine Sommer

Mornellregenpfeifer *Eudromias morinellus* (Scolopacidae)
Vorkommen: Brütet in der arktischen Tundra und im Gebirge oberhalb der Baumgrenze; in den Alpen seltener Sommergast.
22 cm; schneller Flug.

Bekassine *Gallinago gallinago* (Scolopacidae)
Vorkommen: Moorartige Wiesen, Schlammböden in Feuchtgebieten; Europa.
27 cm; langer, gerader Schnabel, Schwanz weiß gesäumt, Balzflug über dem Revier.

Steinwälzer

Steinwälzer *Arenaria interpres* (Scolopacidae)
Vorkommen: Küsten und Flußmündungen; brütet in Skandinavien; Winterquartiere an der südlichen Nordsee, Großbritannien, Westatlantik bis Afrika.
23 cm; meist in kleinen Gruppen lebend.

Zwergschnepfe *Lymnocryptes minimus* (Scolopacidae)
Vorkommen: Auf dem Zug oder im Winterquartier auf nassen Wiesen und Flachmooren in Europa; selten; brütet in der Taiga.
19 cm; kleiner als die Bekassine, kürzerer Schnabel; kein Zickzackflug, kein Weiß im Schwanz.

Waldschnepfe *Scolopax rusticola* (Scolopacidae)
Vorkommen: Laubwälder mit reicher Strauchschicht, feuchte Heiden; ganz Europa; Zugvogel, nur auf den Britischen Inseln Standvogel.
34 cm; dämmerungsaktiv, farblich vorzüglich getarnt, außer im Flug kaum zu sehen. Unterscheidet sich von der Bekassine durch einen kräftigeren Schnabel und rundlichere Schwingen.

Vögel

Sommer

Winter

Meerstrandläufer

Alpenstrandläufer

Winter

Zwergstrandläufer

Sichelstrandläufer
Sommer

Winter

Sommer

Knutt *Calidris canutus* (Scolopacidae)
Vorkommen: An sandigen und felsigen Küsten als Wintergast an der südlichen Nordsee.
25 cm; unterscheidet sich im Winterkleid vom Alpenstrandläufer und Sanderling durch einfarbig grauen Schwanz, oft in dichten Schwärmen.

Meerstrandläufer *Calidris maritima* (Scolopacidae)
Vorkommen: An steinigen Meeresküsten als Wintergast an der Nordsee.
21 cm; kurze gelbe Beine; schmale weiße Flügelstreifen; Flug schnell und gerade und nur von kurzer Dauer.

Zwergstrandläufer *Calidris minuta* (Scolopacidae)
Vorkommen: Flußmündungen, Seen; Meeresküste auf dem Durchzug; brütet im hohen Norden; überwintert am Mittelmeer.
13 cm; im Winterkleid Oberseite graubraun; schmale Flügelstreifen und graue äußere Schwanzfedern; rascher Flug; Einzelgänger.

Alpenstrandläufer *Calidris alpina* (Scolopacidae)
Vorkommen: Außerhalb der Brutzeit an Lagunen, Flußmündungen oder im Watt an den europäischen Küsten; brütet in Mooren und feuchten Niederungen.
18 cm; Ruhekleid graubraun mit hellem Bauch; Brutkleid rotbraun mit markantem schwarzem Bauch; auf dem Zug in großen Scharen.

Sichelstrandläufer *Calidris ferruginea* (Scolopacidae)
Vorkommen: An der Meeresküste und schlammigen Ufern von Binnengewässern; Durchzügler.

19 cm; unterscheidet sich vom häufigeren Alpenstrandläufer durch einen weißen Bürzel, eine aufrechtere Haltung und eine hellere Brust.

Sanderling *Calidris alba* (Scolopacidae)
Vorkommen: Auf dem Zug und als Wintergast an Küsten mit ausgedehntem Sandstrand auf den Britischen Inseln, südliche Nordsee, Ärmelkanal und Westatlantik.
20 cm; lebhafter Vogel, der am Strand entlangläuft; im Winter fast ganz weiß; leuchtend weiße Flügelbinden.

Großer Brachvogel *Numenius arquata* (Scolopacidae)
Vorkommen: Moore, Heiden, Sanddünen, ausgedehnte Wiesenflächen in ganz Europa; Zugvogel; überwintert an der Küste und im Wattenmeer z. B. in den Niederlanden und auf den Britischen Inseln.
55 cm; kräftiger, langer, gebogener Schnabel; einzeln oder paarweise außer im Winterquartier; trillernder Balzruf.

Großer Brachvogel

Pfuhlschnepfe *Limosa lapponica* (Scolopacidae)
Vorkommen: Wattenmeer, Schlickufer an Flußmündungen; Britische Inseln, Nordsee- und Kanalküste Wintergast und Durchzügler.
36 cm; im Brutkleid Unterseite kastanienbraun, keine weißen Flügelbinden, eng gebänderter Schwanz.

Regenbrachvogel *Numenius phaeopus* (Scolopacidae)
Vorkommen: Brütet in Heiden und Mooren; auf dem Zug an den Küsten der Nordsee.
40 cm; unterscheidet sich vom häufigeren Großen Brachvogel durch den kürzeren Schnabel, gestreiften Oberkopf und kürzeren Flügelschlag.

Sommer

Uferschnepfe *Limosa limosa* (Scolopacidae)
Vorkommen: Brutvogel in Mooren und Heiden, heute auch in feuchte Wiesen im Tiefland von Belgien bis Osteuropa; isoliertes Vorkommen in England; Zugvogel; als Durchläufer in ganz Europa.
40 cm; lange schwarze Beine; im Flug an den breiten weißen Flügelbinden und dem schwarzgebänderten Schwanz zu erkennen.

Winter

Waldwasserläufer *Tringa ochropus* (Scolopacidae)
Vorkommen: Auf dem Zug an Binnengewässern Mitteleuropas; Wintergast in Südengland, Westeuropa und Mittelmeerraum.
23 cm; im Flug dunklere Oberseite, weißer Bürzel und schwarze Unterflügel sichtbar; Schwanz am Ende schwarz gebändert; einzeln lebend.

Bruchwasserläufer *Tringa glareola* (Scolopacidae)
Vorkommen: Auf dem Zug am Rand von Gewässern aller Art; brütet in sumpfigem Gelände im Ostseeraum, Skandinavien und Nordschottland.
20 cm; einzeln lebend.

Bruchwasserläufer

Flußuferläufer

Flußuferläufer *Actitis hypoleucos* (Scolopacidae)
Vorkommen: Steinige Seeufer, Rand klarfließender Bäche und Flüsse; Sommergast in fast ganz Europa.
19 cm; schnell laufend und mit Kopf und Schwanz wippend; im Flug weiße Schwanzseiten sichtbar.

Rotschenkel *Tringa totanus* (Scolopacidae)
Vorkommen: Brütet in Marschen an der Küste; auf dem Zug auf Schlammflächen von Flüssen; Europa.
28 cm; im Flug zeigt sich der auffallend breite und weiße Flügelhinterrand und der weiße Bürzel; Beine orange.

Dunkler Wasserläufer

Winter

Grünschenkel *Tringa nebularia* (Scolopacidae)
Vorkommen: Auf dem Zug auf Schlick- und Schlammflächen der Küste und Binnengewässer; Europa; brütet in Nordschottland und Skandinavien.
30 cm; unterscheidet sich vom Rotschenkel durch das Fehlen von Flügelbinden; ohne weißen Bürzel; Beine grün, überragen den Schwanz im Flug; einzeln lebend.

Dunkler Wasserläufer *Tringa erythropus* (Scolopacidae)
Vorkommen: Auf dem Zug und als Wintergast an der Küste und an Brackwasserufern; brütet in Tundra und Taiga Skandinaviens.
30 cm; im Sommer dunkel befiedert; unterscheidet sich vom Rotschenkel durch das Fehlen von Flügelbinden und vom Grünschenkel durch die roten Beine.

Große Raubmöwe *Stercorarius skua* (Stercorariidae)
Vorkommen: Offenes Meer, brütet in Mooren in Meeresnähe im nördlichen Schottland und in Island.
58 cm; unterscheidet sich von der Schmarotzerraubmöwe durch den stumpfen Schwanz, die deutlichen weißen Flügelfelder und die brei-

ten rundlichen Schwingen; kann mit unausgefärbten jungen Möwen verwechselt werden. Diese sind jedoch heller, haben fleischfarbene Füße und kräftigere Schnäbel.

Vögel

Große Raubmöwe

Schmarotzerraubmöwe
Dunkle Phase

Schmarotzerraubmöwe
Helle Phase

Schmarotzerraubmöwe *Stercorarius parasiticus* (Stercocariidae)
Vorkommen: Offenes Meer; brütet auf Mooren und Grasland an der Küste und den vorgelagerten Inseln von Nordschottland und Norwegen.
45 cm; eleganter, greifvogelartiger Vogel; verfolgt andere Seevögel; Schwingen spitz; Schwanz mit verlängerten mittleren Steuerfedern.

Sommer ♀

Winter

Winter

Thorshühnchen *Phalaropus fulicarius* (Scolopacidae)
Vorkommen: Seltener Durchzügler an der Küste des nordwestlichen Europa; brütet in Island; außerhalb der Brutzeit auf dem Meer.
20 cm; zierlich; korkleicht auf dem Wasser schwimmend; zutraulich.

Odinshühnchen *Phalaropus lobatus* (Scolopacidae)
Vorkommen: Seltener Sommergast in Nordschottland; Brutvogel in Island und Skandinavien, in Küstennähe; als Durchzügler an der Nordsee.
17 cm; schwimmen im Kreise und picken dabei auf die Wasseroberfläche; schwimmt gut im Gegensatz zu den meisten Watvögeln; Weibchen im Brutkleid viel bunter als Männchen.

Zwergmöwe *Larus minutus*
(Laridae)
Vorkommen: Seltener Wintergast an der Küste und an Stauseen in England, Nordsee-, Kanal- und Atlantikküste.
28 cm; kleinste europäische Möwe; im Flug seeschwalbenähnlich.

juvenil

Winter

Schwarzkopfmöwe *Larus melanocephalus* (Laridae)
Vorkommen: Mittelmeer; seltener Sommergast der südlichen Nordsee.
38 cm; Kopfgefieder im Sommerkleid schwarz, unterscheidet sich dann aber von der sehr häufigen Lachmöwe durch das Fehlen von Schwarz in den Flügelspitzen.

Heringsmöwe *Larus fuscus*
(Laridae)
Vorkommen: Brütet an Felsküsten, Hausdächern in Küstenstädten; Europa; im Norden Zugvogel.
53 cm; grauer Rücken, gelbe Beine; Flug kraftvoll; mehrere Rassen.

Küsten des Nordmeeres, Nordsee, Ostsee, Ärmelkanal und Atlantik.
65 cm; unterscheidet sich von der Heringsmöwe durch eine schwarze Oberseite, fleischfarbene Beine, größeren Wuchs und tiefere Stimme; räuberisch, einzeln oder paarweise lebend.

Mantelmöwe *Larus marinus*
(Laridae)
Vorkommen: Brütet an Felsküsten; im Winter an Flußmündungen und Seen an den

juvenil

Eismöwe *Larus hyperboreus*
(Laridae)
V rkommen: Wintergast an Küsten und Flußmündungen und an der ganzen norwegischen Küste.
63 cm; kräftige Möwe mit fleischfarbenen Beinen, ohne schwarze Flügelspitzen.

Silbermöwe *Larus argenta-tus* (Laridae)
Vorkommen: Brütet an Fels-klippen und kleinen Inseln an der Küste, im Winter auch an anderen Küsten und im Bin-nenland; Europa.
56–66 cm; sehr häufig in mehreren Rassen.

Silbermöwe
Sommer

Silbermöwe
Winter

Silbermöwe
juvenil

Sturmmöwe *Larus canus* (Laridae)
Vorkommen: Küsten und Bin-nenseen; im Winter an Kü-sten, Flußmündungen und Parkseen in Städten; Europa; im Norden Zugvogel.
41 cm; Beine und Schnabel grünlich-gelb; kein roter Schnabelfleck.

Sturmmöwe

Lachmöwe

Winter

Dreizehenmöwe
adult

juvenil

Sommer

Lachmöwe *Larus ridibundus* (Laridae)
Vorkommen: Brütet auf Klip-pen, Sümpfen, feuchten Wie-sen; im Winter an verschiede-nen Gewässern und im nord-westlichen Europa häufig in Großstädten; Europa. 35–38 cm.

Dreizehenmöwe *Larus tri-dactylus* (Laridae)
Vorkommen: Brütet an steilen Felsklippen an den Küsten des Eismeeres und der Nord-see; im Winter südlicher, hauptsächlich auf See.
41 cm; unterscheidet sich von der Sturmmöwe durch schwarze Flügelspitzen und schwarze Füße, juvenil durch dunkle Flügelbinde und schwarzes Nackenband.

Vögel

Trauerseeschwalbe *Chlidonias niger* (Sternidae)
Vorkommen: Brütet an Binnengewässern, floßartiges Nest im seichten Wasser; in vielen Teilen Europas, auf dem Zuge auch an den Küsten erscheinend.

24 cm; schwärzliches Sommerkleid mit weißen Unterschwanzdecken; Schnabel schwarz; gesellig; Stoßflug zur Wasseroberfläche, um Insekten aufzupicken.

Winter

Sommer

Flußseeschwalbe *Sterna hirundo* (Sternidae)
Vorkommen: Brütet auf Kiesbänken an Küstenlagunen, Flüssen und Seen; Sommergast im Großteil Europas.
35 cm; im Sommer Schnabel orangerot mit schwarzer Spitze.

Flußseeschwalbe
Sommer

Winter

Küstenseeschwalbe *Sterna paradisaea* (Sternidae)
Vorkommen: Brütet auf Kies- und Geröllbänken an den Küsten von Nord- und Ostsee, auch im Binnenland; Sommergast und Durchzügler.
35 cm; Schnabel im Sommer blutrot, Brust grau.

Rosenseeschwalbe *Sterna dougallii* (Sternidae)
Vorkommen: Brütet an Kiesstränden, vor allem auf Meeresinseln der Britischen Inseln und der Bretagne; seltener Sommergast.
38 cm; Schnabel das ganze Jahr über schwarz; rosafarbener Anflug an der Brust.

Brandseeschwalbe *Sterna sandvicensis* (Sternidae)
Vorkommen: Brütet auf Sanddünen, Kiesflächen und Salzmarschen der Nordseeküste; Sommergast.
40 cm; Schnabel im Sommer und Winter schwarz mit gelber Spitze; größer und schwerer gebaut als andere Seeschwalben; möwenartiger Flug.

Zwergseeschwalbe *Sterna albifrons* (Sternidae)
Vorkommen: Brütet an Kiesstränden an allen europäischen Küsten, auch im Mittelmeer, fehlt in Skandinavien; Sommergast.
24 cm; Schnabel im Sommer und Winter gelb mit schwarzer Spitze; Stirn weiß; Schwanz kurz.

Tordalk *Alca torda* (Alcidae)
Vorkommen: Im Winter auf
See; brüten an Küstenfelsen

Eissturmvogel *Fulmarus glacialis* (Procellariidae)
Vorkommen: Im Winter auf
offener See; brütet auf Fels-
klippen an den Küsten der
Britischen Inseln.
47 cm; Flügel schmaler als
bei Möwen; segelt mit steifen
Schwingen; ohne schwarze
Flügelenden.

des nordwestlichen und
nördlichen Europa.
41 cm; kurzer Hals und seitlich zusammengedrückter
Schnabel; Kopf und Rücken
dunkler als bei der Trottellumme; Schwanz beim
Schwimmen nach oben ge-
richtet. Im Winter Kehle und
Kopfseiten weiß.

Sommer

Winter

Trottellumme *Uria aalge* (Alcidae)
Vorkommen: Brütet an Fels-
simsen an senkrechten Fels-
wänden an der See, nord-
westliches und nördliches
Europa; im Winter auf See
und in Küstengewässern.
42 cm; brauner als der Tordalk; im Winter mit weißen
Wangen.

Gryllteiste *Cepphus grylle*
(Alcidae)
Vorkommen: An felsigen Küsten und Klippen des nördlichen Europa.
34 cm; im Winterkleid mit gebänderter schwarzweißer
Oberseite, unterscheidet sich
dadurch von der schwarzrük-
kigen Trottellumme; Füße
und Beine leuchtend oran-
gefarben; an Land wat-
schelnder Gang.

Papageitaucher *Fratercula
arctica* (Alcidae)
Vorkommen: Brütet oben an
unzugänglichen grasigen

Steilküsten und unbewohnten
Inseln in selbstgegrabenen
Erdhöhlen an den Küsten des
nordwestlichen und nördlichen Europa; im Winter auf
See.
30 cm; im Winter Schnabel
unauffälliger gefärbt.

Vögel

Hohltaube *Columba oenas* (Columbidae)
Vorkommen: Wälder, baumbestandene offene Landschaft, Parks; nistet in Höhlen, fast ganz Europa; im Norden und Osten Zugvogel.
33 cm; kleiner und dunkler als Ringeltaube, ohne weiße Halsflecken; rascher Flug; grauer Bürzel und 2 kurze schwarze Flügelbinden.

Felsentaube *Columba livia* (Columbidae)
Vorkommen: An Felsküsten mit Höhlen, nördliche Britische Inseln, Bretagne und Mittelmeerraum.
33 cm; Stammform der Haustaube, von verwilderten Haustauben des wildfarbenen Typs nicht zu unterscheiden; weißer Bürzel und 2 breite schwarze Flügelbinden.

Turteltaube *Streptopelia turtur* (Columbidae)
Vorkommen: In offener, parkartiger Landschaft, Wälder, Gärten; ganz Europa; Zugvogel.
27 cm; im Flug kurzer, runder Schwanz mit weißer Endbinde; schwarzweißer Fleck an jeder Halsseite.

Ringeltaube *Columba palumbus* (Columbidae)
Vorkommen: Waldgebiete und Parkanlagen; ganz Europa, außer im hohen Norden.
41 cm; weiße Halsflecken an jeder Seite, die kopfwärts von einem grünen Band begrenzt werden; fliegt bei Störung mit lautem Flügelschlag auf.

Türkentaube *Streptopelia decaocto* (Columbidae)
Vorkommen: Häufig, in der Stadt und auf dem Land; Europa, außer dem Südwesten und dem hohen Norden.
32 cm; breitete sich erst in den letzten 50 Jahren von Jugoslawien nach Westen und Norden aus; unterscheidet sich von der Turteltaube durch schmaleres Nackenband und längeren Schwanz.

Kuckuck *Cuculus canorus* (Cuculidae)
Vorkommen: Im Wald, aber auch anderen Biotopen, z.B. Röhricht oder Ackerland, je nach Wirtsvogelart; Brutparasit; in ganz Europa; Sommergast.
33 cm; Flug gewöhnlich niedrig; kurzer, rascher Flügelschlag, erinnert an einen Sperber oder Falken, aber mit längerem zugespitztem Schwanz. Charakteristischer Kuckucksruf ist der Balzruf des Männchens.

Schleiereule *Tyto alba* (Tytonidae)
Vorkommen: Offenes Kulturland und Gelände mit einzelnen Bäumen; ganz Europa; brütet in Scheunen und alten Kirchtürmen.
34 cm; Augen schwarz; helle Unterseite; oben goldbraun; Gesichtsschleier; nächtlich; fliegt schon in der Dämmerung.

Schnee-Eule *Nyctea scandiaca* (Strigidae)
Vorkommen: Nordische Moorlandschaften und Tundra in Skandinavien, gelegentliche Invasionen nach Süden; überwintert ganz selten in Schottland.
53–65 cm; Männchen fast ganz weiß; Weibchen und Jungvögel grau-braun gebändert; langsamer, gleitender Flug; jagt bei Tage.

Steinkauz *Athene noctua* (Strigidae)
Vorkommen: Offenes Gelände mit einzelnen Bäumen, Obstbaumgärten, lichte Wälder, Dünen; in ganz Europa.
22 cm; gelbe Augen; jagt bei Tage; rastet gerne auf Pfählen oder Telegrafenmasten; kleinste Eule Europas.

Waldkauz *Strix aluco* (Strigidae)
Vorkommen: Laubwälder, Gärten, Parks und anderes offenes Gelände; brütet auf Dachböden und in Baumhöhlen; ganz Europa.
38 cm; Augen schwarz; im Flug fallen die breiten runden Schwingen und der dicke Kopf auf; typischer Eulenruf; nachtaktiv.

Rauhfußkauz *Aegolius funereus* (Strigidae)
Vorkommen: Nadelwälder Nord- und Osteuropas sowie des Alpenraumes.
25 cm; Zehen und Beine dicht befiedert; nachtaktiv.

Sumpfohreule *Asio flam-
meus* (Strigidae)
Vorkommen: Moore, Sümpfe,
Heiden, grasige Hänge, Dünen; in ganz Europa; im Norden nur Sommervogel, im
Mittelmeerraum Wintergast.
38 cm; Augen gelb; jagt bei
Tage; sitzt am Boden in
schräger Haltung, selten aufrecht.

Waldohreule *Asio otus*
(Strigidae)
Vorkommen: Lichte Nadel-
wälder, kleine Gehölze, Heiden und offenes Gelände mit
Bäumen; ganz Europa.
45 cm; Augen gelb; lange
Ohrbüschel; vorwiegend
nachtaktiv.

Wespenbussard *Pernis api-
vorus* (Accipitridae)
Vorkommen: Laub- und Na-
delwälder; Sommergast in
Europa.
50–58 cm; in mehreren Farbvarianten; ähnelt im Flug dem
Bussard.

Habicht *Accipiter gentilis*
(Accipitridae)
Vorkommen: In Nadel- und
Mischwäldern; ganz Europa.
48–60 cm; Weibchen größer
als Männchen; schneller und
geschickter Jäger.

Seeadler *Haliaeetus albicilla*
(Accipitridae)
Vorkommen: Felsige Meeresküsten, große Binnenseen mit
hohen Bäumen; nördliches
und östliches Europa.
68–90 cm; weit klafternde
breite Flügel.

Steinadler *Aquila chrysaetos*
(Accipitridae)
Vorkommen: Bergland, oft an
der oberen Waldgrenze, im
Alpenraum, Nord- und Osteuropa, Schottland.
75—88 cm; lange breite Flügel; vorwiegend segelnd.

Steinadler

Mäusebussard *Buteo buteo* (Accipitridae)
Vorkommen: Wälder, offene
Landschaft, Felder; ganz Europa.
51—66 cm; Gefieder variabel;
Flügel und Schwanz breit und
rund; Segelflieger.
Der Rauhfußbussard *Buteo
lagopus* ist ähnlich, aber größer (50—60 cm) und ist nur
Wintergast im nordwestlichen
Europa; er brütet in der Tundra.

Mäusebussard

Sperber *Accipiter nisus* (Accipitridae)
Vorkommen: Wälder, baumbestandene offene Landschaft; ganz Europa.
28—38 cm; Weibchen größer
als Männchen; Jungvögel ähneln dem Weibchen; Flug
rasch, abwechselnd rudernd
oder gleitend.

♂

♀

Rotmilan *Milvus milvus* (Accipitridae)
Vorkommen: In Wäldern und
baumreicher offener Landschaft; große Teile Europas,
fehlt im Norden; in Mitteleuropa Zugvogel.
62 cm; lange weißgesperberte Flügel und tief gegabelter
Schwanz.

279

Vögel

Rohrweihe *Circus aeruginosus* (Accipitridae)
Vorkommen: Röhrichte, Gewässer mit Schilfbeständen; Europa; im mittleren und östlichen Europa nur Sommergast.

48–56 cm; Färbung variabel; Unterseite nicht weiß, in elegantem Segelflug über dem Schilf auf der Beutesuche.

♀

Rohrweihe

♂

Kornweihe *Circus cyaneus* (Accipitridae)
Vorkommen: Offenes steppenartiges Gelände; Europa; Teilzieher.
43–51 cm; auffälliger weißer Bürzel; Weibchen braun, Männchen grau.

♀

♂

Kornweihe

♂

Wiesenweihe

Wiesenweihe *Circus pygargus* (Accipitridae)
Vorkommen: Flußniederungen, Wiesen, Sümpfe; in Europa Sommergast.
41–46 cm; das Weibchen ähnelt der weiblichen Kornweihe; Männchen ohne weißen Bürzel.

Fischadler *Pandion haliaetus* (Pandionidae)
Vorkommen: Seen, Flüsse, offenes Waldland und Küsten in Schottland, Skandinavien

und im Ostseeraum als Sommergast.
51–58 cm; kontrastreiches Gefieder; lange gewinkelte Schwingen; kann rütteln.

Vögel

Baumfalke *Falco subbuteo*
(Falconidae)
Vorkommen: Offene, bewaldete Landschaft; Sommervogel in Europa außer im hohen Norden.
30–36 cm; kurzer Schwanz; lange Schwingen; erinnert im Flug an einen Segler; Weibchen größer als Männchen.

Wanderfalke *Falco peregrinus* (Falconidae)
Vorkommen: Offenes Gelände, Küsten, Bergland; in ganz Europa; z. T. nur als Wintergast.
38–48 cm; Weibchen größer als Männchen.

Merlin *Falco columbarius*
(Falconidae)
Vorkommen: Auf Mooren und Wiesen; brütet in Skandinavien und Schottland; in Mitteleuropa seltener Wintergast.
33–37 cm; fliegt und jagt niedrig über dem Boden; nistet am Boden.

Turmfalke *Falco tinnunculus*
(Falconidae)
Vorkommen: Wiesen, offenes Gelände, Felsen, auch in Städten, häufig an Landstraßen; ganz Europa.
33–36 cm; Weibchen größer als Männchen und mit braunem Kopf; rüttelt häufig.

Baumfalke

Wanderfalke juvenil

Wanderfalke ♂

Merlin ♂

Merlin ♀

Turmfalke ♀

Turmfalke ♂

Schottisches Moorschneehuhn *Lagopus lagopus scoticus* (Tetraonidae)
Vorkommen: Heiden und Moore mit Birken und Weiden, Britische Inseln.
32–41 cm; Flügel nie weiß; Schwanz rund, ungegabelt.

Alpenschneehuhn *Lagopus mutus* (Tetraonidae)
Vorkommen: Oberhalb der Baumgrenze.
32–36 cm; Flügel wie beim Moorschneehuhn in allen Kleidern weiß, unterscheidet sich von diesem im Winter durch einen schwarzen Zügelstreif.

♂ Winter

Alpenschneehuhn

♀

♀ Herbst

Birkhuhn *Lyrurus tetrix* (Tetraonidae)
Vorkommen: Sehr selten in Mooren und Heiden im Tiefland und Gebirge; Europa außer im Westen und Südwesten.
Männchen 53 cm, Weibchen 41 cm; berühmtes Balzverhalten.

♀

Birkhuhn

♂

Auerhuhn *Tetrao urogallus* (Tetraonidae)
Vorkommen: Selten in Mittel- und Hochgebirgen Europas.
Männchen 86 cm, Weibchen 62 cm; Weibchen ähnelt der Birkhenne.

♂

♀

282

Wiedehopf *Upupa epops* (Upupidae)
Vorkommen: Offenes grasiges Gelände mit alten Obstbäumen oder Kopfweiden; Brutvogel in ganz Europa; selten.

28 cm; unverwechselbar; aufrichtbare Federhaube; im Flug auffallend schwarz-weiß gebänderte Flügel.

Rothuhn *Alectoris rufa* (Phasianidae)
Vorkommen: Moore, Heiden, Felder, Iberische Halbinsel und Südwest-Frankreich; in England eingebürgert.
34 cm; Bodenvogel, der bei Gefahr wegrennt; gesellig.

Rebhuhn *Perdix perdix* (Phasianidae)
Vorkommen: Felder, Heiden, Wiesen, Moore, in ganz Europa, außer im hohen Norden, fehlt auf der Iberischen Halbinsel.
30 cm; Bodenvogel, der in geduckter Haltung läuft und sich bei Gefahr niederkauert; kurze runde Flügel; fliegt nieder und schnell, in Trupps (Volk) anzutreffen.

Wachtel *Coturnix coturnix* (Phasianidae)
Vorkommen: Felder, Wiesen, Brachland, Steppen, Großteil Europas außer im Norden; Zugvogel.
18 cm; fliegt nur sehr ungern auf, versteckt sich bei Gefahr lieber oder läuft davon.

Rebhuhn

Wachtel

Fasan *Phasianus colchicus* (Phasianidae)
Vorkommen: Im Sommer in Feldern und Wiesen, im Winter im Wald; Kulturfolger; in ganz Europa seit Jahrhunderten eingebürgert als Jagdwild.
65 cm; flüchtet bei Gefahr zu Fuß, fliegt aber auch rasch und geräuschvoll auf und landet in schnellem Gleitflug.

Fasan

Vögel

Mauersegler *Apus apus* (Apodidae)
Vorkommen: Über Städten, Ackerland, Seen und Flüssen, selten am Boden; brütet in Höhlen und Spalten an Gebäuden; Sommervogel in ganz Europa.
17 cm; reißender Flug; meist in Trupps gegen Abend.

Mauersegler

Ziegenmelker *Caprimulgus europaeus* (Caprimulgidae)
Vorkommen: Lichte Waldungen, Moore und Heiden mit lockerem Baumbestand; Sommervogel in fast ganz Europa.
27 cm; tagsüber am Boden oder auf dicken Ästen sitzend; erbeutet nachts Insekten im Flug.

Grünspecht *Picus viridis* (Picidae)
Vorkommen: Laubwälder, Parkanlagen, Obstbaumgelände; ganz Europa außer im hohen Norden.
32 cm; auffallend gelber Bürzel; Weibchen ohne Rot im schwarzen Backenstreif; wellenförmiger Flug.

Grünspecht

Eisvogel *Alcedo atthis* (Alcedinidae)
Vorkommen: Klare Bäche und Flüsse mit Steilufern oder Lehm- und Sandufern in der Nähe; ganz Europa.
17 cm; nicht gesellig; kurzer, rascher Flug, rüttelt gelegentlich; fängt stoßtauchend kleine Fische.

Buntspecht *Dendrocopus major* (Picidae)
Vorkommen: Wälder aller Art, Obstbaumgelände, Gärten; ganz Europa.
23 cm; Männchen mit rotem Nackenband; Jungspecht am Vorderkopf rot; Weibchen ohne Rot am Kopf.

Buntspecht

Kleinspecht *Dendrocopus minor* (Picidae)
Vorkommen: Mischwälder, Parkanlagen, Auwälder; ganz Europa.
17 cm; vom Buntspecht durch geringere Größe, eng gebändertes Gefieder und Fehlen der roten Unterschwanzdecken unterscheiden.

Wendehals *Jynx torquilla* (Picidae)
Vorkommen: Laubwälder; sehr seltener Sommervogel.
17 cm; erinnert eher an einen Singvogel als an einen Specht; hüpft mit aufgerichtetem Schwanz.

Schwarzspecht *Dryocopus martius* (Picidae)
Vorkommen: Ausgedehnte Nadelwälder, auch Buchen- und Nadelholzmischwälder, vorwiegend in Gebirgen; fast ganz Europa, in Westeuropa nur inselartig, fehlt in Großbritannien.

45 cm; Männchen mit auffälligem rotem Scheitel, Weibchen mit rotem Nackenfleck.

Rauchschwalbe *Hirundo rustica* (Hirundinidae)
Vorkommen: Felder, Wiesen, in Gewässernähe; ganz Europa, Sommervogel.
19 cm; lange seitliche Schwanzfedern; kastanienbraune Stirn und Kehle; dunkelblauer Rücken ohne Bürzelfleck. Fliegt oft nieder über dem Boden, baut offene Lehmnester gewöhnlich im Innern von Ställen.

Rauchschwalbe

Mehlschwalbe *Delichon urbica* (Hirundinidae)
Vorkommen: In der Nähe von Dörfern und Siedlungen, auch an Felsen; ganz Europa; Zugvogel.
13 cm; weiße Unterseite und weißer Bürzel; kurzer gegabelter Schwanz; baut geschlossene Lehmnester außen an Gebäuden, Brükken u. ä.; lebt in Kolonien.

Uferschwalbe

Uferschwalbe *Riparia riparia* (Hirundinidae)
Vorkommen: In offenem Gelände in Wassernähe, nistet in selbstgegrabenen Höhlen an lehmigen Flußufern, in

Sand- und Kiesgruben; Zugvogel.
12 cm; braune Oberseite, Unterseite weiß mit braunem Brustband; kein weißer Bürzel.

Vögel

Heidelerche *Lullula arborea*
(Alaudidae)
Vorkommen: Auf Waldlichtungen, Heiden, Ödland, Bergwiesen, Europa; in Mitteleuropa Zugvogel.
15 cm; kurzer Schwanz, helle Überaugenstreifen treffen sich im Genick.

Feldlerche *Alauda arvensis*
(Alaudidae)
Vorkommen: Getreidefelder, Wiesen, Weiden, Heiden, Sanddünen; Europa, in Mitteleuropa Zugvogel.
18 cm; mit relativ langem, weißgesäumtem Schwanz; Singflug mit steilem Aufsteigen und Rütteln; melodischer Gesang.

Haubenlerche *Galerida cristata* (Alaudidae)
Vorkommen: Ödland, Sanddünen, Bahndämme; ganz Europa, ausgenommen die Britischen Inseln und Skandinavien.
17 cm; mit auffälliger Haube.

Ohrenlerche *Eremophila alpestris* (Alaudidae)
Vorkommen: An Küsten der südlichen Nord- und Ostsee als Wintergast, brütet in der Tundra.
16 cm; Männchen im Sommerkleid mit aufrichtbaren Federohren.

Grauschnäpper *Muscicapa striata* (Muscicapidae)
Vorkommen: Waldränder, Obstbaumgärten, Spaliere an Gebäuden; Sommervogel in ganz Europa.
14 cm; jagt von einer Warte aus blitzschnell vorbeifliegende Insekten und kehrt zur Warte zurück.

Trauerschnäpper *Ficedula hypoleuca* (Muscicapidae)
Vorkommen: Laub- und Nadelwälder, ausgedehnte Obstgärten; Sommergast in weiten Teilen Europas.
13 cm; im Ruhekleid ähnelt das Männchen dem Weibchen.

Heckenbraunelle *Prunella modularis* (Prunellidae)
Vorkommen: Wälder, gebüsch- und heckenreiches Gelände, Parks; ganz Europa, im Norden und Osten nur Sommergast.
14,5 cm; hält sich in Bodennähe auf; anmutiger Gesang.

Wiesenpieper *Anthus pratensis* (Motallicidae)
Vorkommen: Wiesen, Ödland, Bergwiesen, Heiden; ganz Europa (im Norden nur Sommergast).

14,5 cm; lerchenähnlich, aber kleiner; auffällig gestreifte Brust; Singflug mit charakteristischem Gesang.

Baumpieper *Anthus trivialis* (Motacillidae)
Vorkommen: Waldlichtungen, Waldränder, baumreiches offenes Gelände; in ganz Europa als Sommergast.
15 cm; Gesang viel lauter als beim Wiesenpieper.

Wasserpieper *Anthus spinoletta* (Motacillidae)
Vorkommen: Berggipfel und Felsküsten, im Winter auch im Flachland; West- und Mitteleuropa.

16,5 cm; abgebildet ist der sog. Strandpieper, eine Unterart der Britischen Inseln; die eigentlichen Wasserpieper des Alpenraumes sind größer und grauer als dieser.

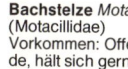
Trauerbachstelze (brit. Form)

Bachstelze *Motacilla alba* (Motacillidae)
Vorkommen: Offenes Gelände, hält sich gerne an Wasser auf; ganz Europa.

18 cm; die Trauerbachstelze, die auf den Britischen Inseln vorkommt, hat einen schwarzen Rücken; die kontinentaleuropäische Rasse ist graurückig; am Erdboden unter häufigem Schwanzwippen schnell laufend.

kontinentaleuropäische Bachstelze

Gebirgsstelze *Motacilla cinerea* (Motacillidae)
Vorkommen: Am Ufer schnellfließender Bäche, im Winter auch an anderen Gewässern; ganz Europa.
18 cm; Weibchen ohne schwarze Kehle.

britische Rasse ♂

mitteleuropäische Rasse ♂

Schafstelze *Motacilla flava* (Motacillidae)
Vorkommen: Feuchte Wiesen, Viehweiden, Sumpfland; ganz Europa.
16,5 cm; mehrere Rassen, deren Männchen sich im Brutkleid an der Färbung des Oberkopfes unterscheiden; Ruhekleid matter, auch die stets gelbe Bauchseite; Weibchen kaum zu unterscheiden.

Steinschmätzer *Oenanthe oenanthe* (Turdidae)
Vorkommen: Offenes Gelände, Raine, Böschungen, Heiden, Kalktrockenrasen, Sanddünen; in ganz Europa als Sommervogel.
14,5 cm; schwarz-weiße Schwanzzeichnung; Bodenbewohner, sitzt gerne auf Grasbülten.

Schwarzkehlchen *Saxicola torquata* (Turdidae)
Vorkommen: Heiden, grasige Böschungen, Bahndämme, Weidengehölze; Europa (nicht im Norden und Osten).
12,5 cm; Männchen mit weißem Bürzel, sitzt gern in aufrechter Haltung auf Zaunpfählen oder den obersten Zweigen von Sträuchern.

Schwarzkehlchen

Braunkehlchen *Saxicola rubetra* (Turdidae)
Vorkommen: Wiesenflächen, Moore, feuchte Heiden, grasige Böschungen; Sommergast in Europa.
12,5 cm; heller Überaugenstreif und weiße Flecken am Schwanz.

Braunkehlchen

Gartenrotschwanz *Phoenicurus phoenicurus* (Turdidae)
Vorkommen: Laubwälder, Parks, Anlagen, Obstbaumgärten; Sommergast in Europa.
14 cm; Weibchen braun; Gesang kurz, melodisch.

Hausrotschwanz
♀

Hausrotschwanz *Phoenicurus ochruros* (Turdidae)
Vorkommen: Ruinen, Gebäude, Felsen im Bergland, auch in Städten; ganz Europa, ausgenommen im Norden.
14 cm; schwarze oder graue Oberseite; melodischer Gesang.

Rotkehlchen *Erithacus rubecula* (Turdidae)
Vorkommen: Wälder, Hecken, Gärten, Parks; ganz Europa.
14 cm; lauter, charakteristischer Gesang.

Nachtigall *Luscinia megarhynchos* (Turdidae)
Vorkommen: Auwälder, größere Feldgehölze, verwilderte Parkanlagen, Laubwälder, Sommervogel in Europa (fehlt im Osten).
16,5 cm; Gesang laut mit schmetternden Strophen, singt bei Nacht und Tag, selten zu sehen.
Der Sprosser (*Luscinia luscinia*) ist ähnlich, aber oberseits etwas dunkler, und hat einen lauteren und härteren Gesang; er vertritt die Nachtigall in Osteuropa.

Misteldrossel *Turdus visci-vorus* (Turdidae)
Vorkommen: Wälder, Gehölze, Parks und baumreiche Gärten; ganz Europa.
27 cm; unterscheidet sich von der Singdrossel durch ein graueres Gefieder, aufrechte Haltung und weiße Flügelunterseite; Flug wellenförmig; lauter, melodischer Gesang.

Wacholderdrossel *Turdus pilaris* (Turdidae)
Vorkommen: Laubwälder, lichte Birkenwälder, Pappelbestände und Parkanlagen; ganz Europa; im westlichen Teil Wintergast.
26 cm; grauer Kopf und Hals, im Flug fällt der graue Bürzel auf; umherschweifend.

Misteldrossel

Wacholderdrossel

Rotdrossel *Turdus iliacus* (Turdidae)
Vorkommen: Laubwälder und Kulturland; Wintergast; brütet in Skandinavien.
21 cm; heller Überaugenstreif; rotbraune Körperseiten und Unterflügeldecken; umherschweifend.

Singdrossel *Turdus philomelos* (Turdidae)
Vorkommen: Wälder, Hekken, Parks und Gärten; Europa.
23 cm; einheitlich braune Oberseite, helle Brust mit zarter Fleckung; Flug gerade und schnell, anmutiger Gesang.

Amsel *Turdus merula* (Turdidae)
Vorkommen: Überall in Gärten, Grünanlagen, Parks, Feldern, Hecken.
25 cm; Männchen schwarz mit gelbem Schnabel; Weibchen braun; Flug gerade.

Vögel

Ringdrossel *Turdus torqua-tus* (Turdidae)
Vorkommen: Nadelwälder nahe der Baumgrenze im Gebirge, z. B. Alpen, schottisches Hochland; nur Sommergast. 24 cm; weißes Brustschild und heller Flügelfleck; schnell fliegend.

Blaukehlchen *Cyanosylvia sveccica* (Turdidae)
Vorkommen: Erlenbrüche, Ufergestrüpp, Sommergast in Mitteleuropa.
14 cm; Männchen im Brutkleid mit leuchtend blauer

Kehle, die von einem schwarzen und einem kastanienbraunen Brustband gesäumt ist; die abgebildete nordische Rasse hat einen rostfarbenen Kehlfleck, der bei der mitteleuropäischen weiß ist.

Gelbspötter *Hippolais icterina* (Sylviidae)
Vorkommen: Waldränder, Gärten; im mittleren und nordöstlichen Europa als Sommervogel.
13 cm; gerade abgeschnittener Schwanz; variationsreicher Gesang.
Der **Orpheusspötter** (*Hippolais polyglotta*) ist sehr ähnlich. Er vertritt den Gelbspötter im westlichen und südwestlichen Europa.

Rohrschwirl *Locustella luscinioides* (Sylviidae)
Vorkommen: Röhrichte, Verlandungszonen von Seen mit Schilf; seltener Sommergast in Europa.
14 cm; weiße Kehle, wird beim Singen sichtbar; ähnelt dem Feldschwirl.

Seidensänger *Cettia cetti* (Sylviidae)
Vorkommen: In dichtem Pflanzenbewuchs an Ufern und Wassergräben; Mittelmeerländer und Westeuropa; in Ausbreitung begriffen.
14 cm; düster gefärbt und versteckt lebend; am charakteristischen Gesang leicht zu erkennen.

Dorngrasmücke *Sylvia communis* (Sylviidae)
Vorkommen: Hecken, Gestrüpp, Dorndickichte, Waldränder; Sommergast in ganz Europa (außer im hohen Norden).
14 cm; Weibchen mit braunem Kopfgefieder; Schwingen rostfarben gesäumt.

Klappergrasmücke *Sylvia curruca* (Sylviidae)
Vorkommen: Hecken, Dickichte, Gehölze; Sommergast in großen Teilen Europas.
13,5 cm; kein Singflug; keine rostfarbenen Flügelsäume.

Provencegrasmücke *Sylvia undata* (Sylviidae)
Vorkommen: Ginsterbüsche, Hecken, Gestrüpp; im westlichen Mittelmeerraum, Iberische Halbinsel, Bretagne und Südengland.
12,5 cm.

Fitis *Phylloscopus trochilus* (Sylviidae)
Vorkommen: Lichte Wälder mit Unterholz, Parkanlagen; Sommergast in den Ländern nördlich der Alpen.
11 cm; helle Beine; wohllautender, langsam verklingender Gesang.

Zilpzalp *Phylloscopus collybita* (Sylviidae)
Vorkommen: Wälder, Hecken, Dickichte; ganz Europa, fehlt im Norden.
11 cm; dunkler als Fitis; schwarze Beine; monotoner Gesang: „zip-zalp".

Waldlaubsänger *Phylloscopus sibilatrix* (Sylviidae)
Vorkommen: Hochwald, besonders Buchen- und Eichenwälder; Sommergast in großen Teilen Europas, fehlt im Südwesten.
12,5 cm; Überaugenstreif; Stimme: „düh".

Vögel

Wintergoldhähnchen *Regulus regulus* (Sylviidae)
Vorkommen: Nadel- und Mischwälder, im Winter auch Laubwälder, Hecken und Gehölze; fast ganz Europa.
9 cm; zarter, dünnschnäbeliger Vogel mit leuchtendem Scheitelstreif und 2 hellen Flügelbinden.

Sommergoldhähnchen *Regulus ignicapillus* (Sylviidae)
Vorkommen: Nadel- und Mischwälder, aber auch in Laubwäldern; Europa, außer in Nordeuropa; in Mitteleuropa Brutvogel.
9 cm; unterscheidet sich vom Wintergoldhähnchen durch den schwarzen Augenstreif.

Feldschwirl *Locustella naevia* (Sylviidae)
Vorkommen: Feuchtes Weideland, Schonungen, offenes Gelände mit dichter Bodenvegetation, Heiden; Sommergast in großen Teilen Europas (außer im Norden).
12,5 cm; runder Schwanz; charakteristischer schwirrender Gesang wie das Aufspulen einer Anglerrolle.

Teichrohrsänger *Acrocephalus scirpaceus* (Sylviidae)
Vorkommen: In Röhrichten und dichtem Uferbewuchs; Großteil Europas außer dem Norden, nur Sommervogel.
12,5 cm; sich wiederholender, harter Gesang.

Mönchsgrasmücke ♀

Schilfrohrsänger *Acrocephalus schoenobaenus* (Sylviidae)
Vorkommen: Schilfbestände, Weidicht, Uferbewuchs an Gewässern; Sommergast in weiten Teilen Europas.
12,5 cm; heller Überaugenstreif; wechselvoller, angenehmer Gesang.

Mönchsgrasmücke *Sylvia atricapilla* (Sylviidae)
Vorkommen: Wälder, baumreiche Gärten, Parks; Europa, in Mitteleuropa Sommergast.
14 cm; abwechslungsreicher, flötender Gesang.

Gartengrasmücke *Sylvia borin* (Sylviidae)
Vorkommen: Wälder, Feldgehölze, parkartige Gärten; Sommergast in fast ganz Europa.
14 cm; wohlklingender Gesang, einheitlicher als bei der Mönchsgrasmücke.

Kleiber *Sitta europaea* (Sittidae)
Vorkommen: Laubwälder, Parks und Gärten mit alten Bäumen; Europa, außer im hohen Norden.
14 cm; klettert an Baumstämmen herum, auch kopfabwärts; klemmt Futterbrocken wie Nüsse in Rindenspalten und behämmert sie mit dem Schnabel.

Schwanzmeise *Aegithalos caudatus* (Aegithalidae)
Vorkommen: Laub- und Mischwälder, Gehölze, Parks; ganz Europa.
14 cm; kleiner, schwarz-weiß-rosafarbener Vogel mit ganz langem Schwanz; in mehreren Rassen auftretend.

Waldbaumläufer

Waldbaumläufer *Certhia familiaris* (Certhiidae)
Vorkommen: Wälder und Parkanlagen; auf den Britischen Inseln auch in Gärten; Europa, ausgenommen im Westen und Südwesten.
13 cm; läuft schraubenförmig an Baumstämmen hoch, wobei der Schwanz fest an die Rinde gepreßt wird; pickt Insektenlarven aus der Baumrinde.

Zaunkönig *Troglodytes troglodytes* (Troglodytidae)
Vorkommen: Gehölze, Dornendickichte, Gestrüpp, verwilderte Hecken; in ganz Europa.
10 cm; winziger, bräunlicher Vogel mit aufgerichtetem Schwanz; schwirrender Flug; harte Stimme: „tick-tick'', Gesang schmetternd mit lautem Triller.

Wasseramsel *Cinclus cinclus* (Cinclidae)
Vorkommen: Ufer von Bächen und schnellfließenden Gewässern; in weiten Teilen Europas (fehlt in Norddeutschland).
18 cm; knickst auf Steinen mitten im Wasser; taucht und frißt unter Wasser; rascher Flug entlang des Flußlaufs.

Bartmeise *Panurus biarmicus* (Paradoxornithidae)
Vorkommen: Schilfbestände, Röhricht; inselartiges Vorkommen in Europa.
17 cm; gelbbrauner Schilfvogel mit langem Schwanz; Männchen mit schwarzem Backenbart; schlechter Flieger.

Vögel

Kohlmeise *Parus major* (Paridae)
Vorkommen: Wälder, Gärten, Parks; ganz Europa.
14 cm; schwarzer Oberkopf und schwarzes Längsband über die gelbe Unterseite; Flug wellenförmig, von kurzer Dauer; Gesang laut, meist: „zizibäh".

Blaumeise *Parus caeruleus* (Paridae)
Vorkommen: Laub- und Mischwälder, Hecken, Gärten; in ganz Europa außer im hohen Norden.
12 cm; blauer Oberkopf, gelbe Unterseite; Flug flatternder als bei der Kohlmeise.

Tannenmeise *Parus ater* (Paridae)
Vorkommen: Nadel- und Mischwälder; ganz Europa.
12 cm; schwarzer Oberkopf und weißer, schwarz gesäumter Nackenfleck; 2 weiße Flügelbinden; Flug ähnlich der Blaumeise.

Kohlmeise

Haubenmeise *Parus cristatus* (Paridae)
Vorkommen: Nadelwälder, aber auch Misch- und Laubwälder; Großteil Europas, nicht auf den Britischen Inseln außer im schottischen Hochland.

12 cm; charakteristische schwarz-weiße Kopfhaube sucht an Baumstümpfen nach Futter, weniger gesel* als andere Meisen.

Haubenmeis

Tannenmeise

Sumpfmeise *Parus palustris* (Paridae)
Vorkommen: Laubwälder, Hecken, Gärten mit Bäumen, nicht an Sümpfe gebunden; weite Teile Europas, fehlt auf der Iberischen Halbinsel.
12 cm; glänzender schwarzer Oberkopf und gleichmäßig bräunliche Schwingen; nistet in schon vorhandenen Baumhöhlen.

Weidenmeise *Parus montanus* (Paridae)
Vorkommen: Laub-, Nadel- und Mischwälder, Auwälder mit Weiden; Großteil Europas, außer im Südwesten.
12 cm; matter schwarzer Oberkopf, unterscheidet sich von der Sumpfmeise durch ein helles Feld im Flügel im Bereich der Armschwingen; eindeutig aber nur am Gesang.

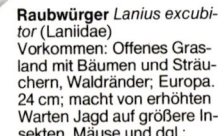

Raubwürger *Lanius excubitor* (Laniidae)
Vorkommen: Offenes Grasland mit Bäumen und Sträuchern, Waldränder; Europa.
24 cm; macht von erhöhten Warten Jagd auf größere Insekten, Mäuse und dgl.; wohltönender Gesang.

Neuntöter *Lanius collurio*
(Laniidae)
Vorkommen: Schonungen,
Feldgehölze, Heiden; Sommergast im Großteil Europas.
17 cm; langer Schwanz;
Weibchen braun; rüttelt häufig.

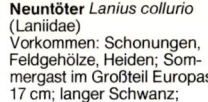
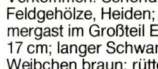

Neuntöter

Seidenschwanz ♀

Seidenschwanz *Bombycilla garrulus* (Bombycillidae)
Vorkommen: Hoher Norden;
Wintergast in Gärten und
Parks mit Beerensträuchern
von Mittel- und Osteuropa.
18 cm; bräunlicher Vogel mit
Haube; umherstreifend.

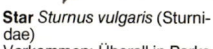

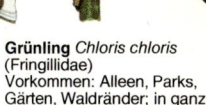

Star *Sturnus vulgaris* (Sturnidae)
Vorkommen: Überall in Parks
und Gärten; ganz Europa.
21,5 cm; im Sommer nicht getüpfelt; Stimme: Gemisch aus
Pfeif- und Schnalzlauten.

Kernbeißer *Coccothraustes coccothraustes* (Fringillidae)
Vorkommen: Hochwald, vorwiegend Laubwald, Parkbäume, in ganz Europa.
18 cm; Stimme ein durchdringendes „zick".

Grünling *Chloris chloris* (Fringillidae)
Vorkommen: Alleen, Parks,
Gärten, Waldränder; in ganz
Europa.
14,5 cm; Weibchen brauner;
Stimme ein schnelles
Schmettern; im Frühjahr beim
Männchen ein langgezogenes „ihtsch", Gesang eine
Folge von schmetternden
Lauten.

Stieglitz *Carduelis carduelis* (Fringillidae)
Vorkommen: Gärten, Obstbaumgehölze, Feldgehölze
mit Rainen, an denen Disteln
wachsen; ganz Europa.
12 cm; flüssiger, schmetternder Gesang.

Zeisig *Spinus spinus* (Fringillidae)
Vorkommen: Brütet in Nadelwäldern, im Winter auch in
anderen Wäldern, besonders

wo es Erlen und Birken gibt;
ganz Europa; im Westen und
Südwesten nur Wintergast.
Weibchen grauer, ohne
Schwarz am Kopf.

Vögel

Berghänfling *Acanthis flavirostris* (Fringillidae)
Vorkommen: Moore im Bergland, felsiges Ödland; brütet in Schottland und Skandinavien; überwintert an den Küsten der Nord- und Ostsee.
13,5 cm.

Berghänfling

Hänfling *Acanthis cannabina* (Fringillidae)
Vorkommen: Offenes Gelände mit Gestrüpp, Heiden, Gärten, Parkanlagen; Europa.

13 cm; Schwingen und Schwanz weiß gesäumt; rascher, schmetternder Gesang.

Birkenzeisig *Carduelis flammea* (Fringillidae)
Vorkommen: Birken- und gemischte Laubwälder; ganz Europa.
13 cm.

Gimpel *Pyrrhula pyrrhula* (Fringillidae)
Vorkommen: In Wäldern, Obstgärten und Parks; Europa.

14,5 cm; weißer Bürzel im Flug sichtbar; Stimme ein sanftes pfeifendes „du".

Fichtenkreuzschnabel *Loxia curvirostra* (Fringillidae)
Vorkommen: Bewohnt Tannen- und Fichtenwälder in Nordeuropa; bei winterlichen

Invasionen nach Mittel- und Westeuropa auch in Nadelbäumen in Parks und Gärten.
16,5 cm; im Flug ist der gegabelte Schwanz sichtbar.

Buchfink *Fringilla coelebs* (Fringillidae)
Vorkommen: Wälder und Gehölze, Parkanlagen, Alleen und Gärten; ganz Europa; häufig.
15 cm; Stimme: „pink-pink"; Gesang laut schmetternd.

Bergfink *Fringilla montifringilla* (Fringillidae)
Vorkommen: Wälder, besonders mit Birken und Koniferen im Norden; überwintert im übrigen Europa vorwiegend in Buchenwäldern.
14,5 cm; Geschlechter im Winter gleich; im Flug ist der weiße Bürzel sichtbar.

Grauammer *Miliaria calandra* (Emberizidae)
Vorkommen: Offenes Grasland, Felder, Trockenhänge; Europa.
18 cm; der Gesang endet wie das Klirren eines Schlüsselbundes.

Goldammer *Emberiza citrinella* (Emberizidae)
Vorkommen: Waldlichtungen, Feldgehölze, Heideland; ganz Europa.
16,5 cm; Weibchen und Jungvögel brauner als das Männchen; charakteristischer Gesang mit langem Schlußton „wie, wie, wie hab' ich Dich lieb''.

Zaunammer *Emberiza cirlus* (Emberizidae)
Vorkommen: Offenes Gelände mit Bäumen und Gebüsch, Hecken, Obstbaumwiesen; West- und Südeuropa.
16,5 cm; Weibchen ähnelt der weiblichen Goldammer.

Rohrammer

Schneeammer *Plectrophenax nivalis* (Emberizidae)
Vorkommen: Im Winter an der Kanal-, Nordsee- und Ostseeküste; brütet in der Tundra im hohen Norden.
16,5 cm; Brutkleid des Männchens auffällig schwarz-weiß; Stimmen klirrende Schmettern.

Rohrammer *Emberiza schoeniclus* (Emberizidae)
Vorkommen: Röhricht, Weidengestrüpp an Ufern; ganz Europa.
15 cm.

Schneeammer ♂

Haussperling *Passer domesticus* (Passeridae)
Vorkommen: Überall in Dörfern, Städten und im Kulturland; ganz Europa.
14,5 cm; schilpender Ruf.

Feldsperling *Passer montanus* (Passeridae)
Vorkommen: Feldgehölze, Dorfränder, Kulturland; ganz Europa.
14 cm; beide Geschlechter sind gleich gefärbt.

Pirol *Oriolus oriolus* (Orioli-
dae)
Vorkommen: Laubwälder,
große Parks und Gärten; Europa.
24 cm; Männchen leuchtend
gelb; Weibchen gelbgrün;
melodischer, flötender Gesang.

Girlitz *Serinus serinus* (Fringillidae)
Vorkommen: Hecken, Laub-
wälder; Sommergast in West-
und Mitteleuropa.
11 cm; Männchen mit leuchtend gelbem Scheitel und
gelber Brust; Weibchen matter mit schwarzgestrichelter
Brust; klirrende Triller.

Alpenkrähe *Pyrrhocorax
pyrrhocorax* (Corvidae)
Vorkommen: Meeresklippen
in Irland, England und der
Bretagne, Felsen im Gebirge
(z. B. Alpen, Pyrenäen).
40 cm; gebogener roter
Schnabel und rote Beine;
Flugspiele; gesellig.

Spornammer *Calcarius lap-
ponicus* (Emberizidae)
Vorkommen: Wintergast an
der südlichen Nordsee; brütet
in der Tundra.
15 cm; Männchen im Brut-
kleid mit schwarzem Kopf
und schwarzer Kehle, kasta-
nienbrauner Nacken, gelber
Schnabel; Weibchen nur ein
bißchen kastanienbraun im
Nacken.

Eichelhäher *Garrulus glan-
darius* (Corvidae)
Vorkommen: Wälder, Gehöl-
ze, große Parks; ganz
Europa.
34 cm; auffallende blau-weiße
Flügelzeichnung und weißer
Bürzel bei sonst unterschied-
licher Gefiederfärbung; hier
die britische Rasse mit rötli-
cherem Gefieder.

Tannenhäher *Nucifraga ca-
ryocatactes* (Corvidae)
Vorkommen: Nadelwälder in
den Alpen und in Skandinavien.
31 cm; dunkler, eichelhäher-
großer Vogel mit weißen Tupfen am ganzen Körper.

Ortolan *Emberiza hortulana*
(Emberizidae)
Vorkommen: Hecken, Acker-
land mit Feldgehölzen, Heide-
wälder; Durchzügler oder
Brutvogel in Europa.
16 cm; mattes rosabraunes
Gefieder mit grünlich-grauem
Kopf und Kehle; Gesang
schwermütig, weich.

Kolkrabe *Corvus corax* (Corvidae)
Vorkommen: Felsen und Steilküsten, Moore, Bergwälder; eigentlich fast ganz Europa; in West- und Mitteleuropa fast gänzlich ausgerottet.
64 cm; großer, kräftiger Vogel mit starkem schwarzem Schnabel und glänzendem Halsgefieder; keilförmiger Schwanz; kraftvoller, oft akrobatischer Segelflug.

Rabenkrähe

Rabenkrähe *Corvus corone* (Corvidae)
Vorkommen: Kulturland mit einzelnen Bäumen; Westeuropa bis zur Elbe.
45 cm; kräftiger Schnabel; gerade abgeschnittener Schwanz; langsamer und regelmäßiger Flug, segelt selten; einzeln oder paarweise; Stimme krächzend.

Saatkrähe *Corvus frugilegus* (Corvidae)
Vorkommen: Kulturland mit Alleebäumen, offenes Gelände mit kleinen Gehölzen; Europa außer im Norden.
46 cm; unterscheidet sich von der Rabenkrähe durch das helle, nackte Gesicht und abstehende Federn an den Schenkeln; gewöhnlich umherziehend; Stimme ein hartes Krächzen.

Dohle *Corvus monedula* (Corvidae)
Vorkommen: Gehölze, Parks mit altem Baumbestand, landwirtschaftliche Gebäude, Ruinen, Gemäuer, Felsen; ganz Europa.
33 cm; unterscheidet sich von anderen Rabenvögeln durch den grauen Nacken und auffallend weiß-graue Augen; die abgebildete Rasse hat außerdem hellgraue Halsseiten; gesellig, nistet kolonieweise, auf dem Zug mit anderen Rabenvögeln vergesellschaftet.

Elster *Pica pica* (Corvidae)
Vorkommen: Kulturland, offenes Gelände mit Bäumen, auch in der Nähe von Ortschaften; ganz Europa.
46 cm; schwarz-weißes Gefieder und langer, metallisch glänzender Schwanz; Flug schwerfällig, streift außerhalb der Brutzeit in kleinen Trupps umher; Stimme lautes Geschwätz.

Säugetiere

Säugetiere sind warmblütige, zumindest in ihrem Embryonalstadium behaarte Wirbeltiere mit meist 4 Extremitäten. Sie bringen in der Regel lebende Junge zur Welt, die sie säugen. Die Säugetiere der europäischen Fauna sind meist klein und nachtaktiv. An großen, wildlebenden Säugetieren gibt es bei uns nur noch das Rotwild und andere teilweise eingebürgerte Hirscharten.

Manche Kleinsäuger bekommt man meist nur in totem Zustand zu sehen, als Jagdtrophäen der Hauskatze, als Überreste in Eulengewöllen, als Gefangene in Mausefallen oder anderen unfreiwilligen Gefängnissen, wie z.B. weggeworfenen Flaschen oder Kellerschächten oder als Opfer des Autoverkehrs.

Viele Kleinraubtiere, wie Hermelin, Mauswiesel, Otter und Iltis wurden vor noch nicht allzulanger Zeit noch verfolgt und sind deshalb sehr selten oder fehlen in weiten Gebieten trotz geeigneter Lebensräume vollständig.

Einige Tiere, die heute der Fauna des mittleren und nordwestlichen Europas angehören, sind eingeführt worden und haben sich hier bei uns eingebürgert. So gelangte das Grauhörnchen und der Mink aus Nordamerika auf die Britischen Inseln, das Kaninchen von der Iberischen Halbinsel in das übrige Europa, das Damwild aus Vorderasien in die Länder nördlich der Alpen und der Waschbär aus Nordamerika in einige Waldlandschaften Mitteleuropas.

Sehr viele Säugetiere machen durch Spuren und Fährten auf ihre Anwesenheit aufmerksam, die Tiere selbst bekommt man jedoch kaum zu sehen.

Weiterführende Literatur:

BOUCHNER, M.: Der Kosmos-Spurenführer. Kosmos-Verlag, Stuttgart

CORBET / OVENDEN: Pareys Buch der Säugetiere. Parey Verlag, Hamburg und Berlin

KÖNIG, C.: Wildlebende Säugetiere Europas. Belser Verlag, Stuttgart

Rechts: Ein Dachs (*Meles meles*) stöbert am Waldboden in der Laubstreu nach Nahrung. Dieses Tier ist zwar geschützt, wird aber als Wohnpartner von Füchsen häufig ein Opfer der Wildtollwut-Bekämpfung.

Fledermäuse sind sehr selten und nehmen aufgrund giftiger Schädlingsbekämpfungsmittel und Lebensraumzerstörung rapide ab. Hier eine Langohrfledermaus (*Plecotus sp.*) im Anflug auf ein Beuteinsekt.

Säugetiere

Zwergwal *Balaenoptera acutorostrata* (Balaenopteridae)
Vorkommen: Hochsee und Küstengewässer aller europäischen Küsten bis in den hohen Norden.
Bis 10 m lang; kleinster Bartenwal; bläst unauffällig.

Dögling *Hyperoodon ampullatus* (Ziphiidae)
Vorkommen: Hochsee und Küstengewässer des Nordatlantik.
Bis 9 m; Schnabel kurz, stark aufgetriebene Stirn; Jungtier schiefergrau, erwachsene schwarz; alle Männchen dunkelbraun, unterseits heller, kleine Rückenfinne, ohne Kerbe in der Schwanzfluke.

Grindwal *Globicephala melaena* (Globicephalidae)
Vorkommen: Hochsee und Küstengewässer des Nordatlantik.
Bis 6 m; hoch aufgewölbte Stirn, Rückenfinne groß mit stark gebogenem Hinterrand, überall schwarz außer einem weißen Kehlfleck, Brustfinnen lang; in kleinen Schulen.

Langfinnendelphin *Lagenorhynchus albirostris* (Delphinidae)
Vorkommen: Hochsee und Küstengewässer des Nordatlantik, besonders in der Nordsee.
3 m lang; kurze, weißliche Schnauze, schwarzer Rücken, an den Seiten graue Partien, Bauch weiß, sehr lange Rückenfinne; Schwanzfluke und Brustfinnen schwarz; springt oft aus dem Wasser; gewöhnlich in großen Schulen.

Großtümmler *Tursiops truncatus* (Delphinidae)
Vorkommen: Hochsee und Küstengewässer des Atlantik sowie in der Nordsee und im Mittelmeer.
Bis 3,5 m lang; graue oder hellbraune Oberseite; Rückenfinne groß; lebt in Schulen.

Schweinswal *Phocoena phocoena* (Phocoenidae)
Vorkommen: Hochsee und Küstengewässer an allen atlantischen Küsten Europas, Nordsee und Ostsee.
Bis 1,8 m; sehr kleiner Wal; kurz und gedrungen; Kopf stumpf endend, ohne Schnabelschnauze.

Delphin *Delphinus delphis* (Delphinidae)
Vorkommen: Hochsee und Küstengewässer; europäische Atlantikküsten, Mittelmeer.
Bis 2 m; klein mit auffälligem Schnabel.

Schwertwal *Orcinus orca* (Globicephalidae)
Vorkommen: Hochsee und Küstengewässer an allen atlantischen Küsten Europas, auch in der Nordsee und im Mittelmeer.
Bis 10 m; Oberseite schwarz; Bauchseite und Überaugenfleck weiß; Kopf stumpf endend; sehr große Rückenfinne, besonders beim Männchen; einzeln oder in Schulen.

Kegelrobbe *Halichoerus grypus* (Phocidae)
Vorkommen: Inselartige Verbreitung an Felsküsten und Meeresinseln an den Küsten Großbritanniens und Skandinaviens.
Bis 3 m; Farbe wechselnd; Kopf groß, im Profil kegelförmig, Nasenöffnungen parallel und unten getrennt.

Seehund *Phoca vitulina* (Phocidae)
Vorkommen: Küstengewässer, flache Fels- und Sandküsten, Meeresinseln, Nordatlantik, Nord- und Ostsee.
1,5–2 m; im Wasser kaum von der Kegelrobbe zu unterscheiden; Kopf rundlich mit kleiner Schnauze, Nasenöffnungen V-förmig, berühren sich unten.

Säugetiere

Igel *Erinaceus europaeus*
(Erinaceidae)
Vorkommen: Hecken, Gärten,
Waldränder, in Siedlungsnähe.
30 cm; rollt sich bei Gefahr
zusammen; dämmerungs-
und nachtaktiv; gibt bei der
Nahrungssuche schnüffelnde
und schnarchende Töne von
sich; hält einen Winterschlaf.

Zwergspitzmaus *Sorex minutus* (Soricidae)
Vorkommen: Vielerlei Biotope, sofern es genügend Bodenstreu und Bodenbewuchs
gibt; auch in feuchten Bruchwäldern; fast ganz Europa,
fehlt auf der Iberischen Halbinsel.
45–66 mm; kleiner als die
Waldspitzmaus, tag- und
nachtaktiv.

Waldspitzmaus *Sorex araneus* (Soricidae)
Vorkommen: Wälder, Gebüsche, Heiden, Sumpfwiesen,
Dünen; fast ganz Europa,
fehlt in Irland und im Südwesten.
65–85 mm; Rücken fast
schwarz, helle Flanken, weißer Bauch mit gelblichem Anflug; Jungtiere brauner; lange
Schnauze, kleine Augen und
kleine Ohren; Schwanz kürzer als der Körper; tag- und
nachtaktiv.

Wasserspitzmaus *Neomys fodiens* (Soricidae)
Vorkommen: Am Ufer von
Gräben, Fischteichen, Seen
und Bächen; Europa, fehlt in
Irland, der Iberischen Halbinsel und dem Balkan.
70–95 mm; schwarzer Rükken; weißer Bauch; Schwanz
oberseits braun, unterseits
weiß mit einem Kiel aus steifen Haarborsten; entsprechende Haare auch am Rand
der Füße. Tag- und nachtaktiv.

Maulwurf *Talpa europaea*
(Talpidae)
Vorkommen: In verschiedenen Biotopen, Wiesen, Weiden, Wäldern, bevorzugt lockeren, gut bepflanzten Kulturboden, meidet Sumpf und reinen Sand; Großteil Europas,
fehlt in Irland und den meisten Mittelmeerländern.
13–17 cm; kurzhaariger,
schwarzer Pelz; große Grabschaufeln; winzige Augen;
kein äußeres Ohr; lebt unterirdisch; tag- und nachtaktiv.

Nutria *Myocastor coypus*
(Capromyidae)
Vorkommen: An pflanzenreichen Gewässern, inselartig in
verschiedenen europäischen
Ländern, z. B. England, Holland.
40–80 cm; aus Pelztierfarmen
entkommen und eingebürgert, stammt aus Südamerika;
großer Nager mit fast kahlem,
rundem Schwanz und auffälligen orangeroten Nagezähnen; Hinterfüße mit
Schwimmhäuten.

Grauhörnchen *Sciurus carolinensis* (Sciuridae)
Vorkommen: Laubwälder, Parks, Gehölze, in weiten Teilen der Britischen Inseln, hat dort das Eichhörnchen verdrängt, wurde aus Nordamerika eingeführt.
20–23 cm; baumlebendes, tagaktives Hörnchen, im Winter weniger aktiv, hält keinen Winterschlaf, Sommerfell rötlicher.

Biber *Castor fiber* (Castoridae)
Vorkommen: Auwälder mit Unterholz entlang von Bächen, Flüssen, Seen; nahezu gänzlich ausgerottet, Wiedereinbürgerungen in verschiedenen europäischen Ländern.
1–1,4 m; Schwanz breit, waagrecht abgeplattet; baut Staudämme und Reisigburgen und gräbt Höhlen im Ufer; größtes europäisches Nagetier.

Eichhörnchen *Sciurus vulgaris* (Sciuridae)
Vorkommen: Wälder, ursprünglich nur in Nadelwäldern, Parks und Gärten; in ganz Europa, in England gebietsweise vom Grauhörnchen verdrängt.
20–24 cm; baumlebend mit buschigem Schwanz; oberseits rotbraun, zuweilen auch heller oder dunkel; im Winter mit deutlichen Haarpinseln an den Ohren; tagaktiv.

Rötelmaus, Waldwühlmaus *Clethrionomys glareolus* (Microtidae)
Vorkommen: Laubwälder, Parkanlagen, Feldgehölze, Gebüsch; im Großteil Europas, fehlt aber fast ganz in Südeuropa und in Irland.
9 cm; Rücken kennzeichnend rötlich; Flanken und Unterseite gräulich; Schwanz relativ lang, oben dunkel, unten heller; Augen und Ohren klein.

Erdmaus, Erdwühlmaus *Microtus agrestis* (Microtidae)
Vorkommen: Grasland, auch in sumpfigen und moorigen Gebieten; fast ganz Europa, fehlt aber in den meisten Gebieten Südeuropas und in Irland. Nimmt in England den Platz der Feldmaus ein, die dort fehlt.
9–13 cm; ziemlich rauhes Fell; stumpfe Schnauze; kleine Ohren; tag- und nachtaktiv.
Die häufigste kleine Wühlmaus in Kontinentaleuropa ist die **Feldmaus** oder **Feldwühlmaus** *Microtus arvalis*. Sie ist von der Erdmaus sehr schwer zu unterscheiden; bewohnt aber trockenere Orte als diese, besonders auch Acker- und Weideland (Kopf-Rumpf-Länge 11–15 cm).

Schermaus, Ostschermaus
Arvicola terrestris (Microtidae)
Vorkommen: Wiesen, Felder, Gärten, Ufer an Wassergräben; Mittel-, Ost- und Nordeuropa sowie auf den Britischen Inseln (nicht in Irland), fehlt in ganz West- und Südwesteuropa.
12–21 cm; rauhes schwarzes oder braunes Fell; gräbt unterirdische Tunnelsysteme.

Bisam *Ondatra zibethicus* (Microtidae)
Vorkommen: Ufer stehender oder langsam fließender Gewässer mit dichtem Pflanzenwuchs; inselartig in West- und Mitteleuropa sowie in Osteuropa.
30–40 cm; stammt aus Nordamerika, aus Pelztierfarmen entwichen und eingebürgert; Schwanz seitwärts zusammengedrückt; schwimmt gut; baut eine Winterburg aus Schilf.

Wanderratte *Rattus norvegicus* (Muridae)
Vorkommen: In Gebäuden und Kellern, an Gräben und Kanälen und Müllplätzen; ganz Europa; weltweit.
28 cm; rauhes Fell, oberseits graubraun, unterseits grau; Jungtiere glatthaariger und grauer.

Waldmaus *Apodemus sylvaticus* (Muridae)
Vorkommen: Waldränder, Feldgehölze, Getreidefelder, warme, trockene Böschungen; ganz Europa außer im hohen Norden.
8–11 cm; Ohren groß; Schwanz sehr lang; gelblichbrauner Rücken; gelber Längsfleck auf der hellen Unterseite; Jungmäuse grauer.

Gelbhalsmaus *Apodemus flavicollis* (Muridae)
Vorkommen: Laubwälder, im Gegensatz zu voriger Art im Waldesinnern; Großteil Europas außer im hohen Norden, fehlt in ganz West- und Südwesteuropa, in Mittel- und Südengland vorkommend.
9,8–11,5 cm; dunkle Oberseite scharf von der hellen Unterseite abgesetzt; queres gelbes Kehlband; Augen und Ohren groß; Schwanz lang.

Hausratte *Rattus rattus* (Muridae)
Vorkommen: In menschlichen Siedlungen; kaum freilebend, vorwiegend auf Dachböden; ganz Europa.
24 cm; in mehreren Farbvarianten, schwarz oder braun mit grauer bzw. weißlicher Unterseite. Schwanz meist beträchtlich länger als Körper.

Hausmaus *Mus musculus* (Muridae)
Vorkommen: Häuser, landwirtschaftliche Anwesen; überall in Europa, wo es menschliche Siedlungen gibt.
72–100 mm; oberseits bleigrau bis braungrau, unterseits heller; Schwanz etwa so lang wie Kopf und Körper zusammen.

Zwergmaus *Micromys minutus* (Muridae)
Vorkommen: Gelände mit hohem, trockenem Grasbewuchs, trockenes Schilf, Kornfelder; Europa, fehlt in Skandinavien, Irland, im Alpenraum und in den Mittelmeerländern.
82–100 mm; klein, rötlich-goldenes Fell; Klettertier; baut Kugelnester in 30–60 cm Höhe aufgehängt zwischen Grashalmen.

Gartenschläfer *Eliomys quercinus* (Gliridae)
Vorkommen: Wälder, Obstgärten; große Teile Europas, ist im nördlichen Mitteleuropa selten, fehlt in Skandinavien und den Britischen Inseln ganz.
10–17 cm; langer Schwanz mit Quaste; geschickter Kletterer; Nachttier.

Haselmaus *Muscardinus avellanarius* (Gliridae)
Vorkommen: Laubwälder und buschreiche Gehölze mit Haseln und Brombeeren; Großteil Europas außer im hohen Norden und der Iberischen Halbinsel.
75–86 mm; buschiger Schwanz; goldrote Oberseite, hellerer Bauch; große Augen; geschickter Kletterer; kugelförmige Sommernester im dichten Gestrüpp, Winternester in Bodenvertiefungen.

Siebenschläfer *Glis glis* (Gliridae)
Vorkommen: Mischlaubwälder mit Eichen, suchen zum Überwintern Waldhütten oder Gartenhäuschen auf; fast ganz Europa, fehlt in England, Skandinavien und der Iberischen Halbinsel.
17,5 cm; Oberseite grau, Unterseite weiß; buschiger Schwanz; gewandte Kletterer.

Wildkaninchen *Oryctolagus cuniculus* (Leporidae)
Vorkommen: Hügeliges, trockenes Gelände mit Sand oder Lehmboden, Bahndämme, Böschungen; in ganz Europa außer in den Alpen und im hohen Norden, ursprünglich nur auf der Iberischen Halbinsel.
35–45 cm; Farbe wechselhaft; vorwiegend nachtaktiv; gesellig; in selbstgegrabenen Höhlen.

Säugetiere

Kaphase *Lepus capensis*
(Leporidae)
Vorkommen: Offenes Gras-
land, Felder, im Flachland, in
Europa nur auf der Iberi-
schen Halbinsel und Sardinien, in England stellenweise
eingebürgert.
45–55 cm; Oberseite braun,
gelegentlich auch schwarz,
weiß oder sandfarben; Unterseite weiß.
Größer und im übrigen Europa weitverbreitet ist der Feld-
hase *Lepus europaeus.*

Schneehase *Lepus timidus*
(Leporidae)
Vorkommen: In Wäldern, Heiden, Grasland; nur in Nordeuropa, auch im schottischen
Hochland und als Unterart in
den Alpen, nur in Irland im
Flachland.
46–61 cm; wechselt die Fell-
farbe, im Sommer graubraun,
im Winter weiß; Ohrspitzen
immer schwarz.

Iltis *Putorius putorius* (Mustelidae)
Vorkommen: Deckungsrei-
ches Gelände in der Nähe
von Bächen; in ganz Europa,
fehlt im nördlichen Skandinavien, auf den Britischen Inseln nur in Wales.
40–44 cm; marderähnlich,
aber kleiner; helle Gesichts-
maske; Bodentier; nachtaktiv.

Hermelin, Großes Wiesel
Mustela erminea (Mustelidae)
Vorkommen: Waldlandschaf-
ten, deckungsreiches Gelände; in ganz Europa außer in
Südeuropa.
24–29 cm; Sommerkleid
braun mit weißem Bauch und
weißer Brust; Winterfell weiß;
nur Schwanzquaste schwarz,
tag- und nachtaktiv.

Rotfuchs *Vulpes vulpes* (Canidae)
Vorkommen: Wälder, Felder, buschreiches Gelände; in ganz Europa.
65–76 cm; rotbraune Körperfarbe mit weißen Hals- und Bauchseiten; verschiedene Farbvarianten; geschickter Mäusejäger; frißt auch Aas, bewohnt gern alte Dachsbaue.

Mink *Mustela vison* (Mustelidae)
Vorkommen: Ufer von Gräben und Gewässern; inselartig verbreitet in Großbritannien, Skandinavien und Mitteleuropa; in Nordamerika heimisch, aus europäischen Pelztierfarmen entkommen.
35–40 cm; nerzähnlich; dunkelbraun mit weißen Kinnflecken; buschiger Schwanz; schwimmt gut.

Frettchen *Mustela furo* (Mustelidae)
Vorkommen: Wald- und Akkerland, verwildert; in verschiedenen Ländern Europas, z.B. England, Sardinien.
40–45 cm; albinotischer Abkömmling des Iltis oder Steppeniltis; Frettchen wurden für die Kaninchenjagd gezüchtet und gehalten.

Mauswiesel, Kleines Wiesel *Mustela nivalis* (Mustelidae)
Vorkommen: Deckungsreiche Landschaften, Waldlichtungen, Hecken, Feldraine, Gehölze; ganz Europa, fehlt in Irland.
13–24 cm; klein und flink; rotbrauner Rücken; unterseits weiß; Schwanz ziemlich kurz; mehr tag- als nachtaktiv.

Säugetiere

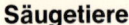

Baum- oder Edelmarder
Martes martes (Mustelidae)
Vorkommen: Nadel- und
Mischwälder; ganz Europa
außer England, Iberische
Halbinsel und Balkan.
48–53 cm; oberseits schoko-
ladebraun mit gelblichem
Kehlfleck, der ungegabelt ist;
Jungtiere heller; Baumbe-
wohner; auch bei Tag aktiv.

Stein- oder Hausmarder
Martes foina (Mustelidae)
Vorkommen: Wälder, Ge-
büsch, Kulturfolger; in ganz
Europa außer in Großbritannien, Irland und Skandinavien, fehlt auch auf den großen Mittelmeerinseln.
45–50 cm; ähnelt sehr dem
Baummarder, hat aber einen
weißen Kehlfleck, der unten
gegabelt ist.

Dachs *Meles meles* (Mustelidae)
Vorkommen: Laubwälder, ge-
hölzreiche Landschaften; fast
ganz Europa.
60–85 cm; Kopf schwarz;
weiß mit langer Schnauze;
Rücken grau; Beine schwarz,
kurz und kräftig; buschiger
Schwanz.

Otter *Lutra lutra* (Mustelidae)
Vorkommen: Stehende und
fließende fisch- und krebsrei-
che Gewässer; ursprünglich
in ganz Europa, überall stark
dezimiert, wenn nicht gänzlich ausgerottet.
65–80 cm; langgestreckter
Körper; kurzbeinig; Schnauze
breit; Ohren ganz klein; deutliche Sinneshaare; kräftiger,
sich verjüngender Ruder-
schwanz; Schwimmhäute an
den Füßen; schwimmt und
taucht vorzüglich; spielfreu-
dig.

Wildkatze *Felis sylvestris* (Felidae)
Vorkommen: Dichte Wälder; ursprünglich in ganz Europa, heute in wenigen großen Waldgebieten.
79–94 cm; kräftiger als die Hauskatze; kurzer buschiger Schwanz mit stumpfem schwarzem Ende; Fell fahlgrau mit dunkler Musterung, unterseits hell.

Pony *Equus caballus* (Equidae)
Vorkommen: Wildlebende Ponyherden, jedoch alle mit mehr oder weniger Hauspferdeinschlag, gibt es in Heiden und Mooren des Hochlands auf den Britischen Inseln. Auch die Dülmener Pferde in Westfalen sind Abkömmlinge von Hauspferden.

Wildschwein *Sus scrofa* (Suidae)
Vorkommen: Laubwälder und anderes deckungsreiches Gelände; ganz Europa außer Skandinavien und Britische Inseln.
110–180 cm; verlängerte Eckzähne; langes, borstiges Fell; Stammform des Hausschweines.

Säugetiere

Rothirsch *Cervus elaphus*
(Cervidae)
Vorkommen: Laub- und
Mischwälder, ursprünglich in
mehr offener Landschaft;
heute vor allem im Gebirge
bis zur oberen Waldgrenze
und in Schottland in der
waldlosen Heide des Hoch-
landes, inselartige Verbreitung in ganz Europa.
165–250 cm; größte und
stattlichste Wildtierart in Mitteleuropa; Sommerkleid rotbraun, Winterkleid grau-
braun; Männchen mit großem
Stangengeweih, das im März-
April abgeworfen wird, das
neue wird im August gefegt;
Jungtiere gefleckt.

Damhirsch *Dama dama*
(Cervidae)
Vorkommen: Mischwälder,
parkartige Waldlandschaft;
inselartig in ganz Europa,
nördlich der Alpen eingeführt
und eingebürgert.
130–160 cm; normale Wild-
farbe rotbraun mit weißen
Tupfen am Rücken und den
Seiten; schwarzer Aalstrich;
Winterkleid grauer; Schwanz
lang, oberseits schwarz;
Männchen mit mächtigem
Schaufelgeweih.

Ziege *Capra hircus* (Bovidae)
Vorkommen: Bergwiesen in
Schottland, Nordwales und Irland sowie auf einigen schottischen Inseln.
90–120 cm; verwilderte Haus-
ziegen; Farbe wechselhaft;
hörnertragend; Fell zottig.

Elch *Alces alces* (Cervidae)
Vorkommen: Brüche, Moore,
morastige Wälder; nur in
Nordeuropa.
250–270 cm; Schulterhöhe
2,2 m; größte Hirschart; nur
Männchen geweihtragend;
wenig gesellig.

Reh *Capreolus capreolus*
(Cervidae)
Vorkommen: Wälder und
Feldgehölze; in fast ganz Europa.
95–135 cm; kleine Hirschart;
weißer Spiegel; ohne sichtba-
ren Schwanz; gewölbter Rükken; im Sommer sand- bis
rehbraun, im Winter grau-
braun; Bauch heller; Bock mit
kleinem Geweih; Kitz mit weiß
getüpfeltem Fell.

Säugetiere

In Zentral- und Nordwesteuropa einschließlich der Britischen Inseln sind die Fledermäuse mit rund 20 Arten vertreten. Ihre genaue Bestimmung ist nicht einfach, selbst wenn man sie in der Hand hält, im Flug sind Fledermäuse nur schwer zu identifizieren. Die bei uns heimischen Fledermäuse gehören 2 Familien an, den Hufeisennasen (Rhinolophidae) und den Glattnasen (Vespertilionidae).

Großhufeisennase *Rhinolophus ferrum-equinum* (Rhinolophidae)
Vorkommen: Selten, im Kulturland, im Sommer in Gebäuden, im Winter in Höhlen. 58–70 mm; breite, rundliche Flügel; deutlicher Nasenaufsatz; überwintert aufgehängt und in die Flughaut gewickelt an der Decke von Höhlen oder Bergwerksstollen; Spannweite 34 cm.
Die Kleinhufeisennase (38–45 mm) ist recht ähnlich; sie ist viel häufiger.

Die Glattnasen-Fledermäuse haben auf der Schnauze keinen häutigen Nasenaufsatz wie die Hufeisennasen, und ihre Ohren sind mit einem Deckel (Tragus) versehen. Die umfangreichste Gattung ist *Myotis,* deren Arten nur schwer zu unterscheiden sind, einige der leichter kenntlichen sind hier abgebildet. Wichtige Merkmale sind Größe, Gesichtsfarbe, Tragus, Schwanzflughaut und Sporn (Calcar), eine Knochenspange, die von der Ferse ausgeht und die Schwanzflughaut stützt und spannt.

Wasserfledermaus *Myotis daubentonii* (Vespertilionidae)
Vorkommen: Wälder, Obstgärten, Parks, Gehölze in Gewässernähe; fast ganz Europa.
40–51 mm; Ohren rundlich, braun, etwa so lang wie die stumpfe Schnauze; der Sporn reicht bis zum Schienbein; Beine groß; Spannweite 22,5 cm.

Bechsteinfledermaus *Myotis bechsteini* (Vespertilionidae)
Vorkommen: Sehr selten, bewaldetes Gelände; West- und Mitteleuropa, Südengland, Italien, nicht im Gebirge. Ohren sehr lang, 1½ mal länger als die Schnauze, Ohren berühren sich jedoch nicht an ihrer Basis wie bei der Langohrfledermaus.

Bartfledermaus *Myotis mystacinus* (Vespertilionidae)
Vorkommen: Baumbestandenes Gelände, Parks, Gärten, Wald; fast ganz Europa. Gesicht dunkel; spitze, aufrechte Ohren; Sporn entspringt an der Ferse; Spannweite 22 cm.

Fransenfledermaus *Myotis nattereri* (Vespertilionidae)
Vorkommen: Parks, Gärten, Siedlungsnähe; große Teile Europas, fehlt im hohen Norden.
Gesicht bräunlich; lange Schnauze; Ohrspitzen braun, Ohren reichen bis zur Schnauzenspitze; Bauch weiß; Spannweite 28 cm.

Großmausohr *Myotis myotis* (Vespertilionidae)
Vorkommen: Relativ häufig und weit verbreitet, in Gärten, Dörfern, Siedlungen, im Sommer in Dachstühlen, Glockentürmen, im Winter in Felshöhlen; ganz Europa, fehlt in Nordeuropa.
60–80 mm; Ohren so lang wie die Schnauze; Spannweite 40 cm.

Neben der Gattung *Myotis* sind weitere 5 Fledermausgattungen im Gebiet vertreten. Sie sind gut kenntlich, nur die Artdifferenzierung ist bei 2 Gattungen so schwierig, daß hier darauf verzichtet wurde und nur die jeweiligen Gattungen vorgestellt werden.

Langohrfledermäuse *Plecotus* sp. (Vespertilionidae)
Vorkommen: Waldungen und Gebäude; in ganz Europa weit verbreitet.
47–52 mm; Ohren so lang wie der Körper, berühren sich an ihrer Basis; Schnauze rund, Tragus breit; Spannweite 25 cm; 2 ähnliche Arten, Braunes Langohr bzw. Graues Langohr.

Mopsfledermaus *Barbastella barbastellus* (Vespertilionidae)
Vorkommen: Bewaldetes Gelände, Parks, Gärten; große Teile Europas.
42–52 mm; beinahe schwarz; das Gesicht erscheint zusammengedrückt; Ohren breit, fast viereckig, berühren sich an ihrer Basis; Spannweite 26 cm.

Breitflügelfledermaus *Eptesicus serotinus* (Vespertilionidae)
Vorkommen: Gebäude und Wälder im Flachland; Europa, fehlt im Norden.
6,2–8 cm; Ohren zugespitzt; dunkelhäutig; Tragus klein; große, robuste Fledermaus; Schwanzende außerhalb der Flughaut; überwintert und nistet in Dachstühlen; Spannweite 36,5 cm.
Die ähnliche, aber kleinere und hellere Nordfledermaus *E. nilssoni* kommt in Nord- und Osteuropa sowie in Berglagen Mitteleuropas vor.

Abendsegler *Nyctalus noctula* (Vespertilionidae)
Vorkommen: Parklandschaft, Gebäude; häufig und weit verbreitet in fast ganz Europa, außer im hohen Norden.
60–80 mm; große, robuste Fledermaus mit langen, schlanken Flügeln; rotbraune Körperfarbe; Ohren rundlich und kurz mit scheibenförmigem Tragus; überwintert in Baumhöhlen und Dachstühlen; Flug gerade und schnell, oft schon vor Sonnenuntergang; Spannweite 36 cm.

Zwergfledermäuse *Pipistrellus* sp. (Vespertilionidae)
Vorkommen: Siedlungsnähe, Gärten, Waldland, Gebäude; ganz Europa.
30 mm; Ohr und Tragus stumpf und kurz; braune Körperfarbe; überwintert in Dachstühlen und Baumhöhlen; Flug flatternd; die kleinsten Fledermäuse im Gebiet; Spannweite 21 cm.

Register